【完全図解】
空調・給排水衛生設備の基礎知識早わかり

大浜 庄司 著

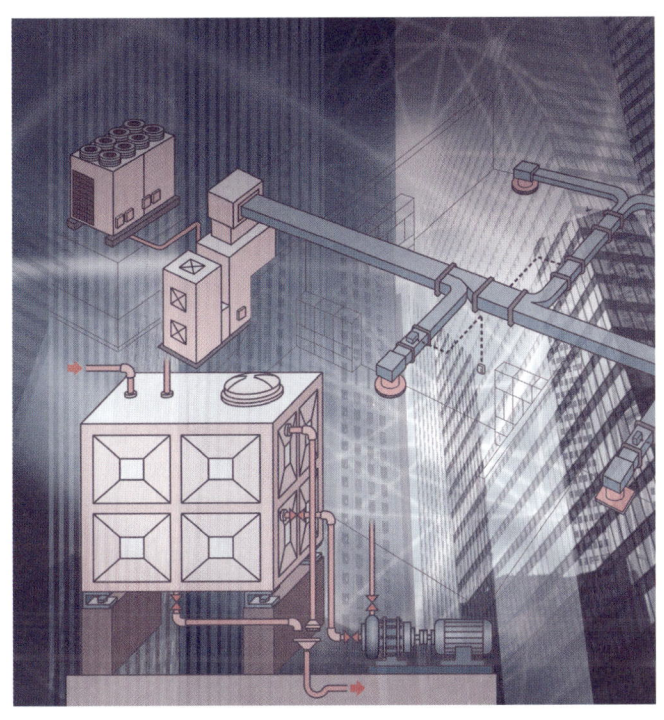

Ohmsha

本書を発行するにあたって，内容に誤りのないようできる限りの注意を払いましたが，本書の内容を適用した結果生じたこと，また，適用できなかった結果について，著者，出版社とも一切の責任を負いませんのでご了承ください．

本書は，「著作権法」によって，著作権等の権利が保護されている著作物です．本書の複製権・翻訳権・上映権・譲渡権・公衆送信権（送信可能化権を含む）は著作権者が保有しています．本書の全部または一部につき，無断で転載，複写複製，電子的装置への入力等をされると，著作権等の権利侵害となる場合があります．また，代行業者等の第三者によるスキャンやデジタル化は，たとえ個人や家庭内での利用であっても著作権法上認められておりませんので，ご注意ください．

本書の無断複写は，著作権法上の制限事項を除き，禁じられています．本書の複写複製を希望される場合は，そのつど事前に下記へ連絡して許諾を得てください．

(社)出版者著作権管理機構
（電話 03-3513-6969，FAX 03-3513-6979，e-mail: info@jcopy.or.jp）

JCOPY ＜(社)出版者著作権管理機構 委託出版物＞

はじめに

　この本は，空気調和（空調）設備，給排水衛生設備を初めて学習しようと志す人のために，現場技術者としての実務に役立つ基礎知識について，絵と図でやさしく解説した"**入門の書**"です．
　この本は，初めて学ぶ人にも，空調設備，給排水衛生設備を，より理解していただくために，次のような工夫をしてあります．
（1）　空調設備，給排水衛生設備に関するテーマを細分化して，"**1ページごとにテーマを設定**"して，学習の要点を明確にしてあります．
（2）　ページごとのテーマに対し，ページの上欄にテーマの内容を絵と図で詳細に示し，すべてのページを"**完全図解**"することにより，容易に内容が，理解できるようにしてあります．
（3）　空調設備，給排水衛生設備とその構成機器を実際と同じ立体図で描いてありますので，初めて学ぶ人が臨場感をもって学ぶことができます．
　この本は，次のような，内容になっています．
（1）　第1章は，空調設備に関する基礎知識として，冷房負荷と暖房負荷，空調方式，空調機の制御回路，空調設備の構成機器，冷凍サイクルと冷凍機，ボイラーとその制御回路，熱搬送設備について示してあります．
（2）　第2章は，空調設備のメンテナンスの基礎知識として，事後保全と予防保全，保全性を図る尺度，空調設備を構成する空気加熱器，空気冷却器・空気ろ過器・加湿器・送風機・熱搬送機器のメンテナンス，ボイラー運転保守管理と定期自主検査・性能検査，冷凍機の運転操作と保守点検について示してあります．
（3）　第3章は，給排水衛生設備に関する基礎知識として，上水道・下水道と水質基準，給水設備の給水方式と給水制御，給湯設備の給湯方式と加熱器，衛生器具，排水設備の排水方式と排水制御，トラップと阻集器，通気設備，排水処理と排水基準，浄化槽について示してあります．
（4）　第4章は，給排水衛生設備のメンテナンスの基礎知識として，給水設備における特定建築物の水質管理と排水槽の点検・清掃，給湯設備の維持管理と性能検査・清掃，排水槽の定期点検と清掃，衛生器具の清掃，排水トラップ・阻集器・排水管の清掃，浄化槽の保守点検・清掃の基準ついて示してあります．

＊　　　　　＊　　　　　＊

　このように，この本は，空調設備，給排水衛生設備について，基礎から実務に役立つ知識を納得のゆくまで習得できるように工夫してあります．
　多くの人々が，この本を活用され，一日も早く，空調設備，給排水衛生設備の技術を習得され，活躍していただけるならば，筆者の最も喜びとするところです．

オーエス総合技術研究所　所長　**大浜　庄司**

完全図解　　　　　　　　　　　　　　　　　　　　　　■目次

空調・給排水衛生設備の基礎知識 早わかり

第1章　空気調和設備の基礎知識　……………………… 1

イラストで学ぶ　空調の制御方式のいろいろ…………………………………………… 2
イラストで学ぶ　中央式空気調和機のしくみ…………………………………………… 3

1. 空気調和とはどういうことか ………………………………………… 4
空気調和とは空気を調和する／空気調和における温度と湿度／結露と不快指数／
空気調和における気流と清浄度／熱の伝わり方／換気には自然換気と機械換気がある

2. 空気調和負荷には冷房負荷と暖房負荷がある ……………………… 10
冷房は熱を奪い，暖房は熱を加える／侵入熱負荷は室内に入ってくる熱量をいう／
室内発熱負荷には人体発熱負荷と機器発熱負荷がある／
空気調和負荷と冷房負荷・暖房負荷との関係／空気調和機による冷房方式／
空気調和機による暖房方式

3. 空気調和方式のいろいろ ……………………………………………… 16
空気調和方式とはどういう方式か／全体制御方式・個別制御方式・ゾーン制御方式／
方位別ゾーン制御方式・使用別ゾーン制御方式／単・複熱源方式，熱媒・冷媒供給方式／
冷媒方式―パッケージユニット方式・ヒートポンプ方式―／空気調和方式の種類

4. 空気および水を媒体とする空気調和方式 …………………………… 22
全空気方式とはどういう方式か／単一ダクト方式には「定風量方式」と「可変風量方式」がある／
各階ユニット方式・二重ダクト方式・マルチゾーンユニット方式／
全水方式―ファンコイルユニット方式―／ファンコイルユニット方式の制御回路／
空気・水方式とはどういうものか

5. パッケージ形空気調和機の制御回路 ………………………………… 28
パッケージ形 空気調和機とはどういう機器か／送風運転動作図／送風運転・冷房運転の動作／
冷房運転動作図／暖房・加湿運転の動作／暖房・加湿運転動作図

6. 空気調和設備の構成 …………………………………………………… 34
空気調和機とはどういう機器か／空気調和設備の構成／空気調和設備の全体機能図／
空気調和機内蔵の空気冷却器・空気加熱器／空気調和機内蔵の空気ろ過器・加湿器／
空気調和設備の熱搬送設備

7. 空気調和設備では冷熱源に冷凍機を用いる ………………………… 40
冷熱源をつくり出す装置を冷凍機という／冷媒の蒸発・圧縮で冷却する冷凍サイクル／
圧縮冷凍サイクルで冷却する圧縮式冷凍機／吸収冷凍サイクルで冷却する吸収式冷凍機／
冷凍機にはいろいろな種類がある／冷却塔は冷凍機の凝縮器冷却水を冷却する

8．空気調和設備では温熱源にボイラーを用いる ……………………… 46
ボイラーは空調設備の暖房の温熱源となる／ボイラーにはいろいろな種類がある／
ボイラーの出力・運転に関する用語／ボイラーの燃料と燃焼／ボイラーの水処理／
ボイラーの異常現象と事故

9．ボイラーの制御回路 ……………………………………………………… 52
ボイラーの始動動作順序〔1〕／ボイラー始動動作主バーナ用モータ運転動作図／
ボイラーの始動動作順序〔2〕／ボイラーの始動動作主バーナ着火動作図／
ボイラーの停止動作順序／ボイラーの停止動作図

10．熱搬送設備は熱媒体を搬送する ……………………………………… 58
熱搬送設備はどのような機器で構成されているか／
空気調和設備にはターボ型遠心式ポンプが用いられる／送風機は空気に搬送する力を与える／
ダクトは空気を搬送するための専用道路／ダンパ，吹出口・吸込口／
配管は冷温水・蒸気を搬送する専用道路

イラストで学ぶ 空調の熱媒・冷媒の運ばれ方 ……………………………… 64

第2章　空気調和設備のメンテナンス ……………………… 65

1．設備保全とはどういうことか ………………………………………… 66
保全とはどういうことか／保全には予防保全と事後保全がある／状態監視保全と事後保全／
故障率は経年により変わる／保全性を測る尺度／故障にはどんな種類があるのか

2．空気調和機のメンテナンス …………………………………………… 72
空気調和設備を構成する機器／空気加熱器・空気冷却器のメンテナンス／
空気ろ過器のメンテナンス／加湿器のメンテナンス／送風機のメンテナンス―日常点検―／
送風機のメンテナンス―定期点検―

3．ボイラーのメンテナンス ……………………………………………… 78
ボイラーは法令により規制されている／ボイラーの運転保守管理／
ボイラーの定期自主検査項目―ボイラー本体・燃焼装置―／
ボイラーの定期自主検査項目―自動制御装置―／ボイラーの性能検査項目（開放検査）／
ボイラーの事故のいろいろ

4．冷凍機のメンテナンス ………………………………………………… 84
高圧ガス使用の冷凍機は法規制を受ける／冷凍機の運転操作と点検事項／
往復動冷凍機の保守点検／遠心冷凍機の保守点検／吸収式冷凍機の保守点検／
冷凍機の災害事象には冷媒ガス漏洩事故が多い

5．熱搬送設備のメンテナンス …………………………………………… 90
熱搬送設備を構成する機器／ポンプは保守点検し機能を維持する／空調ダクトは清掃する／
配管のフランジ結合部の取外し・取付け／バルブには外部漏れと内部漏れがある／
冷却塔は保守点検し冷却水の水質を維持する

イラストで学ぶ パッケージ形空調機 ………………………………………… 96

■目次

第3章 給排水衛生設備の基礎知識 …………………………… 97

イラストで学ぶ 給排水衛生設備 ………………………………………… 98
イラストで学ぶ 給水設備の給水方式 …………………………………… 99

1．給排水衛生設備とはどのような設備か …………………………… 100
給排水衛生設備は生命を維持し健康を保持する／ビルの給排水衛生設備／
上水道より給水を受け下水道に排水する／給水には使用目的により上水と雑用水がある／
給水設備は建物で必要とする水を供給する／需要家は水質管理を行い水質基準を維持する

2．給水設備にはいろいろな給水方式がある ………………………… 106
給水方式には水道直結方式と受水槽方式がある／水道直結増圧方式・ポンプ直送方式／
高置水槽方式は重力により給水する／圧力水槽方式は圧縮空気圧力により給水する／
高層ビルの給水方式のいろいろ

3．給水設備の給水制御回路 …………………………………………… 112
高置水槽方式の給水制御とはどういう制御か／
高置水槽方式給水制御回路構成機器の機能と動作／揚水ポンプの運転動作順序／
揚水ポンプの運転動作図／揚水ポンプの停止動作順序／揚水ポンプの停止動作図

4．給湯設備は湯を供給する …………………………………………… 118
給湯設備にはどのような方式があるのか／局所式直接加熱給湯方式／
中央式間接加熱給湯方式／ボイラー利用中央式間接加熱給湯方式／
給湯設備の加熱機器にはいろいろある／給湯配管の考慮すべき事項

5．衛生器具は給排水を必要とする箇所に設ける ……………………… 124
衛生器具とはどういう器具か／大便器の形式とその給水方式―水受け容器―／
大便器の洗浄方式―水受け容器―／小便器の形式と洗浄方式―水受け容器―／
洗面器の形状と取付け方式―水受け容器―／浴槽と給水栓の種類

6．排水設備は排水を処理する ………………………………………… 130
排水にはこんな種類がある／排水の種類による排水方式／排水方法による排水方式／
重力式排水方式による排水配管／排水配管施工の留意事項／
機械式排水方式の排水制御回路

7．排水設備にはいろいろな機能がある ……………………………… 136
直接排水と間接排水／排水設備にトラップはなぜ必要なのか／
管トラップはサイホン式トラップに属する／
隔壁トラップは非サイホン式トラップに属する／トラップはこのような原因で破封する／
阻集器は排水中の有害物質の流下を阻止する

8．排水の通気設備は排水の流れを円滑にする ……………………… 142
排水の通気設備とはどういう設備か／なぜ排水管内の気圧は変動するのか／
通気方式にはどのような種類があるのか／通気系統は種々な機能をもつ通気管よりなる／
排水配管・通気配管系統はどうなっているか／地下階での排水は排水槽に貯留する

9. 排水処理は河川などの水質汚濁を防ぐ ･････ 148
排水を河川などに放流すると水質汚濁を生じる／公共用水域への排水基準／
排水の汚染度を示す指標項目／汚水処理に係わる微生物／
大腸菌群と残留塩素による消毒効果判定

10. 浄化槽は汚水・生活雑排水を浄化する ･････ 154
単独処理浄化槽と合併処理浄化槽がある／浄化槽は生物化学的処理により浄化する／
生物学的処理には好気性処理と嫌気性処理がある／
生物膜法は担体に微生物を繁殖させ分解する／活性汚泥法は微生物を浮遊させ分解する／
嫌気ろ床接触曝気方式の浄化槽

イラストで学ぶ 給湯設備の給湯方式 ･････ 160

第4章　給排水衛生設備のメンテナンス ･････ 161

1. 給水設備のメンテナンス ･････ 162
ビルなどでの飲料水の水質は所有者が維持する／給排水衛生設備の維持管理に関連する法令／
特定建築物における飲料水は水質管理する／貯水槽等飲料水に関する設備は点検する／
貯水槽は清掃する／飲料水系統配管は維持管理する

2. 給湯設備のメンテナンス ･････ 168
給湯設備は湯を必要箇所に供給する／給湯設備は維持管理し汚染を防止する／
給湯温度を管理するとともに滞留水を防止する／給湯設備は清掃し水質検査をする／
貯湯槽は法令により性能検査を受ける／浴場施設は衛生的環境を確保する

3. 排水槽のメンテナンス ･････ 174
排水槽は地階で生ずる排水を貯留する／排水槽の悪臭・衛生害虫の発生を防止する／
排水槽清掃のために事前準備をする／排水槽内を清掃する／
排水ポンプは適切に運転し貯留水腐敗を防止する／
排水の発生障害は原因を追究し対策をとる

4. 衛生器具・排水関連設備のメンテナンス ･････ 180
衛生器具は清掃し清潔を保つ／大便器を清掃する／小便器・洗面器を清掃する／
排水トラップを清掃する／グリース阻集器を清掃する／排水管を清掃する

5. 浄化槽のメンテナンス ･････ 186
浄化槽管理者は浄化槽を管理する責任がある／浄化槽管理者は浄化槽の保守点検を行う／
浄化槽の使用に関する準則／浄化槽の保守点検の技術上の基準／
浄化槽の清掃の技術上の基準／浄化槽管理者は浄化槽の法定検査を受ける

イラストで学ぶ 排水方式 ･････ 192

■索　引 ･････ 193

ビル管理15の心得

1 メンテナンスは安全第一

2 メンテナンスは重点主義で

3 目標を決めて計画的な実施

4 生きた点検基準を作ろう

5 日常点検は手まめに

6 設備をたいせつにする習慣を身につけよう

7 温度，湿度やちり，ほこりに注意

8 うまず，たゆまず勉強と経験を積み上げよう

9 五感をフルに使って名診断

10 記録や資料を整備

11 メンテナンスの経験を新設備に生かそう

12 仕事の改良に終わりなし

13 予備品管理に注意し，いつでも使えるように

14 メンテナンスの効果の表し方を研究しよう

15 非常のときの処置を常に日ごろから訓練しておこう

第1章 空気調和設備の基礎知識

この章のねらい

　この章では，空気調和設備についての基礎知識を容易に理解するために，完全図解により示してあります．

(1) 空気調和の四つの要素，温度・湿度・気流・清浄度について説明してあります．
(2) 空気調和負荷は，侵入熱負荷・室内発熱負荷・外気負荷で構成されていることを理解しましょう．
(3) 空気調和設備は，熱源装置・空気調和機・熱搬送設備から構成されていることを知りましょう．
(4) 空気調和方式，熱媒・冷媒供給方式には，いろいろな種類があることを理解しましょう．
(5) 冷熱源としての冷凍機，温熱源としてのボイラーについて，その原理・種類について説明してあります．
(6) パッケージ形空気調和機およびボイラーの制御回路については，その動作順序に合わせて動作番号を付すとともに，形成する回路を矢印で示し，理解を容易にしてあります．
(7) 熱搬送設備は，ポンプ・送風機・配管・ダクトで構成されていることを知りましょう．

イラストで学ぶ 空調の制御方式のいろいろ

S：こんな大きなビルの各部屋で，どうして夏冬快適な空調ができるのですか．
O：この建物のなかに何種類もの空調系統があって，条件に合うよう，別々に制御しているからだヨ．

S：それでは，どのような種類があるのですか．
O：空調系統が受けもつ範囲によって，全体制御方式，ゾーン制御方式，個別制御方式があるが，全体制御方式は現在ほとんど採用されていないネ．

S：それで建物をいくつかの区域（ゾーン）に分けて，温湿度を調整するのがゾーン制御方式なのですネ．
O：区分け方に熱負荷の性質による方位別ゾーニングと，使用目的による使用別ゾーニングがあるヨ．

O：方位別ゾーニングは外周部6m以内の外周部ゾーンと，その内側の内周部ゾーンに分けるのだヨ．
S：外周部ゾーンは，窓からの日射が方位で違うから，東西南北各ゾーンを単独制御するとよいですネ．

S：この建物は1階が銀行，2階がレストラン，3階がコンピュータルーム，4階以上が事務所ですネ．
O：その，使用目的別にゾーニングするのが使用別ゾーニングで，さらに方位別を組み合せるといいネ．

S：建物の各部屋ごとに空調ユニットを配置して温度，湿度，気流を調節するのが，個別制御方式ですネ．
O：そうだね．この方式は建物の使用目的からホテル，旅館，病院などでよく採用されているのだヨ．

イラストで学ぶ 中央式空気調和機のしくみ

S：ここは大きなビルですが，空気調和設備全体のしくみを教えていただけますか．
O：それなら，地下の空調室に行ってみようか．中央式空気調和機で，ゾーン制御をしているのだヨ．

S：どのような機器で構成されているのですか．
O：空気調和設備，普通，空調設備といっているがネ．その構成は，空気調和機，冷熱源・温熱源機器，熱運搬装置，自動制御装置というところかナ．

3

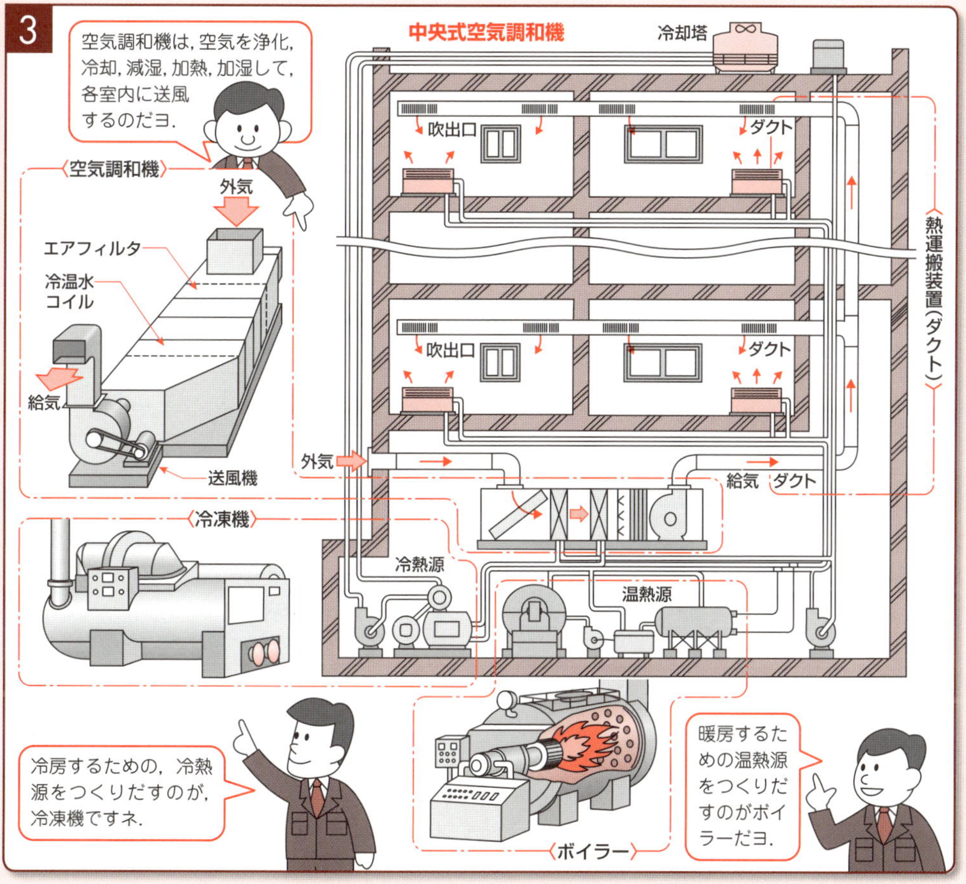

空気調和機は，空気を浄化，冷却，減湿，加熱，加湿して，各室内に送風するのだヨ．

〔空気調和機〕
- エアフィルタ
- 冷温水コイル
- 給気
- 送風機
- 外気

中央式空気調和機
- 冷却塔
- 吹出口
- ダクト
- 熱運搬装置（ダクト）
- 外気
- 給気
- ダクト
- 冷熱源
- 温熱源

〔冷凍機〕

冷房するための，冷熱源をつくりだすのが，冷凍機ですネ．

〔ボイラー〕

暖房するための温熱源をつくりだすのがボイラーだヨ．

第1章 空気調和設備の基礎知識

1 空気調和とはどういうことか

1 空気調和とは空気を調和する

空気調和の四つの要素

- 温度の調整
  - 空気の加熱
  - 空気の冷却
- 湿度の調整
  - 加湿
  - 除湿
- 気流の調整
  - 気流の速度
  - 気流の分布
- 清浄度の調整
  - 塵埃の除去
  - 細菌の除去

四つの要素

建築物衛生法に定められた室内環境基準

項目		管理基準値
温熱環境	温度	17℃以上28℃以下
	相対湿度	40%以上70%以下
	気流	0.5m/s以下
空気環境	浮遊粉塵量	0.15mg/m^3以下
	一酸化炭素	0.001%以下
	二酸化炭素	0.1%以下
	ホルムアルデヒド量	0.1mg/m^3

空調には産業用空調と保健用空調がある

- 空気を調和する，つまり**空気調和**とは，空気の温度や湿度・気流・清浄度を，その目的に合った条件に調整して，これを空間的に均一に分布させることをいいます。
- 空気調和（空調という）は，その対象により，**産業用空調**と，**保健用空調**とがあります。
- 産業用空調の目的は，工場の製造工程や貯蔵における製品の品質の維持や，工場で働く人の労働環境の維持などがあります。
- 製品の生産環境では，微細な粉塵を除去するクリーンルームだけでなく，製薬工場のバイオクリーン化，半導体工場での分子レベルの化学汚染物質（アウトガス）の抑制などがあります。

室内環境基準は法で定められている

- 一般的に，建物の空調は，保健用空調に属し，室内で働く人や居住者に対して，温熱環境や空気環境の快適性や健康性が良好な室内環境を実現することを目的としています。
- 保健用空調では"建築物における衛生的環境の確保に関する法律施行令"（建築物衛生法施行令）により，公衆衛生の向上のため一定条件を満たす施設（例：事務所・学校・旅館）の室内環境基準が規定されています。
- 設計基準の目安としては，温度は夏期26℃（25〜27℃），冬期22℃（20〜22℃），相対湿度は夏期50%（50〜60%），冬期50%（40〜50%）と言われています。

2 空気調和における温度と湿度

乾球温度・湿球温度の測定

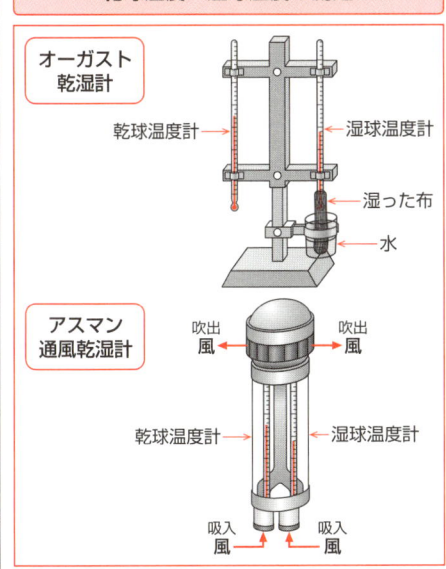

湿り空気は乾き空気と水蒸気から成る

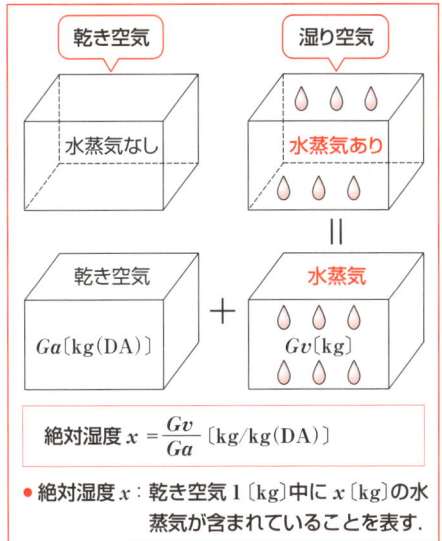

$$絶対湿度\ x = \frac{Gv}{Ga}\ [kg/kg(DA)]$$

- 絶対湿度 x：乾き空気 1 [kg] 中に x [kg] の水蒸気が含まれていることを表す。

温度には乾球温度と湿球温度がある

- 一般に，温度といえば，乾いた感温部をもつ温度計で測った空気の温度をいいます。
- この温度を"**乾球温度**"といい"DB (Dry Bulb)"の記号で表記されます。
- 室内空調における乾球温度の建築物衛生法基準値は，17℃以上28℃ DB 以下（4頁参照）です。
- 人が感じる快適さは，空気の湿り具合により影響されるので，空気調和では，乾球温度の他に"湿球温度"が，用いられます。
- **湿球温度**とは，感温部を水で湿らせた布で覆った湿球温度計で測定した温度をいい"WB (Wet Bulb)"の記号で表記されます。
- 空気が乾いているほど，布からの水分の蒸発が多くなり，その蒸発熱により，感温部が冷やされるので，そのときの乾球温度より温度の下がり幅が大きくなります。

湿度には絶対湿度と相対湿度がある

- 自然の空気は，窒素と酸素が主ですが，その他に水蒸気と各種のガスが含まれています。
- この水蒸気を含んだ自然の空気を"**湿り空気**"といい，水蒸気をまったく含まない空気を"**乾き空気**"といいます。
- **湿度**とは，湿り空気中の水蒸気（水分）を含む程度をいい，"**絶対湿度**"と"**相対湿度**"で表されます。
- 湿り空気を同容積 $V[m^3]$ の乾き空気 $Ga[kg]$ と水蒸気 $Gv[kg]$ に分離したとき，$x = Gv/Ga$ とすれば，この湿り空気は，乾き空気1 kg の中に，x [kg] の水蒸気が含まれていることになります。
- この x を"**絶対湿度**"といい，"AH (Absolute Humidity)"の記号で表され，"kg/kg (DA: Dry Air)"を単位とします。

3 結露と不快指数

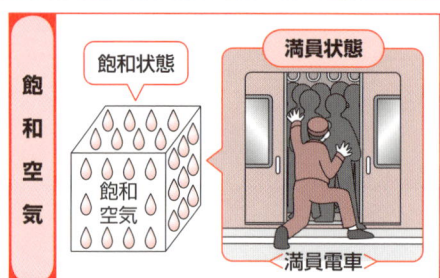

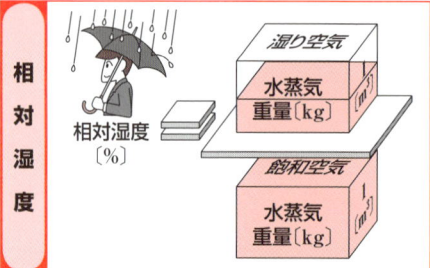

- 不快指数＝0.81×乾球温度＋0.01×相対湿度×(0.99×乾球温度－14.3)＋46.3

相対湿度は飽和空気との水蒸気の割合をいう

❖ 湿り空気は、同じ1m³の空気でも温度が高いほど多くの水蒸気を含むことができます。
- ある温度で、空気が最大の水蒸気量を含んでいる状態を"**飽和状態**"といいます。
- 飽和状態の空気を"**飽和空気**"といいます。

❖ 湿り空気1m³の中に含まれる水蒸気の重量〔kg〕の、同じ温度の飽和空気1m³の中に含まれる水蒸気の重量〔kg〕に対する割合を"**相対湿度**"といいます。
- 相対湿度は、"*RH* (Relative Humidity)"の記号で表され、単位は〔％〕です。
- 飽和空気は、相対湿度が100％の空気のことです。
- 相対湿度は、絶対湿度が一定であれば、温度が上るほど低下します。
- 室内空調の相対湿度の建築物衛生法基準値は40％以上70％以下です(4頁参照)。

飽和空気は露点温度で結露する

❖ 飽和状態の空気は、これ以上水蒸気を含みきれなくなり、空気中の水蒸気という気体が凝縮されて、水滴という液体に状態を変えます。
- この現象を"**結露**"といい、このときの空気の温度を"**露点温度**"といいます。
- 盛夏に冷えたビールのジョッキの表面に水滴がつくのも、周囲の湿り空気が露点温度以下になって、結露する現象といえます。

不快指数は気温と湿度により求める

❖ 一般に、夏期に蒸し暑いと不快を感じるのは、相対湿度が高いときです。
- 気温と相対湿度から、不快を感じる程度を示した数値を"**不快指数**"といいます。
- 日本人は不快指数が75を超えると不快を感じ始め、85を超えると、すべての人が蒸し暑くてたまらないと感じるようです。

4 空気調和における気流と清浄度

室内の気流分布の例

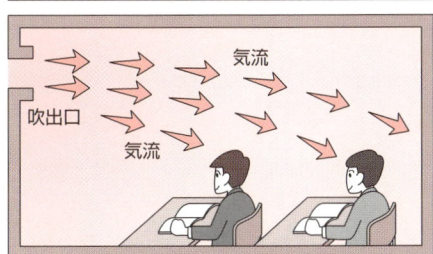

清浄度の主な指標物質

室内の気流の速度，分布を調整する

- 空調の分野では，**気流**とは，室内の空気の流動する速さをいいます。
- 気流は，温度差，風圧などにより自然に空気が流動することにより，また，機械的（例：ファン）に空気を動かすことにより生じます。
- 強い気流が，直接人体に当たると，体温調節の機能に狂いを生じ，健康を阻害することがあります。
- また，夏場など気流が弱いと，汗が蒸発しにくく，不快に感じることがあります。
- 気流の建築物衛生法の基準値は，0.5〔m/s〕（1項参照）となっています。
- 室内に生ずる気流の大きさの均等性を示したのが"**気流分布**"です。
- 気流分布は，室内の供給吹出口と吸込口の位置により異なりますので，気流が，人体に直接当たらないようにするとよいです。

清浄度は室内空気の汚染の程度を表す

- **清浄度**とは，室内空気の汚染の程度を表し，そのおもな指標物質としては，浮遊粉塵，一酸化炭素（CO），二酸化炭素（CO_2）などがあります。
- **浮遊粉塵**とは，空気中に含まれる塵埃のうち，粒径が10〔μm〕以下（例：たばこの煙）で，いつまでも空気中に浮遊しているものです。
- 浮遊粉塵量の建築物衛生法の基準値は，0.15 mg/m^3 以下（4頁参照）です。
- **一酸化炭素**は，燃料の不完全燃焼により生ずる無色無臭の気体で，人体の血液の酸素運搬能力を著しく損なわせるので，一酸化炭素中毒の原因となります。
- 一酸化炭素の基準値は，0.001％以下です。
- **二酸化炭素**は，燃料中の炭素成分が，完全に燃焼した場合に発生するとともに，人の吐く息にも含まれています。
- 二酸化炭素の基準値は，0.1％以下です。

5 熱の伝わり方

熱の伝わり方　三つのタイプ

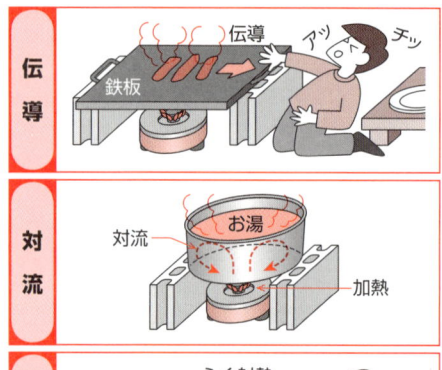

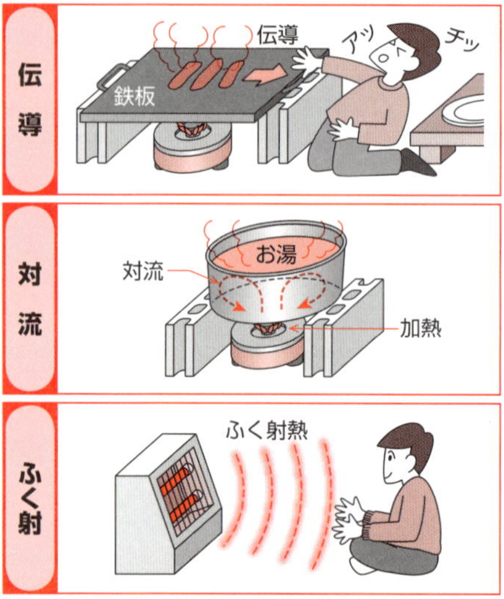

伝導／対流／ふく射

水の熱による状態(相)変化

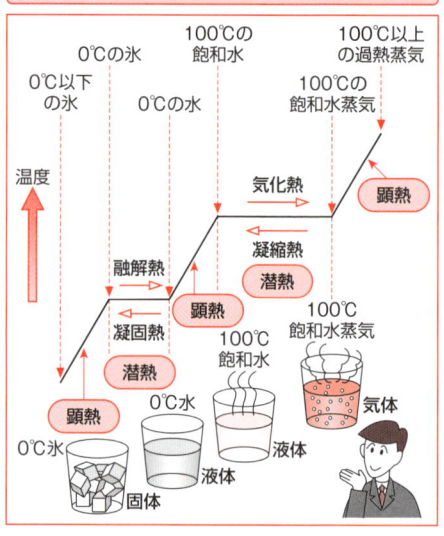

熱は高温から低温に移動する

- 熱は，温度差によって，高い温度から低い温度へと移動し，その伝わり方には，伝導，対流，ふく射(放射)の三つがあります．
- **伝導**とは，固体物質内部に温度差があると，高温の部分から低温の部分に向かって，熱が物質内を移動することをいいます．
- **対流**とは，流体(例：空気・水)の温度による密度差によって，熱が流体の動きとともに移動することをいいます．
- **ふく射**(放射)とは，物質がもつ熱エネルギーを可視光線，赤外線などの電磁波の形で，周囲に放出する現象をいいます．
- 対流する流体と固体物質表面間の熱移動を"**対流熱伝導**"といいます．
- 固体物質の両面に接する流体間に温度差があると，高温側流体から低温側流体に向かって，熱が固体物質を貫流することを**熱通過**といいます．

熱には顕熱と潜熱とがある

- 熱には，顕熱と潜熱とがあります．
- **顕熱**とは，物体に熱を加えたり，熱を奪ったりしても，その物体の状態(相)はそのままで，温度が変わるのに費やされる熱をいいます．
- 0℃の水に熱を加えると，100℃の水(お湯)になります．このように，水(液体)の状態(相)で，0℃から100℃へと温度だけが変わるのに費やされる熱が顕熱です．
- **潜熱**とは，物体に熱を加えたり，熱を奪ったりしても，温度は変わらずに，その状態(相．例：氷→水)が変わるのに費やされる熱をいいます．
- 0℃の氷に熱を加えると0℃の水になります．このように温度は変らず，氷(固体)から水(液体)へとその状態(相)が変わるのに費やされる熱が潜熱です．水の潜熱は次のようになります．

氷→水……融解熱　　水→氷……凝固熱
水→水蒸気…気化熱　水蒸気→水…凝縮熱

6 換気には自然換気と機械換気がある

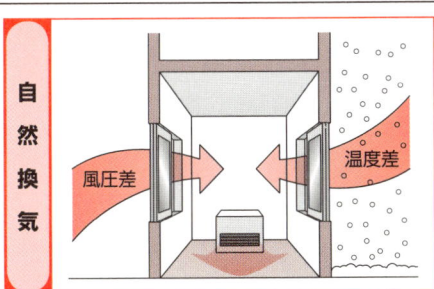

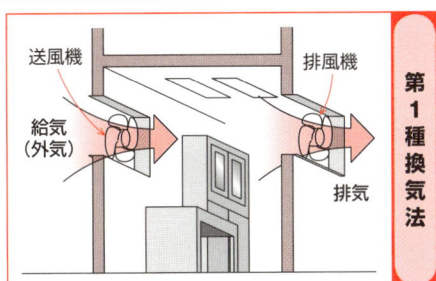

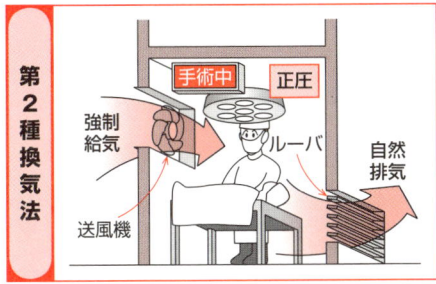

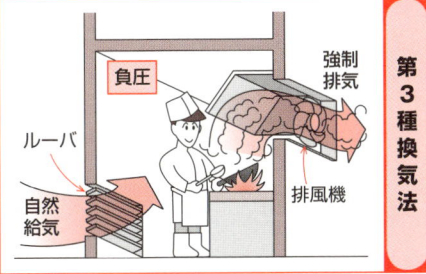

換気の目的は保健衛生と結露防止にある

- 室内の空気を排出し，外気(新鮮空気)と入れ換えることを"**換気**"といいます．
- 換気は，室温の上昇を調整し，室内空気の清浄度を維持することにより，在室者の保健衛生面と，結露による器具へのかびや錆の発生を防止するために行います．
- 換気を行う方法には"**自然換気**"と"**機械換気**"とがあります．
- **自然換気**とは，換気を引き起こす原動力を機械に頼らず，自然の風による圧力差および建物内外の温度差による空気密度の差，つまり浮力を利用して行う換気をいいます．
- **機械換気**とは，送風機，排風機などの機械的手段を利用して行う換気をいいます．
- 機械換気には，送風機と排風機の取り付け方により，第1種換気法，第2種換気法，第3種換気法とがあります．

機械換気には三つの方式がある

- **第1種換気法**とは，機械給気と機械排気を併用した換気方式をいいます．
- 送風機と排風機により，給気量と排気量を調節し，室内の気圧を外気圧に対して，正圧または負圧にすることができます．
- この方式が，一般に用いられています．
- **第2種換気法**とは，送風機により室内に外気を送り込み，排気は適当な位置に設けた排気口から押し出し自然排気することをいいます．
- この方式は，室内が正圧になり扉を開いても汚染空気が入らないので手術室などに適しています．
- **第3種換気法**とは，排風機によって強制排気し，給気は適当な位置に設けた給気口から，自然給気することをいいます．
- この方式は，室内が負圧になり，扉を開いても室内空気が流出しないので，厨房などに適しています．

2 空気調和負荷には冷房負荷と暖房負荷がある

7 冷房は熱を奪い，暖房は熱を加える

冷房とは　　　暖房とは

冷房負荷とは　　　暖房負荷とは

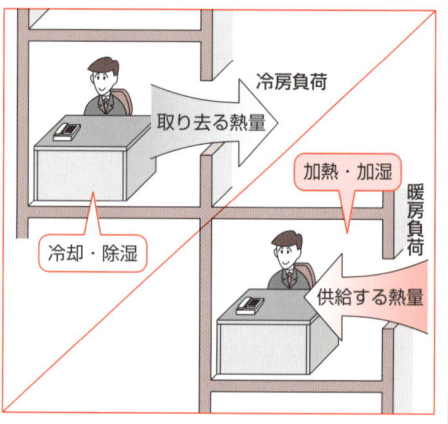

冷房・暖房とはどういうことか

- **冷房**とは，夏季などに冷熱源として，冷凍機などを用いて，室内の空気の熱を奪って室温を所定の温度にまで，冷却することをいいます．
- 冷房は，空気冷却器で空気の熱を奪い，冷却した空気を送風機で室内に冷風として送風することにより行います．
- この設備を空気調和機といいます．
- **暖房**とは，冬季などに温熱源として，ボイラーなどを用いて，室内の空気を所定の温度にまで暖めることをいいます．
- 暖房は，空気加熱器で空気を加熱し，暖めた空気を送風機で室内に温風として送風することにより行い，この設備も空気調和機といいます．

空気調和負荷とはどういう負荷か

- 室内空気の温度，湿度や清浄度を適切な状態に維持するために，空気調和機が冷却・除湿しなければならない熱量を"**冷房負荷**"といい，加熱・加湿しなければならない熱量を"**暖房負荷**"といいます．
- 空気調和機の運転に伴って発生する熱量があり，これを総称して"**空気調和負荷**"といいます．
- 空気調和負荷は，室内温度の変動に関係する**顕熱負荷**（冷却・加熱）と室内湿度の変動に関係する**潜熱負荷**（除湿・加湿）とがあります．
- 空気調和負荷は，侵入熱負荷，室内発熱負荷，外気負荷などの要素により構成されています．

2. 空気調和負荷には冷房負荷と暖房負荷がある

8 侵入熱負荷は室内に入ってくる熱量をいう

侵入熱負荷 ―窓ガラスからの日射熱負荷・壁体からの通過熱負荷・隙間風の熱負荷―

侵入熱負荷　　―空気調和負荷―

❖ 空気調和負荷としての侵入熱負荷は，次のような熱量が該当します。
- ガラス窓からの日射熱負荷
- 壁体からの通過熱負荷
- 隙間風の熱負荷

ガラス窓からの日射熱負荷 ―侵入熱負荷―

❖ ガラス窓に当たる日射熱は，透過して室内に入る成分(透過率)，ガラスに吸収される成分(吸収率)，外部へ反射する成分(反射率)に分かれます。
- ガラス窓に入射した日射熱のうち透過，吸収にて室内に入る割合を日射取得率といいます。
- 日射熱負荷は，窓ガラスの表面積に比例しますが，ガラスの種類(材質)・厚さ，日射の入射角(季節，時間帯，方位)により変わります。

壁体からの通過熱負荷　―侵入熱負荷―

❖ **壁体通過熱量**とは，屋根，外壁，内壁(間仕切り，床，天井)等の壁体の両側で温度差があるときに発生する熱量をいいます。
- 壁体通過熱量は，壁体の熱通過率，壁体の内外温度差そして壁体面積に比例します。
- **熱通過率**とは，壁体の両側の温度差が，1〔K〕のときに，表面積1m^{2}当たり，単位時間に通過する熱量をいいます。

隙間風の熱負荷　　―侵入熱負荷―

❖ **隙間風の熱負荷**とは，建物内外の圧力差，窓枠の隙間，外壁自体の隙間，扉の開閉などにより発生する熱量をいいます。
- 隙間風の熱負荷は，一般に隙間風により，室内容積の空気が，1時間に何回入れ替わるかによって求めます。これは木造，コンクリート造，和風，洋風などの建築構造により異なります。

11

9 室内発熱負荷には人体発熱負荷と機器発熱負荷がある

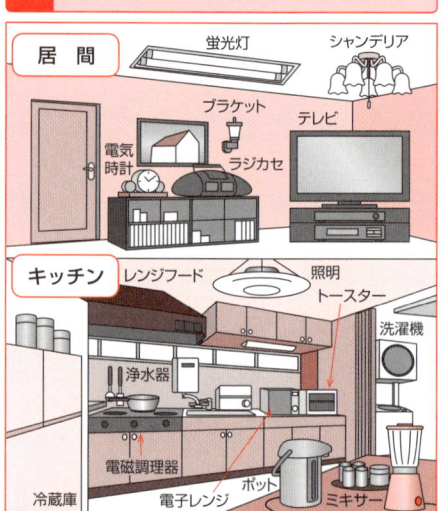

例 事務所内発熱負荷 ―室内発熱負荷―

例 家庭内発熱負荷 ―室内発熱負荷―

室内発熱負荷　―空気調和負荷―

❖ 空気調和負荷としての室内発熱負荷は，次のような熱量が該当します．
- 人体発熱負荷
- 機器発熱負荷（照明器具を含む）

人体発熱負荷　―室内発熱負荷―

❖ 人の呼気は，温度が高いとともに，水蒸気を含んでいます．また，人の皮膚は周囲の空気を対流により暖めており，皮膚表面からは水分を蒸発させています．
- 人体発熱には，顕熱（温度変化させる熱）と潜熱（湿度変化させる熱）があります．
- 人体発熱負荷は，平均的な人の作業強度別発熱量，作業強度別の在室者定員と必要に応じて在室者数の時間帯による変動により求めます．
- 重労働をしているときは静座時の2～3倍の発熱となります．

機器発熱負荷　―室内発熱負荷―

❖ 室内では照明器具の他に，事務所では複写機，パソコンなどの事務機器，家庭ではテレビ，冷蔵庫，調理器，湯沸器などが使用されています．
- これらの機器が消費した電力やガスなどのエネルギーは熱として室内に放出されて，熱負荷となります．

外気負荷　―換気負荷―

❖ 外気負荷とは，室内に換気のために取り入れる熱負荷をいいます．
- 建築基準法施行令などでは，保健衛生上，室内空気の一酸化炭素含有率や二酸化炭素含有率を一定値以下に規制（4頁参照）しています．
- 内装材や家具などが発散する揮発性有機化合物の除去，室内臭気，燃焼による排ガス除去のために，室内に外気を導入して，換気を行う必要があります．

10 空気調和負荷と冷房負荷・暖房負荷との関係

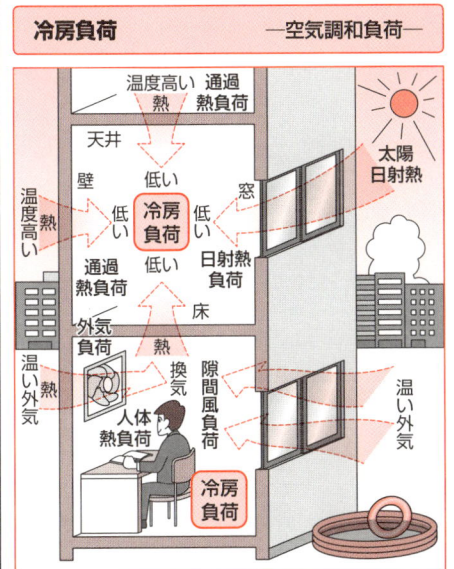

冷房負荷　　　—空気調和負荷—

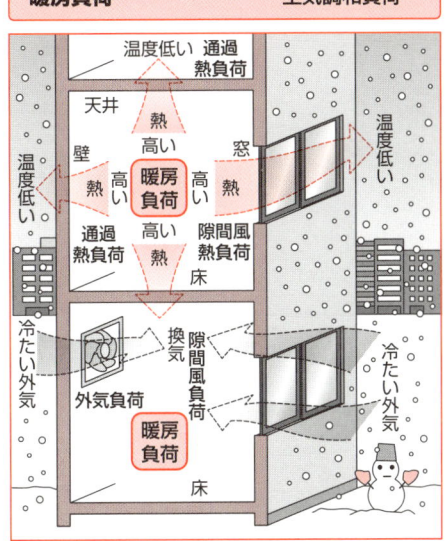

暖房負荷　　　—空気調和負荷—

冷房負荷　—室内を冷し減湿する熱量—

- 室内空気を冷却するためおよび減湿するために，室内から取り去らなくてはならない熱量，室内に入ってくる熱量を**冷房負荷**といいます．
  空気調和負荷のうち，冷房負荷となるのは，次のとおりです．
- ガラス窓から室内に入ってくる日射熱負荷
- 冷房時には，室内より室外の方が，温度が高いので，室内に入ってくる壁体からの通過熱負荷
- 在室者の人体発熱負荷　—取り去る熱量—
- 室内設置の照明器具を含む機器発熱負荷
  —取り去る熱量—
- 換気のために室内に取り入れる外気負荷
  —冷房を必要とする季節では，室内より高い温度の外気が室内に取り入れられる—
- 気密度が高い建物では，外部との出入口の扉部分を除いて，隙間風の熱負荷は無視できる．

暖房負荷　—室内を暖め加湿する熱量—

- 室内の空気を暖めるためおよび加湿するために，室内に加えなくてはならない熱量，室内から出ていく熱量を**暖房負荷**といいます．
  空気調和負荷のうち，暖房負荷となるのは，次のとおりです．
- 暖房時には，室外より室内の方が，温度は高いので，室外に出ていく壁体からの通過熱負荷
- 隙間風の熱負荷
  —気密度の高い建物でも，冬季は内外温度差による圧力差が大きいので，煙突効果による隙間風が生ずる—
- 換気のために室内に取り入れる外気負荷
  —暖房を必要とする季節では，室内より低い温度の外気が室内に取り入れられる—
- 人体発熱負荷，照明を含む機器発熱負荷および日射熱負荷は，室内を暖める有効な負荷となるので，安全のため暖房負荷には含めない．

11 空気調和機による冷房方式

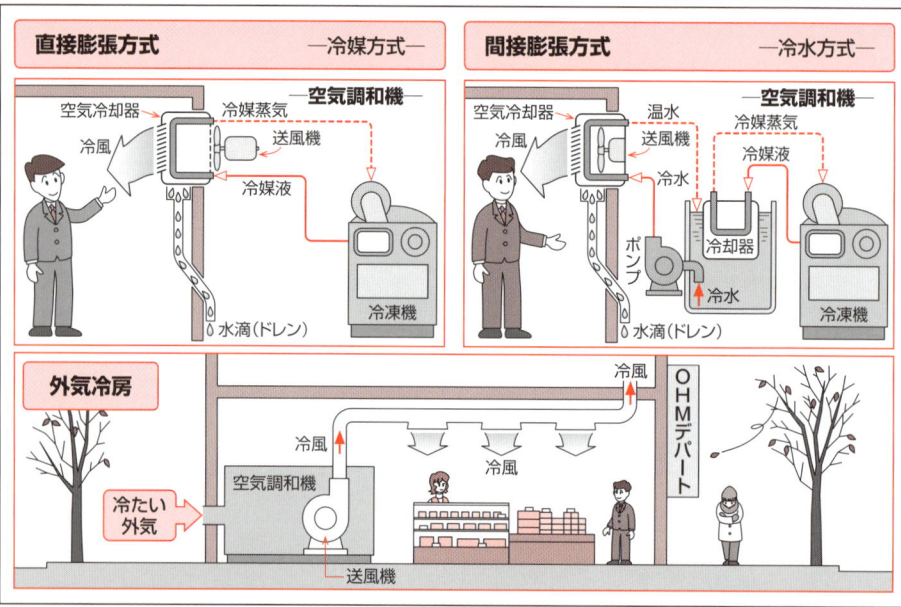

冷房には直接膨張方式・間接膨張方式がある

- 冷房は，空気調和機で行いますが，空気調和機内に設けられている空気冷却器に送られる冷熱源の種類により，直接膨張方式と間接膨張方式とがあります．
- **直接膨張方式**とは，冷凍機の冷媒液を直接，空気冷却器に送って，その冷媒液の蒸発作用により，空気から熱を奪い，送風機によって室内へ，冷風として送風する方式をいい，**冷媒方式**ともいいます．
  ーこの方式は，家庭用のルームクーラーなどに用いられるー
- **間接膨張方式**とは，直接膨張方式で水を冷却しその冷却した水を空気冷却器に送って，空気から熱を奪い送風機によって，室内へ冷風として送風する方式をいい，**冷水方式**ともいいます．
  ーこの方式は，ビル・工場など大きい規模の冷房に用いられるー

外気冷房 ー外気導入による換気ー

- 夏季以外でも，多くの人が出入りする建物の室内では，人体からの発熱・発汗などで，室内の空気の温度が上がり，湿度も高くなることから，冷房が必要となることがあります．
  また，夏季以外でも，建物の南側の日当たりのよい室では，太陽の日射熱によって，室内の温度が高くなり，冷房の必要を生ずることがあります．
- このような夏季以外での冷房は，外気の温度が室内の温度よりも低いので，外気をそのまま冷風として，室内に送風機で送風する換気だけで行うことができます．
- この方式を**外気冷房**といい，外気導入量を調整する換気による冷房で，デパート，劇場などで用いられています．

2. 空気調和負荷には冷房負荷と暖房負荷がある ■

12 空気調和機による暖房方式

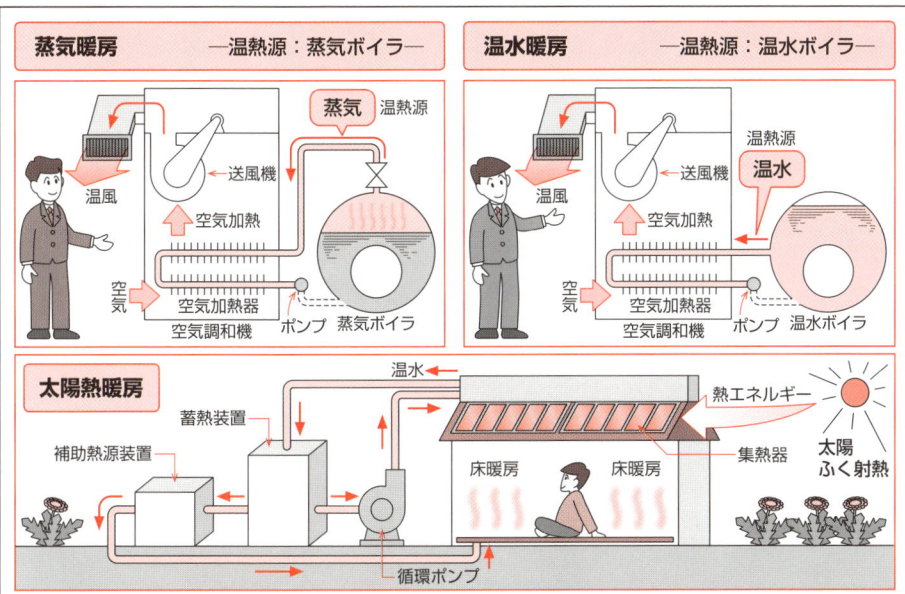

暖房には蒸気暖房と温水暖房とがある

- 暖房は，空気調和機で行いますが，空気調和機の空気加熱器に送られる温熱源の種類によって，蒸気暖房と温水暖房とがあります．
- **蒸気暖房**とは，蒸気ボイラーで圧力蒸気を発生させ，その蒸気を空気加熱器に送って，空気を加熱し，送風機によって室内へ温風として送風する方式をいいます．
  空気を加熱した蒸気は，凝縮して復水（ドレン）し，真空ポンプにより還水管に排出され，再びボイラーに給水されます．
- **温水暖房**とは，温水ボイラーで温水をつくり，その温水を空気加熱器に送って，空気を加熱し，送風機によって室内に温風として，送風する方式をいいます．
  空気を加熱し，熱を奪われた温水は，温水循環ポンプにより，再びボイラーに給水されます．

太陽熱暖房は太陽熱を利用する

- **太陽熱暖房**とは，太陽からふく射される熱エネルギーを暖房用のエネルギーとして利用する方式をいいます．
- 太陽熱暖房は，自然エネルギーである太陽熱を利用した暖房ですので，地球温暖化の原因となる CO_2 の排出を抑制する効果があります．
- 太陽熱暖房は，集熱装置，蓄熱装置，補助熱源装置などから構成されています．
- 屋上や屋根に設置した集熱器で太陽熱を集熱して，温水をつくり，蓄熱槽に貯水し，循環ポンプで温水を送り暖房します．
- 太陽熱暖房は，気象条件によって集熱量が大きく変動し，また，夜間は集熱できないので，太陽熱を安定して利用するために，昼間集熱した熱を蓄熱装置に蓄熱し，平準化しています．
- 太陽熱暖房は，安定した供給を得るため，他に補助熱源装置を併設する必要があります．

3 空気調和方式のいろいろ

13 空気調和方式とはどういう方式か

空気調和方式の例

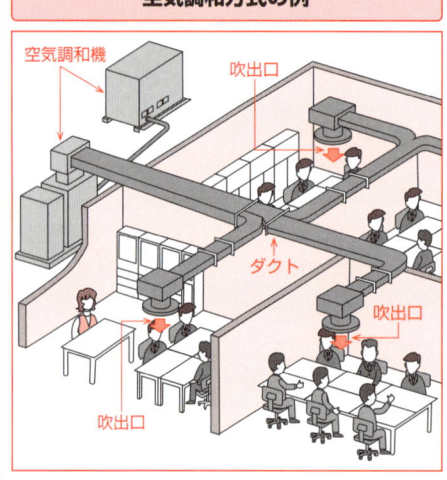

空気調和方式の種類

- 空調系統が受けもつ範囲による分類
- 空気調和機に供給する熱源数による分類
- 熱源を設置する場所による分類
- 熱媒・冷媒の種類による分類

空気調和方式とはどういう方式か

❖ 空調設備は，冷房用や暖房用の熱をつくる熱源装置と，その熱を利用する場所まで運ぶ搬送装置，熱を実際に利用して冷房・暖房し空気を浄化する空気調和機，そしてこれらの装置をコントロールする自動制御装置で構成されています。

● これらの各装置には種々の機器があり，これらの多様な装置・機器を組み合わせることにより，いろいろな空調システムを構成することができます。

● このように異なる構成と機能をもつ空調システム，それぞれを"**空気調和方式**"または"**空調方式**"といいます。

空気調和方式にはいろいろな種類がある

❖ 空気調和方式は，次のように分類されます。
- 空調系統が受けもつ範囲による分類
  全体制御方式　ゾーン制御方式　個別制御方式
- 空気調和機に供給する熱源数による分類
  単熱源方式　複熱源方式
- 熱源を設置する場所による分類
  中央方式　分散方式
- 熱媒，冷媒の種類による分類
  全水方式（ファンコイルユニット方式）
  全空気方式（22頁参照）
  空気・水併用方式（22頁参照）
  冷媒方式

14 　全体制御方式・個別制御方式・ゾーン制御方式

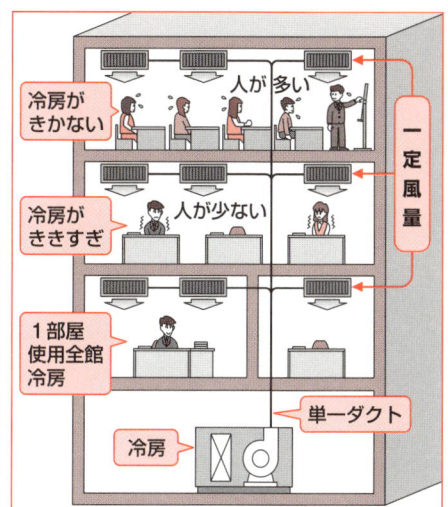

全体制御方式

個別制御方式

全体制御方式とは

- 建物の中において，各種の装置・機器を組み合わせて空調システムを構成しますが，これを"**空調系統**"といいます。
- この空調系統の受けもつ範囲によって，"**全体制御方式**""**ゾーン制御方式**""**個別制御方式**"と，三つの方式があります。
- **全体制御方式**とは，建物全体を一つの空気調和機から，一つのダクト系で各部屋に一定風量の冷風，温風を送風して，冷房，暖房をする方式をいいます。
- この方式を"**単一ダクト定風量方式**"ともいいます。
- 全体制御方式は，各部屋の熱負荷が異なると，暑過ぎたり，寒過ぎたりする欠点があります。
- また，一つの部屋のみ使用するときでも，建物全体を冷房，暖房しなくてはならないので，現在では，あまり使用されていません。

個別制御方式・ゾーン制御方式とは

- **個別制御方式**とは，建物の各部屋ごとに空気調和機を設置して，各部屋それぞれで温度，湿度，気流を調節して，冷房，暖房いずれも行えるようにした方式をいいます。
- 個別制御方式は，各部屋で独自に温度，湿度，気流の調節ができることから，ホテル，旅館，病院などで，一般に用いられています。
- **ゾーン制御方式**とは，建物の熱負荷の違いや，使用条件の相違による区域に分割し，それぞれの区域ごとに空調系統を分け，温度，湿度，気流を調整して，冷房および暖房を行う方式をいいます。
- このように，空調系統を分ける区域を"**ゾーン**"といいます。
- ゾーンの決め方（ゾーニング）には，熱負荷の性質による"**方位別ゾーニング**"と，部屋別の使用目的による"**使用別ゾーニング**"があります。

15 方位別ゾーン制御方式・使用別ゾーン制御方式

方位別ゾーン制御方式

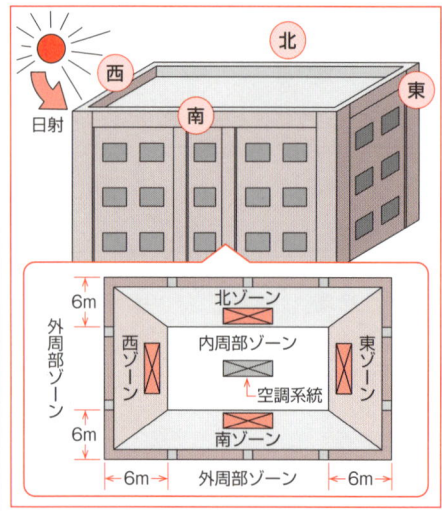

使用別ゾーン制御方式

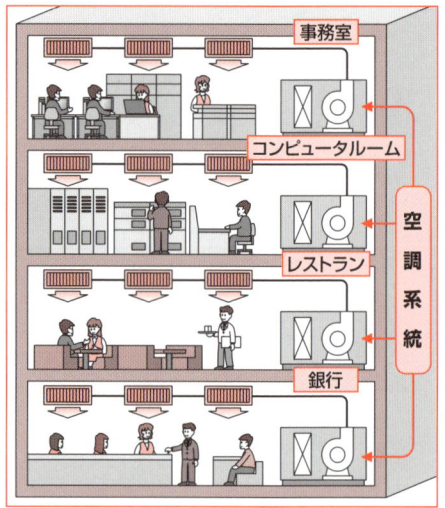

建物の方位による方位別ゾーン制御方式

- **方位別ゾーン制御方式**とは，建物の方位による日射量の違いによりゾーニングし，空調系統を分ける方式をいいます．
- 方位別ゾーニングは，外周部ゾーンと内周部ゾーンの二つに分けます．
- **外周部ゾーン**とは，建物の外周部から6m以内をいい，方位によって南ゾーン，北ゾーン，東ゾーン，西ゾーンに分けます．
- 外周部ゾーンの各ゾーンは，日射による熱負荷が，季節により，気象により，時間により，変化することから，各ゾーンごとに単独で制御できる空調設備を設置します．
- **内周部ゾーン**とは，外周部ゾーンの内側をいい，その内側をセンターコアといいます．
- 内周部ゾーンは，日射による熱負荷の影響を受けにくいことから，一つの空調系統により，冷房および暖房を行うことができます．

建物の使用目的による使用別ゾーン制御方式

- **使用別ゾーン制御方式**とは，建物の階や部屋の使用目的，使用条件によりゾーニングし，空調系統を分ける方式をいいます．
- 使用目的としては，テナントビルのように，同じ建物に，飲食店，レストラン，医院，銀行，衣料店舗，喫茶店などがあります．
- 使用条件としては，企業が所有する建物では，パソコンや複写機などのOA機器がある事務所，調理場のある食堂，会議室，コンピュータルームなどがあります．
- 建物の階，部屋が何の目的で，どのような条件で使用するか，異なるごとにゾーニングします．
- 建物の外周部ゾーンは，季節により，気象により，時間（日射）により熱負荷が変動するので，方位別ゾーン制御方式と使用別ゾーン制御方式を併用すると効果的となります．

3. 空気調和方式のいろいろ

16 単・複熱源方式，熱媒・冷媒供給方式

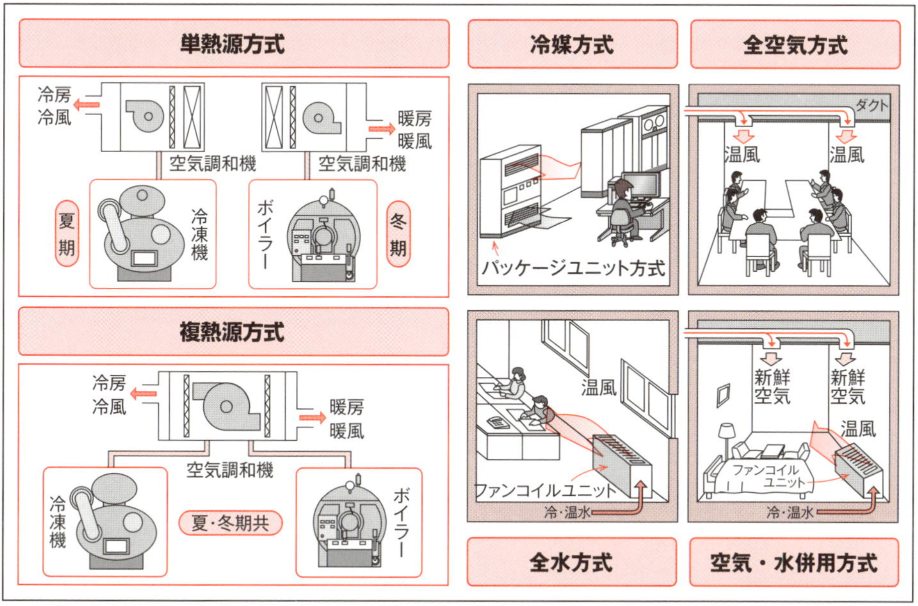

単熱源方式

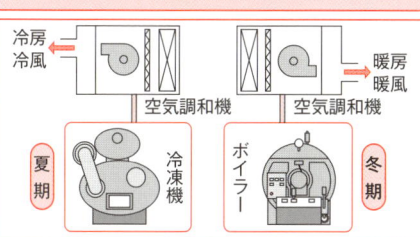

冷媒方式

パッケージユニット方式

全空気方式

複熱源方式

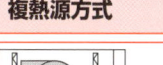
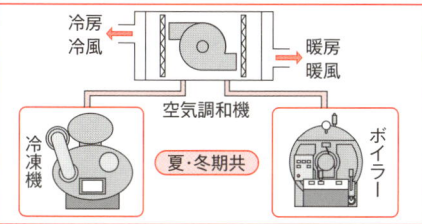

ファンコイルユニット

全水方式

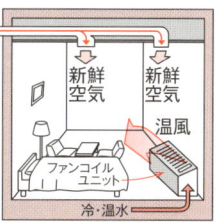

空気・水併用方式

単熱源・複熱源方式，中央・分散方式

- ❖ 空気調和機に供給する熱源の数により，単熱源方式と複熱源方式とがあります．
- 単熱源方式とは"夏は涼しく冷房"，"冬は暖かく暖房"とはっきり分けて，冷熱源，温熱源のうち，どちらか一つだけを空気調和機に供給する方式をいいます．
- 複熱源方式とは，季節に関係なく，常に冷房と暖房が行えるように，冷熱源と温熱源の両方を用意しておき，必要に応じて，どちらでも空気調和機に供給できる方式をいいます．
- ❖ 熱源を設置する場所により，中央方式と分散方式とがあります．
- 中央方式とは，一つのゾーンに1台の空気調和機を設置して対応する方式をいいます．
- 分散方式とは，空気調和機で受けもつ対象区域を細分化して，小型の空気調和機を多数分散して設置する方式をいいます．

熱媒・冷媒の種類による方式

- ❖ 加熱する熱を運ぶために用いる流体を"熱媒"といい，冷却する熱を運ぶために用いる流体を"冷媒"といいます．
- 暖房の熱媒には，温風，温水，蒸気が用いられ，冷房の冷媒には，冷風，冷水，一次冷媒が用いられます．
- ❖ 熱媒，冷媒を室に運ぶ流体に何を用いるかによって，冷媒方式，全空気方式，全水方式，空気・水併用方式があります（22頁～27頁参照）．
- 冷媒方式……パッケージユニット方式
  ヒートポンプユニット方式
- 全空気方式…単一ダクト方式，各階ダクト方式
  二重ダクト方式，マルチゾーンユニット方式
- 全水方式……ファンコイルユニット方式
- 空気・水方式…ファンコイルユニット・ダクト併用方式，誘引ユニット方式

19

17 冷媒方式 —パッケージユニット方式・ヒートポンプ方式—

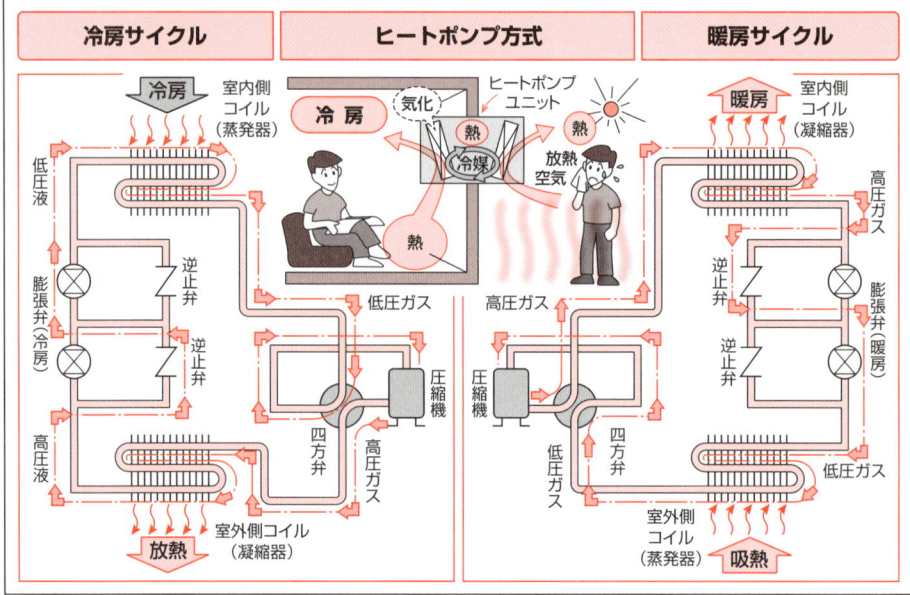

パッケージユニット方式

- **冷媒方式**とは，冷凍サイクルとなる冷媒を，冷却コイルで気化させ，冷房を行う方式で，冷媒方式にはパッケージユニット方式とヒートポンプユニット方式とがあります。
- **パッケージユニット方式**は，**パッケージ形空調機**ともいい，各室内またはゾーンに配置して，冷房を行う方式をいいます。(28頁参照)
- パッケージユニット方式は，冷却コイル(蒸発器)，圧縮機，凝縮器，送風機，エアフィルタ，自動制御器を一つのケーシングに組み込み，標準品として工場生産される空気調和機をいいます。
- 冷房は，冷媒を冷却コイルで気化させて，室内から熱を運び出して行います。
- 暖房は，暖房コイルを別に組み込んで，これに中央熱源機械室のボイラーから，温水または蒸気を供給して行います。また，暖房用の電気ヒータを組む場合もあります。

ヒートポンプ方式

- **ヒートポンプ方式**とは，冷房負荷の室では，冷房サイクルにして，冷却水に熱を捨てて冷房を行い，また，暖房負荷の室では，暖房サイクルにして，冷却水から熱を奪って暖房を行う方式をいいます。
- 膨張弁からの冷媒(上図左)は，室内側コイルで蒸発して，熱を奪い冷却し，圧縮機で室外側コイルに送り，ここで奪った熱を放熱して膨張弁に送ります。これを**冷房サイクル**といいます。
- 冷房サイクルは，室内側の空気から熱を奪って冷房を行い，この熱を室外側に放熱する働きをします。
- 四方弁と逆止弁を切り換えて(上図右)，冷媒の流れを逆にして，室外側で熱を奪い，室内側で放熱して暖房します。
これを**暖房サイクル**といいます。

18 空気調和方式の種類

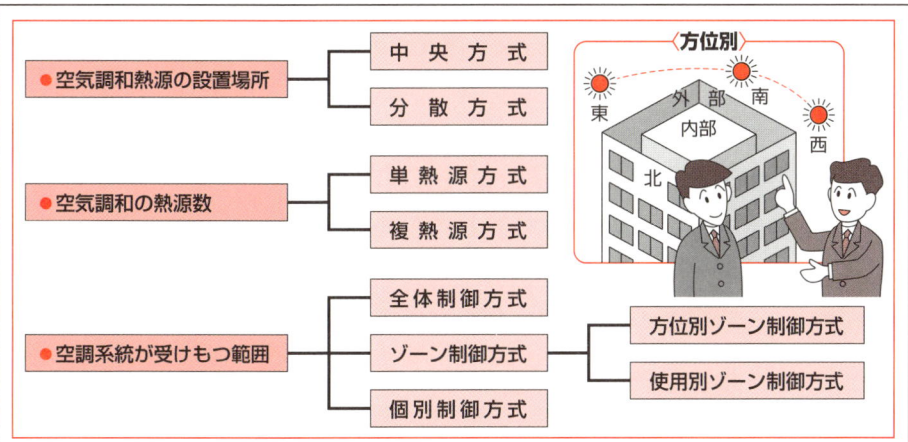

- ●空気調和熱源の設置場所
  - 中央方式
  - 分散方式
- ●空気調和の熱源数
  - 単熱源方式
  - 複熱源方式
- ●空調系統が受けもつ範囲
  - 全体制御方式
  - ゾーン制御方式
    - 方位別ゾーン制御方式
    - 使用別ゾーン制御方式
  - 個別制御方式

方式名称				熱源方式	制御方式
空気調和方式	中央方式(22頁~27頁参照)	全水方式	ファンコイルユニット方式 ― 二管方式	単熱源方式	個別制御方式
空気調和方式	中央方式(22頁~27頁参照)	全水方式	ファンコイルユニット方式 ― 四管方式	複熱源方式	個別制御方式
空気調和方式	中央方式(22頁~27頁参照)	全空気方式	単一ダクト定風量方式	単熱源方式	全体制御方式
空気調和方式	中央方式(22頁~27頁参照)	全空気方式	単一ダクト可変風量方式	単熱源方式	全体制御方式
空気調和方式	中央方式(22頁~27頁参照)	全空気方式	各階ダクト方式	単熱源方式	個別制御方式
空気調和方式	中央方式(22頁~27頁参照)	全空気方式	二重ダクト方式	複熱源方式	個別制御方式
空気調和方式	中央方式(22頁~27頁参照)	全空気方式	マルチゾーンユニット方式	複熱源方式	個別制御方式
空気調和方式	中央方式(22頁~27頁参照)	空気・水併用方式	ファンコイルユニット・ダクト併用方式	複熱源方式	個別制御方式
空気調和方式	中央方式(22頁~27頁参照)	空気・水併用方式	誘引ユニット方式	複熱源方式	個別制御方式
空気調和方式	分散方式	冷媒方式	パッケージユニット方式	単熱源方式	個別制御方式
空気調和方式	分散方式	冷媒方式	ヒートポンプユニット方式	複熱源方式	個別制御方式

4 空気および水を媒体とする空気調和方式

19 全空気方式とはどういう方式か

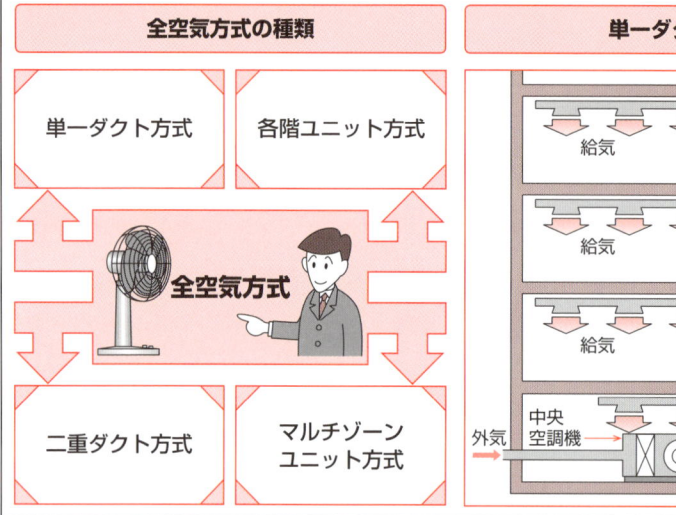

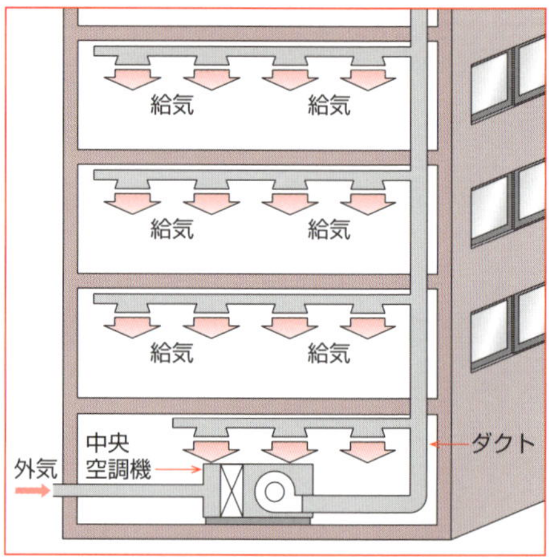

全空気方式 ―全空気方式の種類―

- **全空気方式**は，中央熱源機械室に設置した空気調和機からダクトにより，暖房時には温風を，冷房時には冷風を建物全体または各室に供給して，暖房および冷房を行う方式で，室内で発生する熱負荷は，すべて空気で処理します．
- 全空気方式は，全体制御方式，個別制御方式，ゾーン制御方式に用いられます．
- 全空気方式には，単一ダクト方式，各階ユニット方式，二重ダクト方式，マルチゾーンユニット方式があります．

単一ダクト方式とはどういう方式か

- **単一ダクト方式**とは，中央熱源機械室に設置した空気調和機から単一のダクトを立ち上げ，受けもつゾーンの多層階に分岐して，各室の吹出口より温風または冷風を送り，暖房または冷房を行う方式をいいます．
- また，空気調和機では，室内環境を維持するため，特に人間の呼気から排出される二酸化炭素（CO_2）の濃度を希釈するために外気が導入され，調温・調湿されて各室に送風されます．
- 単一ダクト方式には，各室に供給される送風の制御のしかたにより，"**定風量方式**"と"**可変風量方式**"とがあります．

20 単一ダクト方式には「定風量方式」と「可変風量方式」がある

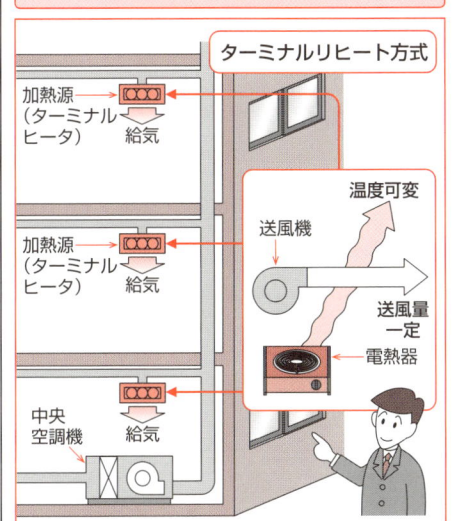

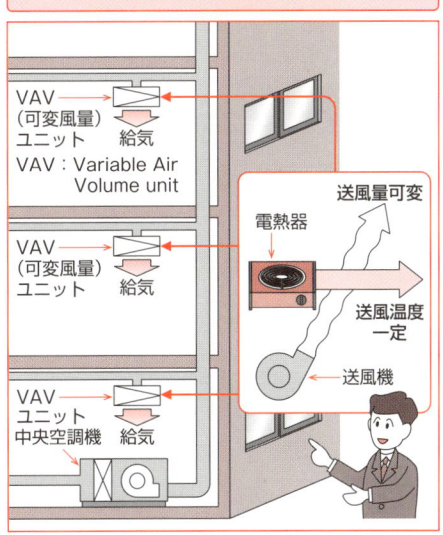

風量が一定な単一ダクト定風量方式

- 単一ダクト定風量方式は，CAV（Constant Air Volume system）方式ともいい，最も基本的な方式です．
- 単一ダクト定風量方式は，空気調和機からの送風量を，常に一定にして各室に供給します．そして，代表室の熱負荷の変動に合わせて，送風の温度・湿度を変動させて，各室に一定の風量を供給します．
- この方式は，建設費が安く，運転管理が容易ですが，温度・湿度の制御が代表室による一括制御であるため，熱負荷が比較的均一な建物の内周ゾーン，ホール，劇場，デパートなどの大空間の空気調和に用いられます．
- ターミナルリヒート方式は，空気調和機で送風温度を一定に調整し，室ごとに設けた室内ターミナルヒータで再加熱し，最終的に各々の室温になるように制御し，温度偏差を解消します．

風量が変えられる単一ダクト可変風量方式

- 単一ダクト可変風量方式は，VAV（Variable Air Volume system）方式ともいいます．
- 単一ダクト可変風量方式は，単一ダクトで空気調和機から送られてきた一定温度の空気を，各室内の熱負荷変動に応じて，送風量を変化させる方式です．
- この方式では，送風量を変化させるために，制御対象室，ゾーンの給気分岐ダクトの途中，または各吹出口ごとに可変風量装置（VAVユニット）を取り付け，制御対象室に設置した温度検出器により，各室ごとに送風量を制御します．
- この方式は，熱負荷に応じて必要風量を送ることにより，また，不使用室への送風停止などにより，送風機動力を節減できる利点があります．
- この方式は，比較的大きな事務所などに使用されています．

21 各階ユニット方式・二重ダクト方式 マルチゾーンユニット方式

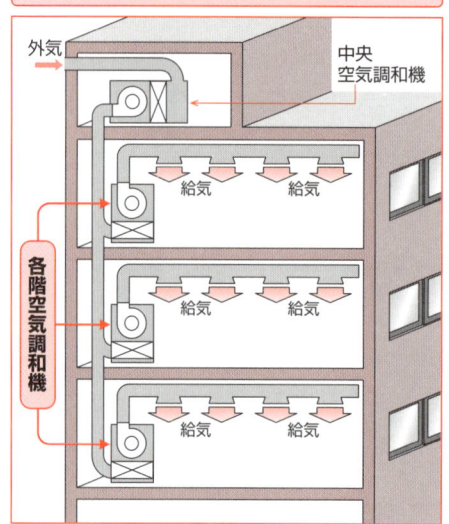

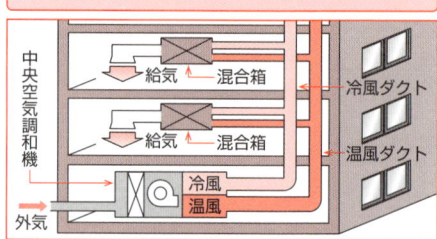

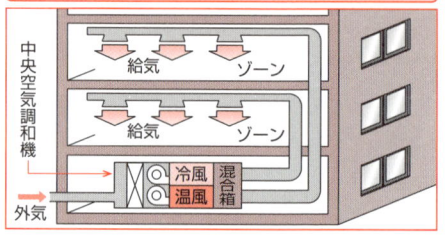

階ごとに設置する各階ユニット方式

- **各階ユニット方式**とは，空気調和機の種類の名称ではなく，その名の示すように，空気調和機を各階ごとに，また方位別，用途別に設置して，それぞれ独立した空調系統を形成し，暖房または冷房を行う方式をいいます。
- 各階ユニット方式は，一般に単一ダクト定風量（CAV）方式が採用されている場合が多いですが，建物内周部ゾーンの個別制御の必要性から，単一ダクト可変風量（VAV）方式も用いられています。
- ここでユニットとは，エアハンドリングユニット（34頁参照），パッケージ形空気調和機（28頁参照）を指します。
- **エアハンドリングユニット**とは，送風機，エアフィルタ，冷温水コイル，加湿装置などをケーシング内に組み込み，ユニット化した空気調和機をいいます。

二重ダクト方式・マルチゾーンユニット方式

- **二重ダクト方式**とは，中央熱源機械室に設置した空気調和機で温風と冷風をつくり，各制御ゾーンまたは各室に温風ダクトと冷風ダクトを別々に引いて，各制御ゾーンまたは各室の吹出口に設置した混合ユニットにより，温風と冷風を適切な比率で混合して，送風温度を変化させて送風し，暖房または冷房します。
- この方式には，定風量方式と可変風量方式があり，また，個別温度制御が可能です。
- **マルチゾーンユニット方式**とは，中央熱源機械室に設置した空気調和機の吹出し側に，加熱コイルと冷却コイルを設けて温風と冷風をつくり，混合ユニットで混合して，所定の送風温度に調整し，各制御ゾーンに別々のダクトで送風し，暖房または冷房を行う方式をいいます。
- この方式は，熱負荷変動の室が多いと，ダクトの本数も多くなります。

4. 空気および水を媒体とする空気調和方式

22 　全水方式　—ファンコイルユニット方式—

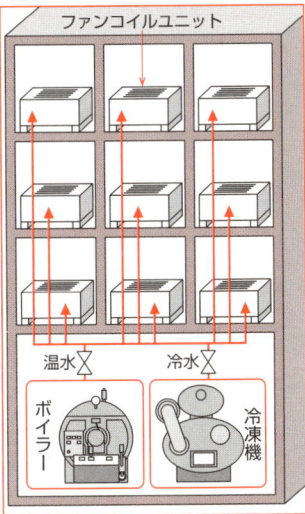

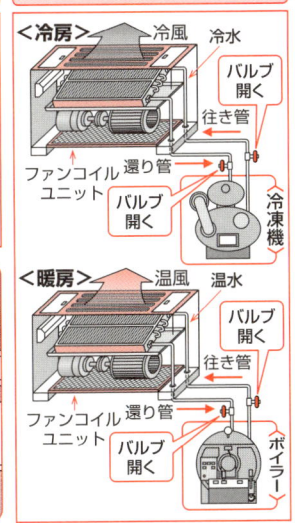

全水方式　—ファンコイルユニット方式—

- **全水方式**とは，ファンコイルユニット方式ともいい，全空気単一ダクト方式との併用（27頁参照）が一般的ですが，単独に換気設備を設け，室内設置のファンコイルユニットに，すべての室内熱負荷と外気熱負荷を受けもたせる方式もあります．
- 全水方式は，室内にファンコイルユニットを設置し，中央の熱源機械室のボイラーまたは冷凍機から，暖房時には温水を，冷房時には冷水を，直接ファンコイルユニットに供給し，ユニット内の送風機により，室内空気と熱交換させて，暖房および冷房を行います．
- **ファンコイルユニット方式**は，ファンコイルユニットごとの単独運転ができるので，個別制御，ゾーン制御が簡単にできます．
- 将来の熱負荷増に対し，ファンコイルユニットの増設により，比較的容易に対応できます．

ファンコイルユニット　—配管方式—

- **ファンコイルユニット**とは，送風機，冷温水コイル，エアフィルタ，ドレンパンなどをケーシング内に納めた小型の空気調和機をいいます．
- 最近は水滴や霧状ミスト，再凝縮を起こさない自然蒸発式加湿器組込みのものもあります．
- ファンコイルユニットの配管方式には，二管方式と四管方式とがあります．
- **二管方式**は往き管と還り管の2本で，冷房時には冷凍機の弁を開いて冷水を，暖房時にはボイラーの弁を開いて温水をファンコイルユニットの冷温水コイルに送ります．
- **四管方式**は温水専用の往き管と還り管，そして冷水専用の往き管と還り管の4本を使用します．
- ファンコイルユニット方式は，個別制御ができることから，事務所ビルの外周ゾーン，ホテル・旅館の客室，病院の病室，料亭などで，多く使用されています．

23 ファンコイルユニット方式の制御回路

S：やあ，外は暑いですネ．汗びっしょりですョ．
O：じゃ，ここにきて，このファンコイルユニットのスイッチを"強"にするといいョ．
S：わぁ，冷たい風が吹き付けて，気持ちよいですネ．

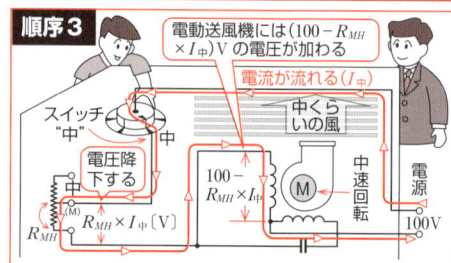

S："中"にすると，どうなりますか．
O：電動送風機には，速度調整用抵抗器 R のうち，R_{MH} 分だけ降下した電圧 $R_{MH}・I_{中}$〔V〕が加わり，速度が下がって中くらいの風になるのだョ．

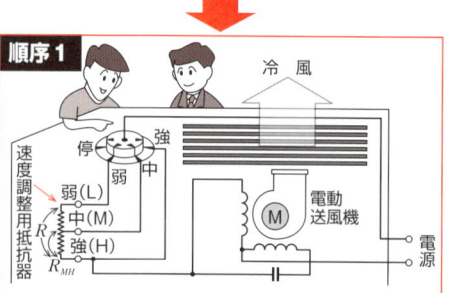

S：どのようにして風量が変わるのですか．
O：このユニット内に組み込んである電動機の速度を変えて，送風機の風量を制御しているのだョ．
S：スイッチで，強・中・弱と切り替えるのですネ．

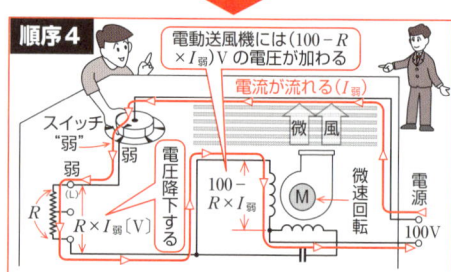

S：それでは，"弱"にすると，どうなりますか．
O：電動送風機に速度調整用抵抗器 R の全部降下した電圧 $R・I_{弱}$〔V〕が加わりさらに速度が下がって微風になるので就寝用によいョ．

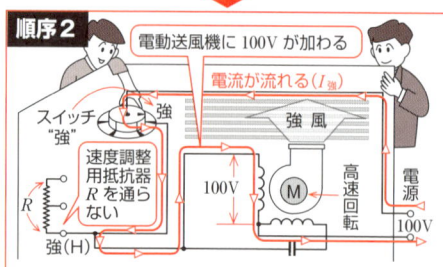

S："強"にすると，なぜ風量が多くなるのですか．
O：スイッチを"強"にすると，電動送風機には速度調整用抵抗器 R を通らずに，直接，電源電圧が加わるから，高速度回転で，強い風を送るのだョ．

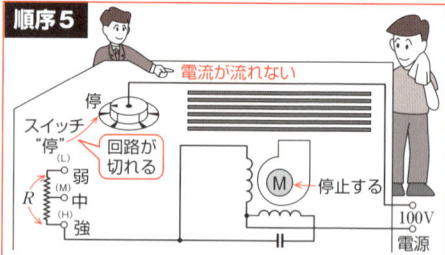

S：スイッチを"停"に入れると，止まるのですネ．
O：そうだョ．強・中・弱のどの状態になっていても，回路を切って，電動送風機に電流が流れないようにするから，止めることができるのだョ．

24 空気・水方式とはどういうものか

誘引ユニット方式

霧吹き器

外気

吹出口
ノズル
外気（高速）（一次空気）
消音室
冷温水コイル
エアフィルタ

ファンコイルユニット・ダクト併用方式

外気
新鮮な空気
単一ダクト方式（全空気方式）
ファンコイルユニット（全水方式）

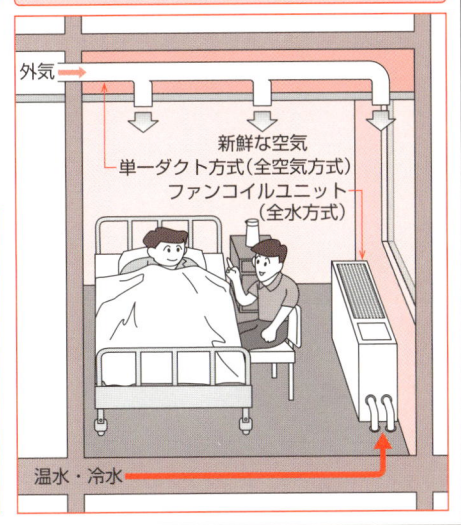

温水・冷水

空気・水方式 ――空気・水方式の種類――

- **空気・水方式**とは，各室に空気調和機を設置し，中央熱源機械室から空気と水を送って，暖房または冷房を行う方式をいいます。
- 空気・水方式には，誘引ユニット方式とファンコイルユニット・ダクト併用方式とがあります。

霧吹き器の原理による誘引ユニット方式

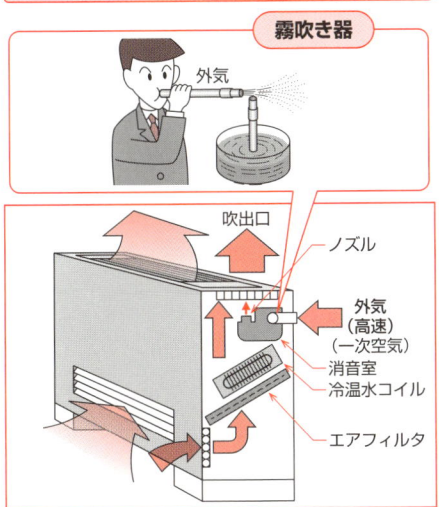

- **誘引ユニット方式**とは，中央熱源機械室から外気を高速で，各室に設置した誘引ユニットに送風します。この外気がユニット内のノズルから高速で吹き出るときの誘引作用（霧吹き器の原理）により，室内空気を強制循環させます。そして，ユニット内の冷温水コイルに中央熱源機械室から供給される冷水，温水によって，循環する室内空気を冷却，加熱して，冷房または暖房を行います。我が国では，現在，この方式は使用されておりません。

ファンコイルユニット・ダクト併用方式

- **ファンコイルユニット・ダクト併用方式**は、全水方式のファンコイルユニット（25頁参照）と全空気方式の単一ダクト方式（22頁参照）を組み合わせた方式をいいます。
- この方式は，ファンコイルユニットを各室に設置し，中央熱源機械室から温水または冷水を供給して，ユニット内の送風ファンにより，室内空気と熱交換させて暖房または冷房を行います。
- 在室者に必要な換気を行うために，外気のみを調和する外気調和機により，新鮮な空気を単一ダクト方式により，室内に供給します。
- この方式の例としては，ファンコイルユニットを建物の外周部の窓下に設置し，外周部の外壁を通して入ってくるふく射，伝導などの外部熱負荷を受けもたせ，内部熱負荷は新鮮な空気を導入する定風量または可変風量の単一ダクト方式で対応させることが多いです。

第1章 ●空気調和設備の基礎知識

5 パッケージ形空気調和機の制御回路

25 パッケージ形空気調和機とはどういう機器か

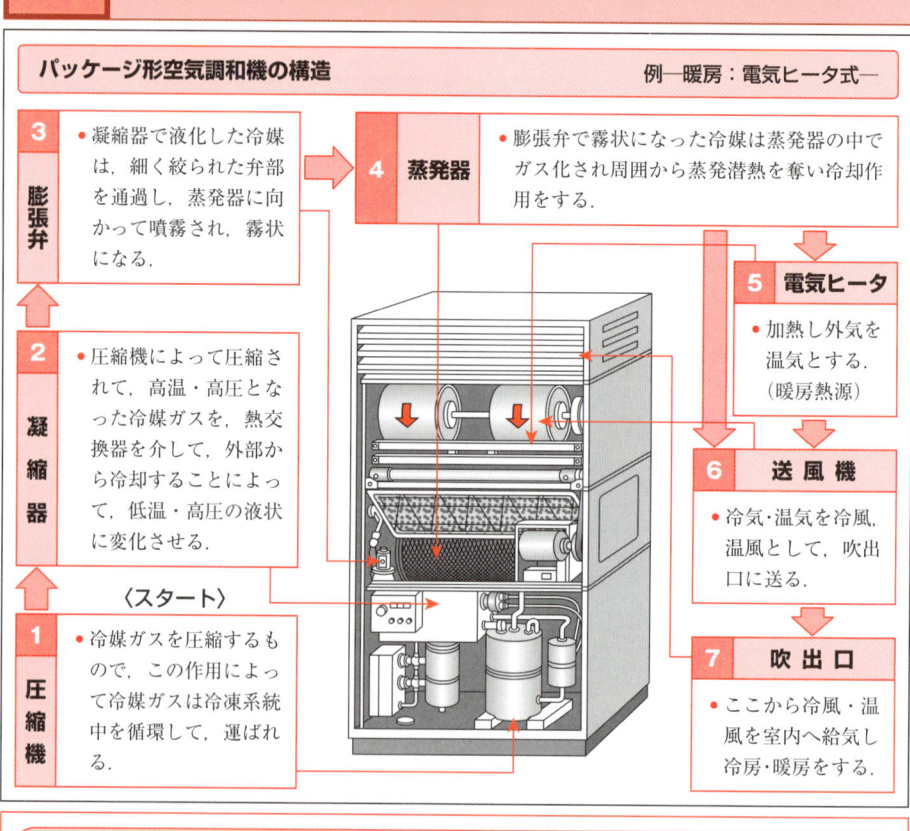

パッケージ形空気調和機の構造　　　　　　　　例—暖房：電気ヒータ式—

3 膨張弁
- 凝縮器で液化した冷媒は，細く絞られた弁部を通過し，蒸発器に向かって噴霧され，霧状になる．

4 蒸発器
- 膨張弁で霧状になった冷媒は蒸発器の中でガス化され周囲から蒸発潜熱を奪い冷却作用をする．

5 電気ヒータ
- 加熱し外気を温気とする．（暖房熱源）

2 凝縮器
- 圧縮機によって圧縮されて，高温・高圧となった冷媒ガスを，熱交換器を介して，外部から冷却することによって，低温・高圧の液状に変化させる．

6 送風機
- 冷気・温気を冷風，温風として，吹出口に送る．

〈スタート〉

1 圧縮機
- 冷媒ガスを圧縮するもので，この作用によって冷媒ガスは冷凍系統中を循環して，運ばれる．

7 吹出口
- ここから冷風・温風を室内へ給気し冷房・暖房をする．

パッケージ形空気調和機　　　　　—暖房・加湿熱源：電気・温水・蒸気—

❖ **パッケージ形空気調和機**とは，圧縮機，凝縮器，蒸発器，エアフィルタ，送風機その他制御装置などを，一つのケーシング内にまとめて納めた空気調和装置をいいます．
- 暖房・加湿の熱源には，電気，温水，蒸気などがあり，電気式では電気ヒータを，また，温水・蒸気式ではボイラー設備を必要とします．

5. パッケージ形空気調和機の制御回路

26 送風運転動作図

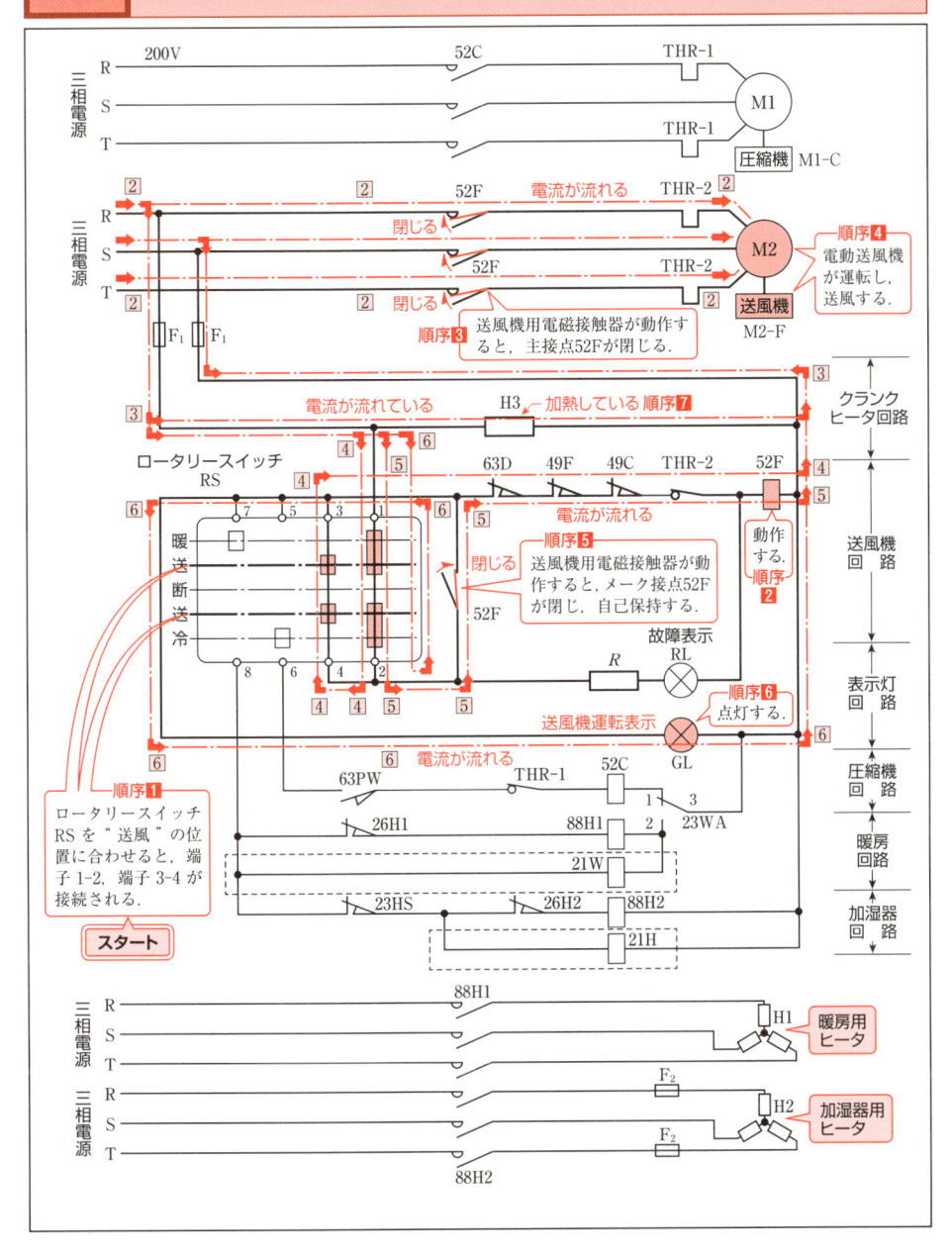

27 送風運転・冷房運転の動作

送風運転動作順序　　　　　　　　　　　　　―前ページの送風運転動作図参照―

❖ ロータリースイッチ RS を"送風"の位置にすると，送風機用電磁接触器 52F が動作して，送風機用電動機 M2 を始動し，送風機 M2-F を回転して送風します．

順序1　ロータリースイッチ RS を"送風"の位置に合わせると端子 1 と 2 および端子 3 と 4 が接続される．（**順序14**のロータリースイッチの説明参照）

順序2　ロータリースイッチ RS の端子 1 と 2 および端子 3 と 4 が接続されると，回路4に電流が流れ，送風機用電磁接触器 52F が動作する．
送風機用電磁接触器 52F が動作すると**順序3**と**5**の動作が同時に行われます．

順序3　送風機用電磁接触器 52F が動作すると，回路2の主接点 52F が閉じる．

順序4　回路2の主接点 52F が閉じると，送風機用電動機 M2 に電流が流れ，始動・運転し，送風機 M2-F を回転して送風する．

順序5　送風機用電磁接触器 52F が動作すると，回路5のメーク接点 52F が閉じ，自己保持する．

順序6　メーク接点 52F が閉じると，回路6に電流が流れ，緑ランプ GL が点灯し，送風機 M2-F の運転を表示する．

順序7　三相電源が投入されていると，常時，回路3に電流が流れ，クランクヒータ H3 が加熱されている．
　● クランクヒータは，冷媒が潤滑油に溶けやすいので，潤滑油の温度を適温に保ち，冷媒が溶けるのを防ぐために設けられている．

冷房運転動作順序　　　　　　　　　　　　　―次ページの冷房運転動作図参照―

❖ ロータリースイッチ RS を"送風"から"冷房"に切り替えると，送風機は運転を継続するとともに，圧縮機用電磁接触器 52C が動作して，圧縮機用電動機 M1 を始動し，圧縮機 M1-C を運転して，冷媒ガスを圧縮し，冷却して送風機 M2-F により，冷風を送ります．

順序8　ロータリースイッチ RS を"送風"から"冷房"に切り替えると，端子 1 と 2 および端子 5 と 6 が接続される．（**順序14**のロータリースイッチの説明参照）

順序9　ロータリースイッチ RS の端子 1 と 2 が，継続して接続されるので，回路5に電流が流れ，送風機用電磁接触器 52F は，引き続き動作し，回路2の送風機 M2-F の運転を継続する．

順序10　ロータリースイッチ RS の端子 1 と 2 が，継続して接続されるので，回路6に電流が流れ緑ランプ GL の点灯を継続し，送風機 M2-F の運転を表示する．

順序11　ロータリースイッチ RS の端子 5 と 6 が接続（**順序8**）されると，回路7に電流が流れ，圧縮機用電磁接触器 52C が動作する．

順序12　圧縮機用電磁接触器 52C が動作すると，回路1の主接点 52C が閉じる．

順序13　回路1の主接点 52C が閉じると，圧縮機用電動機 M1 に電流が流れて始動し，圧縮機 M1-C を運転して，冷媒ガスを圧縮し，冷却して送風機 M2-F により冷風を送る．

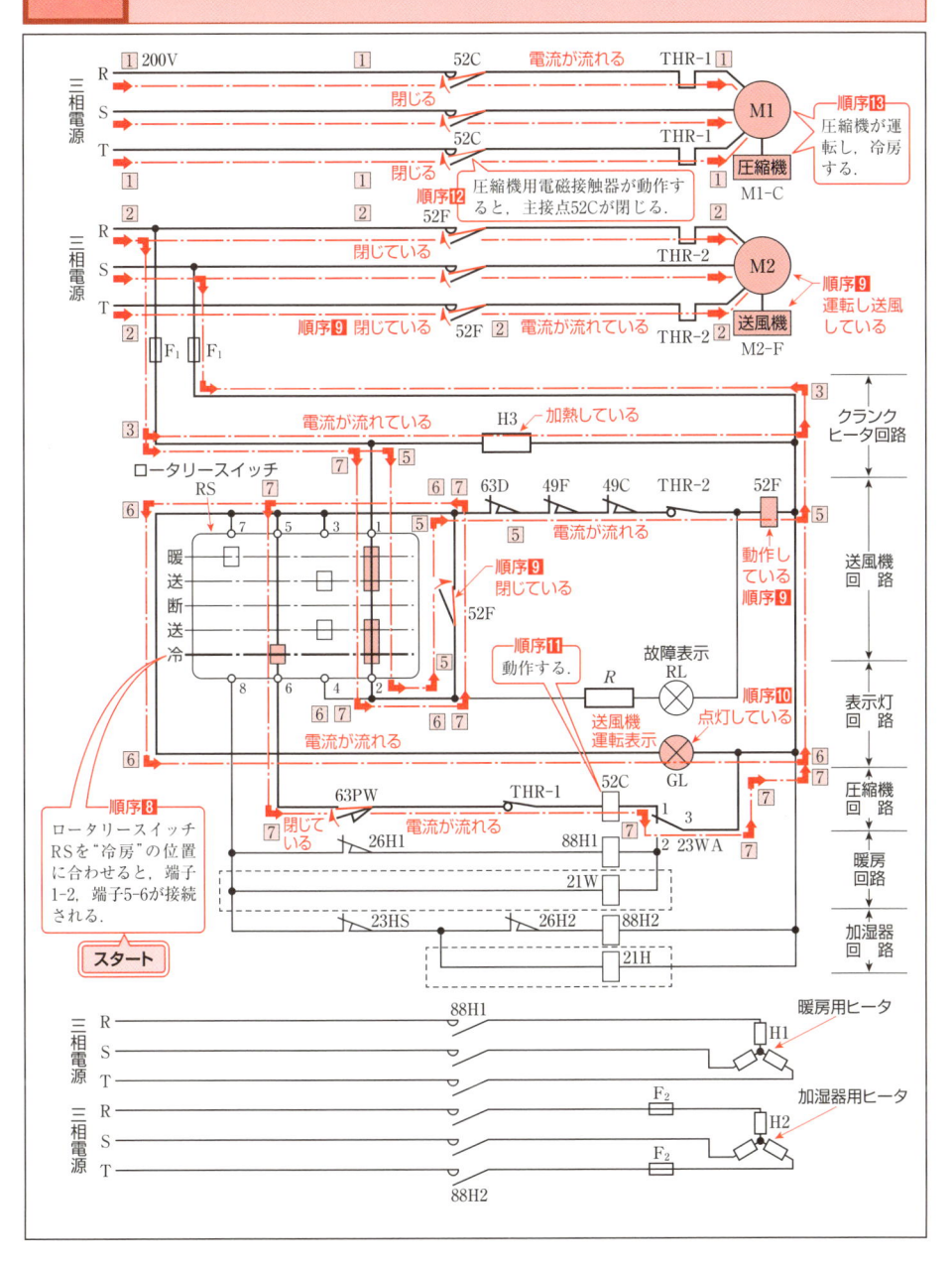

5. パッケージ形空気調和機の制御回路

28 冷房運転動作図

29　暖房・加湿運転の動作

暖房・加湿運転動作順序　　　　　　―次ページの暖房・加湿運転動作図参照―

❖ロータリースイッチ RS を"冷房"から"暖房"に切り替えると，送風機 M2-F は運転を継続するとともに，暖房用電磁接触器 88H1 が動作して，暖房用ヒータ H1 が加熱し，送風機 M2-F により，温風を送ります。

❖また，ロータリースイッチ RS を"冷房"から"暖房"に切り替えると，加湿器用電磁接触器 88H2 が動作して，加湿器用ヒータ H2 が加熱し，水槽水により加湿します。

順序14　ロータリースイッチ RS を"冷房"から"暖房"に切り替えると，端子1と2および端子7と8が接続される。

- ロータリースイッチ RS の"暖房"の横線と端子1と2の交差部および端子7と8の交差部に，■記号があることは，"暖房"の位置にスイッチを合わせると，端子1と2および端子7と8が接続されることを示します。
- 端子1と2の間は，"冷房"と"暖房"に，■記号があるので，"冷房"から"暖房"にスイッチを切り替える途中でも，閉路していることを示します。

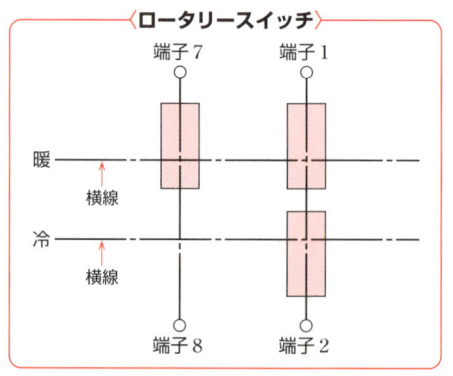

〈ロータリースイッチ〉

順序15　ロータリースイッチ RS の端子1と2が，継続して接続されるので，回路5に電流が流れ，送風機用電磁接触器 52F は，引き続き動作し，回路2の送風機 M2-F の運転を継続する。

順序16　ロータリースイッチ RS の端子1と2が，継続して接続されるので，回路6に電流が流れ，緑ランプ GL の点灯を継続し，送風機 M2-F の運転を表示する。

順序17　ロータリースイッチ RS の端子7と8が接続されると，回路11に電流が流れ，加湿器用電磁接触器 88H2 が動作する。

順序18　ロータリースイッチ RS の端子7と8が接続されると，回路12に電流が流れ，加湿器用電磁弁 21H が動作して開き，加湿する(温水・蒸気式の場合)。

順序19　回路9の温度調節器 23WA を2(暖房)側にする。

順序20　23WA を2(暖房)側にすると，回路9の暖房用電磁接触器 88H1 が動作する。

順序21　23WA を2(暖房)側にすると，回路10の暖房用電磁弁 21W が動作して開き，温水または蒸気を送り，暖房する(暖房：蒸気式の場合)。

順序22　暖房用電磁接触器 88H1 が動作(**順序20**)すると，回路13の主接点 88H1 が閉じる。

順序23　回路13の主接点 88H1 が閉じると，暖房用ヒータ H1 が加熱し，送風機 M2-F により，暖風を送る(暖房：電気ヒータ式の場合)。

順序24　加湿器用電磁接触器 88H2 が動作(**順序17**)すると，回路14の主接点 88H2 が閉じる。

順序25　回路14の主接点 88H2 が閉じると，加湿器用ヒータ H2 が加熱し，水槽水により加温する(電気ヒータ式の場合)。

5. パッケージ形空気調和機の制御回路

30 暖房・加湿運転動作図

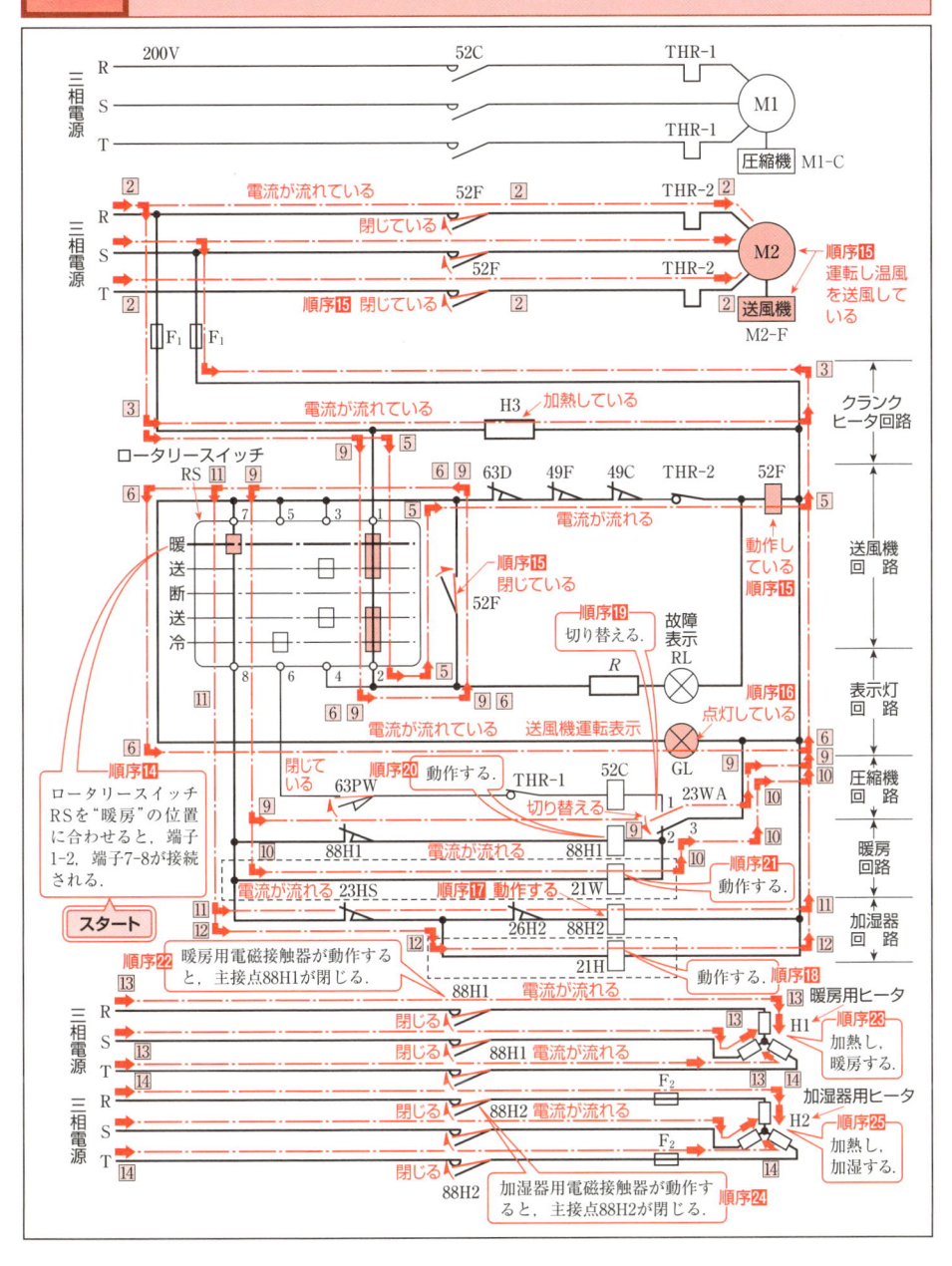

第1章 空気調和設備の基礎知識

6 空気調和設備の構成

31 空気調和機とはどういう機器か

施設形空気調和機

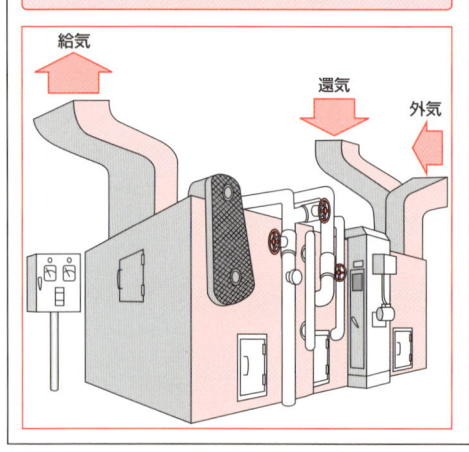

給気／還気／外気

エアハンドリングユニット

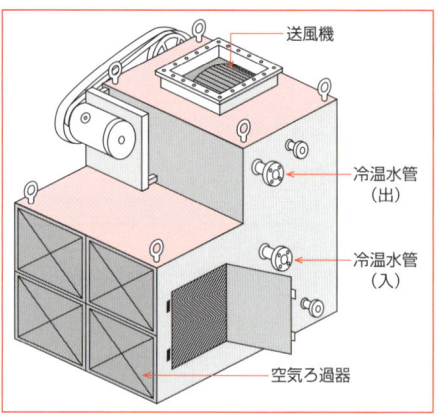

送風機／冷温水管（出）／冷温水管（入）／空気ろ過器

空気調和機には中央式と個別式とがある

- 建物の使用目的や立地条件によって，それぞれ適応した空気調和方式が採用されますが，室内に供給する空気の温度，湿度および清浄度を所定の状態に調整するために，供給する空気を浄化，加熱・加湿，冷却・除湿し，また，その空気を排出するために必要とする各機器の全体を"空気調和設備"といいます．
- 空気調和機は，"空調機"ともいい，中央式空気調和機と個別式空気調和機とがあります．
  - 中央式空気調和機には，施設形空気調和機とエアハンドリングユニットとがあります．
  - 個別式空気調和機には，ファンコイルユニットとパッケージ形空気調和機があります．

施設形空気調和機とエアハンドリングユニット

- 施設形空気調和機は，現場組立式空気調和機ともいい，大規模建物の中央式空気調和機として用いられ，冷熱源・温熱源の供給を受けて，空気との熱交換を行う空気加熱器，空気冷却器，そして，空気ろ過器，送風機などを，それぞれ単独に，現場で組み立て，一体化した空気調和機をいいます．
- エアハンドリングユニットとは，中形・小形の中央式空気調和機として用いられ，冷熱源・温熱源を受けて，空気との熱交換を行う空気加熱器，空気冷却器，そして空気ろ過器，送風機などを，製造工場であらかじめ一つのケーシング内に組込みユニット化した空気調和機をいいます．

32 空気調和設備の構成

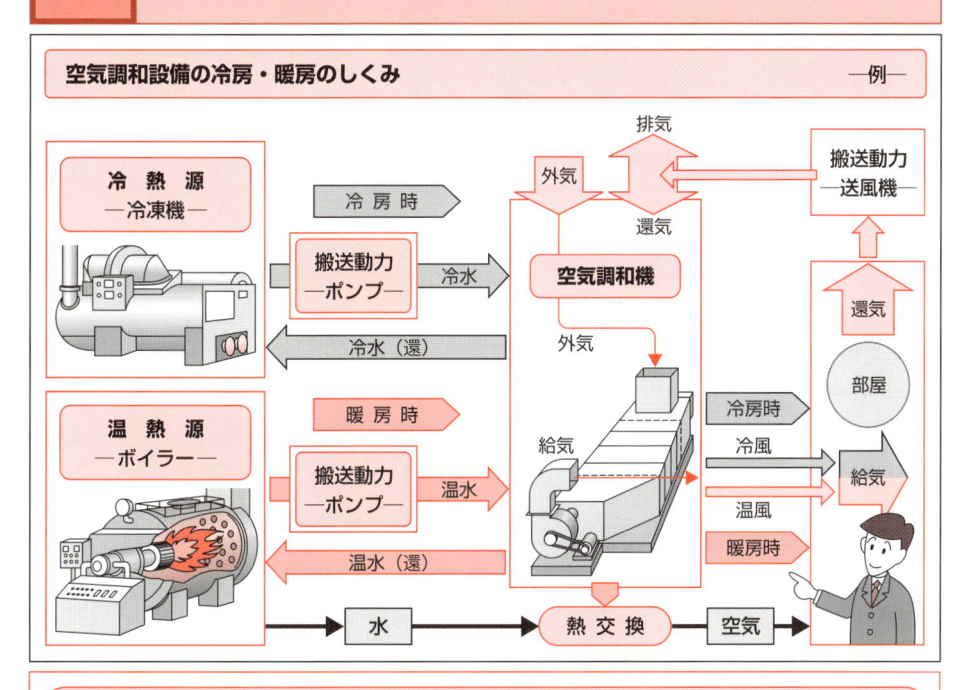

空気調和設備の冷房・暖房のしくみ ―例―

（図：冷熱源（冷凍機）、温熱源（ボイラー）、搬送動力（ポンプ）、空気調和機、搬送動力（送風機）、部屋、外気、排気、還気、給気、冷水、冷水（還）、温水、温水（還）、冷房時、暖房時、冷風、温風、熱交換、水、空気）

空気調和設備は熱源装置・空気調和機・熱搬送設備から構成される

❖ **空気調和設備**は，温度，湿度と清浄度を調整した空気を部屋に供給し，それに見合う量の空気を部屋から排気するために必要とする**熱源装置**，**空気調和機**，**熱搬送設備**から構成されます。

＜熱源装置＞

❖ 部屋に供給する空気の温度や湿度を調整するには，冷却および加熱のための熱を供給する装置が必要で，これを**熱源装置**といいます。

- 冷却するための装置を冷熱源といい，**冷凍機**（40頁参照）が用いられています。
  ―冷却とは，空間の温度上昇を防ぐために，適度に低い温度の空気を供給することをいう―
- 加熱するための装置を温熱源といい，**ボイラー**（46頁参照）が多く用いられています。
  ―加熱とは，空間の温度低下を防ぐために，適度に高い温度の空気を供給することをいう―

＜空気調和機＞

❖ 部屋の温度調整および湿度調整を行うために，供給する空気の冷却・除湿，加熱・加湿そして清浄度などの調整を行う装置が，空気調和機（34頁参照）です。

- 空気調和機は，空気冷却器・空気加熱器（37頁参照），加湿器・空気ろ過器（38頁参照）そして送風機（60頁参照）などから構成されています。

＜熱搬送設備＞

❖ 冷凍機，ボイラーによる冷水，温水を空気調和機に導くための配管および冷水，温水を循環させるための動力を与えるポンプなどを，**熱搬送設備**（39頁参照）といいます。

- また，空気調和機から部屋に冷風，温風を送るダクトおよび冷風，温風を循環させるための動力を与える送風機なども熱搬送設備といいます。

第1章●空気調和設備の基礎知識

33 空気調和設備の全体機能図

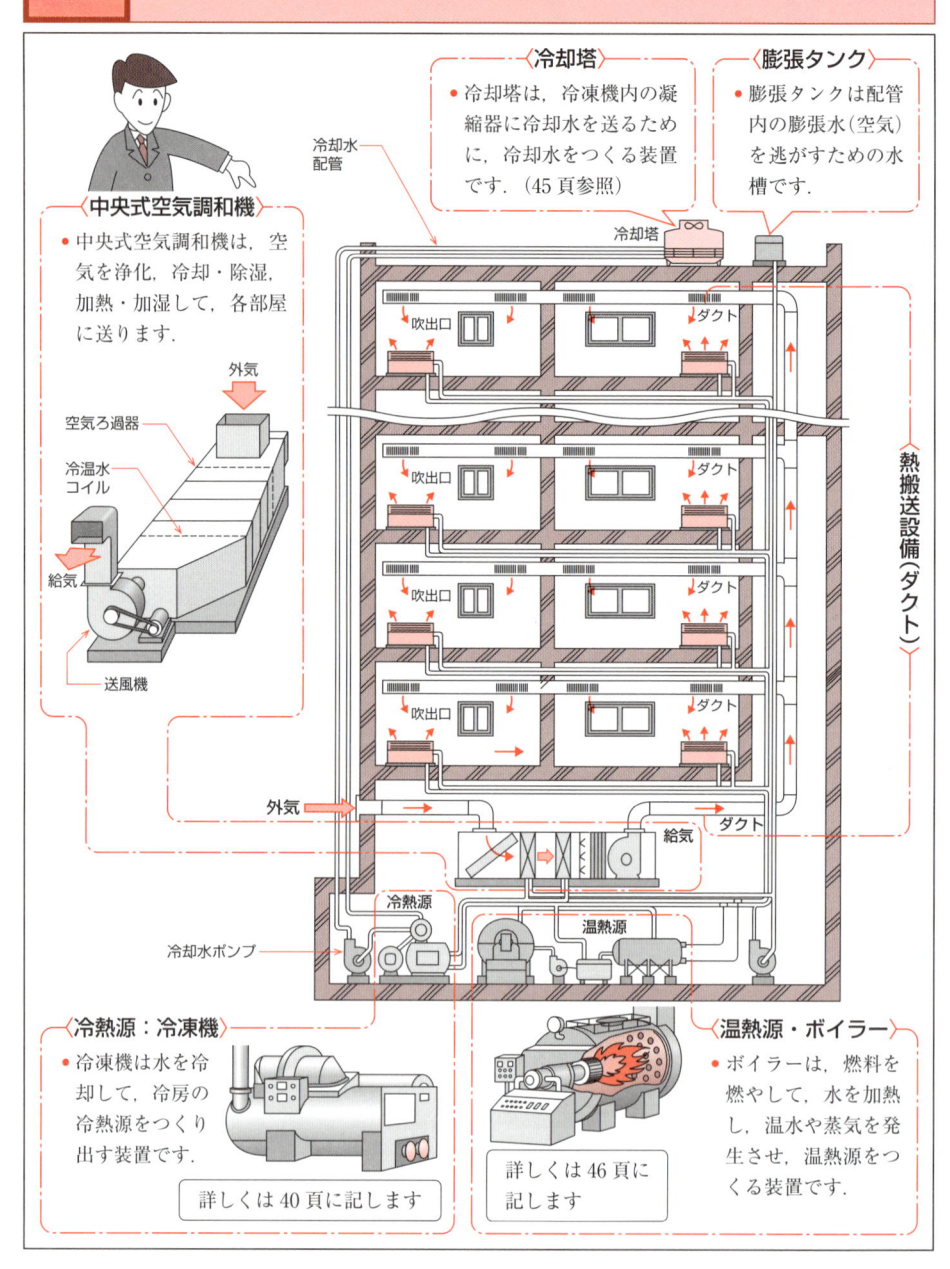

〈冷却塔〉
・冷却塔は，冷凍機内の凝縮器に冷却水を送るために，冷却水をつくる装置です。（45頁参照）

〈膨張タンク〉
・膨張タンクは配管内の膨張水（空気）を逃がすための水槽です。

〈中央式空気調和機〉
・中央式空気調和機は，空気を浄化，冷却・除湿，加熱・加湿して，各部屋に送ります。

〈熱搬送設備（ダクト）〉

冷却水配管／冷却塔／吹出口／ダクト／外気／空気ろ過器／冷温水コイル／給気／送風機／冷熱源／冷却水ポンプ／温熱源

〈冷熱源：冷凍機〉
・冷凍機は水を冷却して，冷房の冷熱源をつくり出す装置です。
詳しくは40頁に記します。

〈温熱源・ボイラー〉
・ボイラーは，燃料を燃やして，水を加熱し，温水や蒸気を発生させ，温熱源をつくる装置です。
詳しくは46頁に記します。

36

34 空気調和機内蔵の空気冷却器・空気加熱器

空気調和機の空気冷却器は空気を冷風にする

- 空気調和機の内部で，空気の冷却・除湿をするための熱交換器を**空気冷却器**といいます．
- 空気冷却器は，**冷却コイル**ともいい，一般に，銅管を数多く並べ，空気に接触する伝熱面積を大きくし，熱交換効率をよくするために，銅管の周囲に銅製またはアルミ製の多数の平板状フィン（ひれ）をプレート状に取り付けたプレートフィンコイルがよく用いられています．
- 空気冷却器は，銅管内を通る冷媒と，銅管外を接触通過する空気とを熱交換させる働きがあり，銅管内の冷媒によって，空気より熱を吸収し，空気を冷却し，冷風とします．
- 一般に，冷房は，冷凍機の蒸発器によって，水を冷却した冷水を二次冷媒として，空気調和機の空気冷却器の銅管内に供給し，空気を冷却して冷風とすることから，空気冷却器を**冷水コイル**ともいいます．

空気冷却器は除湿の機能を有する

- 空気冷却器の銅管内に冷水が通過すると空気が急冷却されて結露し，空気中の水分が水滴として分離され，空気冷却器の周囲に付着し滴下することから，空気冷却器は，除湿の機能を有します．

空気調和機の空気加熱器は空気を温風にする

- 空気調和機の**空気加熱器**は，**加熱コイル**ともいい，その構造は空気冷却器とほぼ同じで，銅管内を通る熱媒と，銅管外を接触通過する空気と熱交換させ，空気を加熱して温風とします．
- 空気加熱器は，熱媒として，銅管内に温水ボイラーからの温水を用いる場合は，**温水コイル**といいます．
- 冷却・除湿と加熱を一つのコイルで兼用し，夏は冷水で冷房，冬は温水で暖房に切り換えて使用するものを，**冷・温水コイル**といいます．

35 空気調和機内蔵の空気ろ過器・加湿器

空気調和機内蔵の空気ろ過器

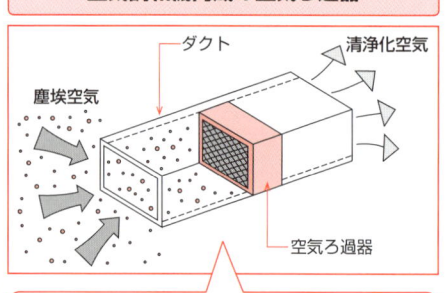

ダクト / 清浄化空気 / 塵埃空気 / 空気ろ過器

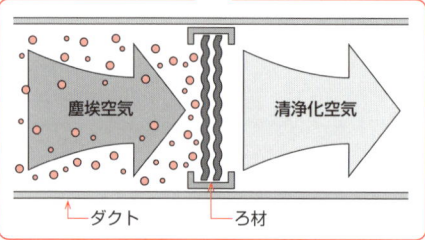

塵埃空気 → ろ材 → 清浄化空気
ダクト　ろ材

加湿器の原理

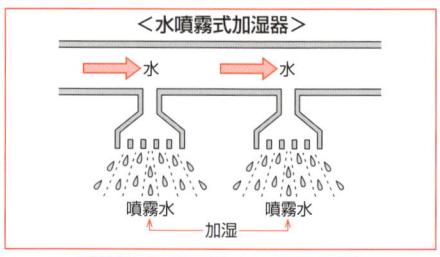

＜水噴霧式加湿器＞
水　水
噴霧水　噴霧水
加湿

ユニット形空気ろ過器

ろ材　枠
ろ材押さえ金具

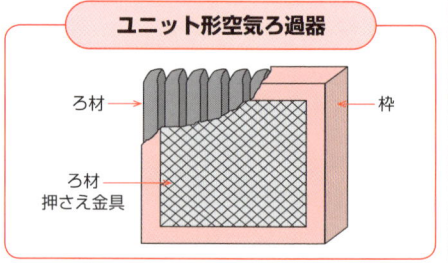

空気調和機の空気ろ過器は空気を清浄化する

- 空気調和機に内蔵される**空気ろ過器**は、**エアフィルタ**ともいい、通過空気中の塵埃などをろ材により捕集し、空気を清浄化する装置をいいます。
- 空気ろ過器は、空気の流れに乗って飛んできた塵埃などが、ろ材にぶつかると、今までもっていた運動エネルギーを使い果たして、そこに止まることを原理としています。
- 空気ろ過器は、通常、空気調和機内部の空気の上流側に設置し、下流側にある空気冷却器、空気加熱器、送風機などに塵埃が付着して、性能が低下しないようにする働きもあります。
- 空気ろ過器は、ガラス繊維や合成繊維などをろ材とし、これらろ材の層に直接空気を通過させて、塵埃をろ過します。
- 空気ろ過器には、ろ材に付着した塵埃を水洗浄できる器種と、できない器種があります。

＜ユニット形空気ろ過器＞
- ユニット形空気ろ過器は、取外し可能な枠にろ材を納め、1枚のユニットとし、架台に必要とする枚数を取り付けるようにしたろ過器です。

空気調和機の空気加熱器には加湿器を併設する

- 空気が加熱されると、相対湿度が低下するので、空気調和機の空気加熱器には、加湿器を併設する必要があります。
- 加湿器とは、空気に水分を与えて湿度を高めるための装置をいいます。
- 空気調和機に内蔵される加湿器には、水噴霧式加湿器と蒸気噴射加湿器とがあります。
- **水噴霧式加湿器**は、ポンプで加圧した水をノズルから噴霧し、噴霧された水の細かい粒子を空気と熱交換して蒸発させ加湿します。
- **蒸気噴射加湿器**は、蒸気ボイラーからの蒸気を小孔より直接空気に噴射させて加湿します。

36 空気調和設備の熱搬送設備

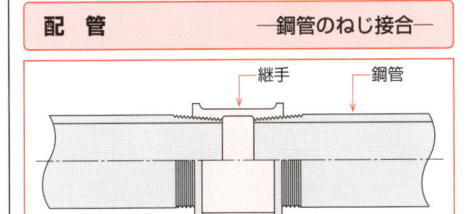

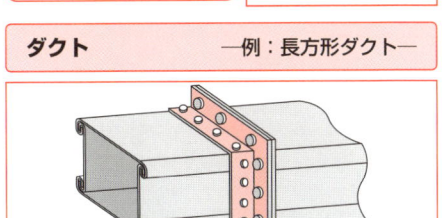

ポンプ ——例：タービンポンプ——

タービンポンプ
- 水
- 羽根車
- 案内羽根
- 多段タービンポンプ
- 電動機

送風機 ——例：ターボ送風機——

後向き羽根車
- ケーシング

配管 ——鋼管のねじ接合——
- 継手
- 鋼管

ダクト ——例：長方形ダクト——

空気調和設備で熱の移動を熱搬送という

- 空気調和設備において，暖房の場合は，温熱源であるボイラーから空気調和機へ温水・蒸気を供給，循環させ，温水・蒸気と空気と熱交換して，温風として部屋に給気します。
  冷房の場合は，冷熱源である冷凍機から空気調和機へ冷水を供給，循環させ，冷水と空気と熱交換して，冷風として部屋に給気します。
- 温水・蒸気，冷水，空気のように熱を運搬するための媒体を**熱搬送媒体**といい，熱搬送媒体によって熱を移動させることを**熱搬送**といいます。

熱搬送には熱搬送設備が用いられる

- 温熱源であるボイラー，冷熱源である冷凍機から空気調和設備へ熱搬送媒体である温水・蒸気および冷水を導くための配管と，それを循環させるための動力を与えるポンプなどを，**熱搬送設備**といいます。

＜ポンプ＞
- ポンプとは，電動機により羽根車を回転し，温水・冷水にエネルギーを与え送り出す装置をいいます。（58頁・59頁参照）

＜配管＞
- 空気調和設備の管材には，鋼管，銅管，塩化ビニル管などが使用されます。（63頁参照）
- 空気調和機から部屋へ温風および冷風を給気するためのダクト，循環するための動力を与える送風機，また，部屋から空気調和機への還気にもダクトと送風機などの搬送設備が必要です。

＜送風機＞
- 送風機とは，電動機により軸に取り付けられた羽根車を回転し，空気を吸い込み，これに圧力を与えて送り出す装置をいいます。（60頁参照）

＜ダクト＞
- ダクトとは，**風道**ともいい，空気を搬送するための管をいいます。（61頁参照）

第1章 ● 空気調和設備の基礎知識

7 空気調和設備では冷熱源に冷凍機を用いる

37 冷熱源をつくり出す装置を冷凍機という

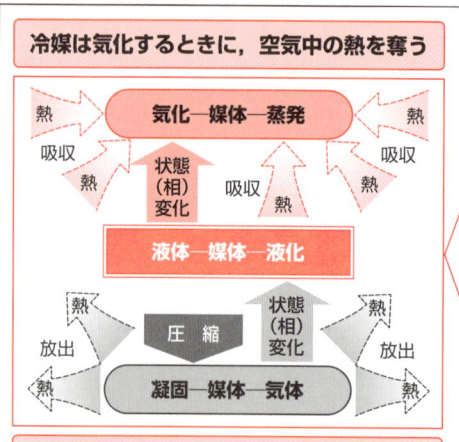

冷媒は気化するときに，空気中の熱を奪う

気化—媒体—蒸発
熱吸収／熱／吸収／熱／熱吸収
状態（相）変化
液体—媒体—液化
熱放出／熱／圧縮／状態（相）変化／熱／熱放出
凝固—媒体—気体

冷媒は液化するときに熱を放出する

例：圧縮式冷凍機

冷凍機は冷媒の潜熱により冷凍作用を行う —冷房—

- ❖ **冷凍**とは，物または空間を周囲の温度より低い温度に冷やし，その状態を保つことをいいます．
  - 物を冷凍するには，相手の物体から熱を吸収し，奪うための熱源を必要とし，この熱を吸収するための熱源を**冷熱源**といいます．
  - 空気調和設備では，冷房のための冷熱源として，冷凍機が用いられています．
- ❖ 冷凍機では，冷凍のために，液体が気体として蒸発するときの潜熱が利用されています．
  - **潜熱**とは，一定圧力のもとで，物質の状態変化（相変化）に使われる熱をいいます．
  - 液体が蒸発して気体に状態（相）変化するとき，周囲の物体から熱を奪う性質があります．
- この熱を**蒸発熱**といい，これにより冷凍作用が行われ，この蒸発して冷凍作用を行う液体または気体を**冷媒**といいます．
- ❖ 冷媒は，温度と圧力が低い状態において，蒸発（液体から気体）という現象によって熱を吸収し，冷媒に高い圧力を加えて凝縮（気体から液体）するときに，熱を放出する性質があります．
- ❖ 冷凍機では，冷媒の蒸発を連続的に行い，循環させて繰り返して使用する必要があります．
  - 蒸発した気体をもとの液体に戻すのに機械的に圧縮するのが**圧縮冷凍**であり，化学的に他の物質に吸収させるのが**吸収冷凍**です．
  - 冷凍機には圧縮冷凍が多く用いられています．

7. 空気調和設備では冷熱源に冷凍機を用いる ■

38 冷媒の蒸発・圧縮で冷却する冷凍サイクル

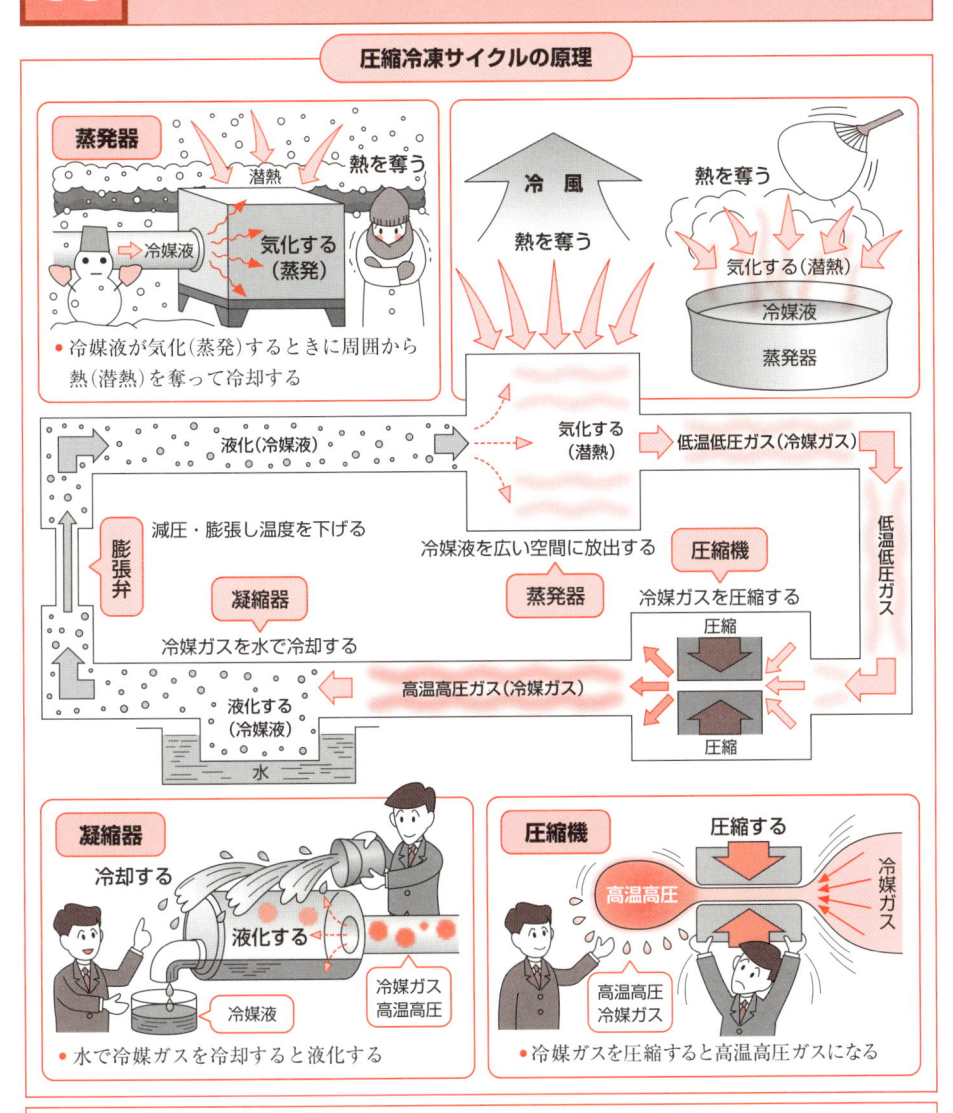

圧縮冷凍サイクルの原理

- 冷媒液が気化（蒸発）するときに周囲から熱（潜熱）を奪って冷却する

膨張弁　減圧・膨張し温度を下げる
凝縮器　冷媒ガスを水で冷却する
蒸発器　冷媒液を広い空間に放出する
圧縮機　冷媒ガスを圧縮する

- 水で冷媒ガスを冷却すると液化する
- 冷媒ガスを圧縮すると高温高圧ガスになる

❖ 常温でガス状の冷媒を圧縮すると，ガスの温度と圧力が上昇し，この高温高圧のガスを水で冷却すると液化し，液化したガスを広い空間に放出すると周囲の物質より熱を奪って気化（ガス状）して冷凍作用を行う一連の動作を**圧縮冷凍サイクル**といいます。この圧縮冷凍サイクルを繰り返し行って，常温より低い温度をつくり出し，冷却作用をするのを**圧縮式冷凍機**といいます。

第1章●空気調和設備の基礎知識

39 圧縮冷凍サイクルで冷却する圧縮式冷凍機

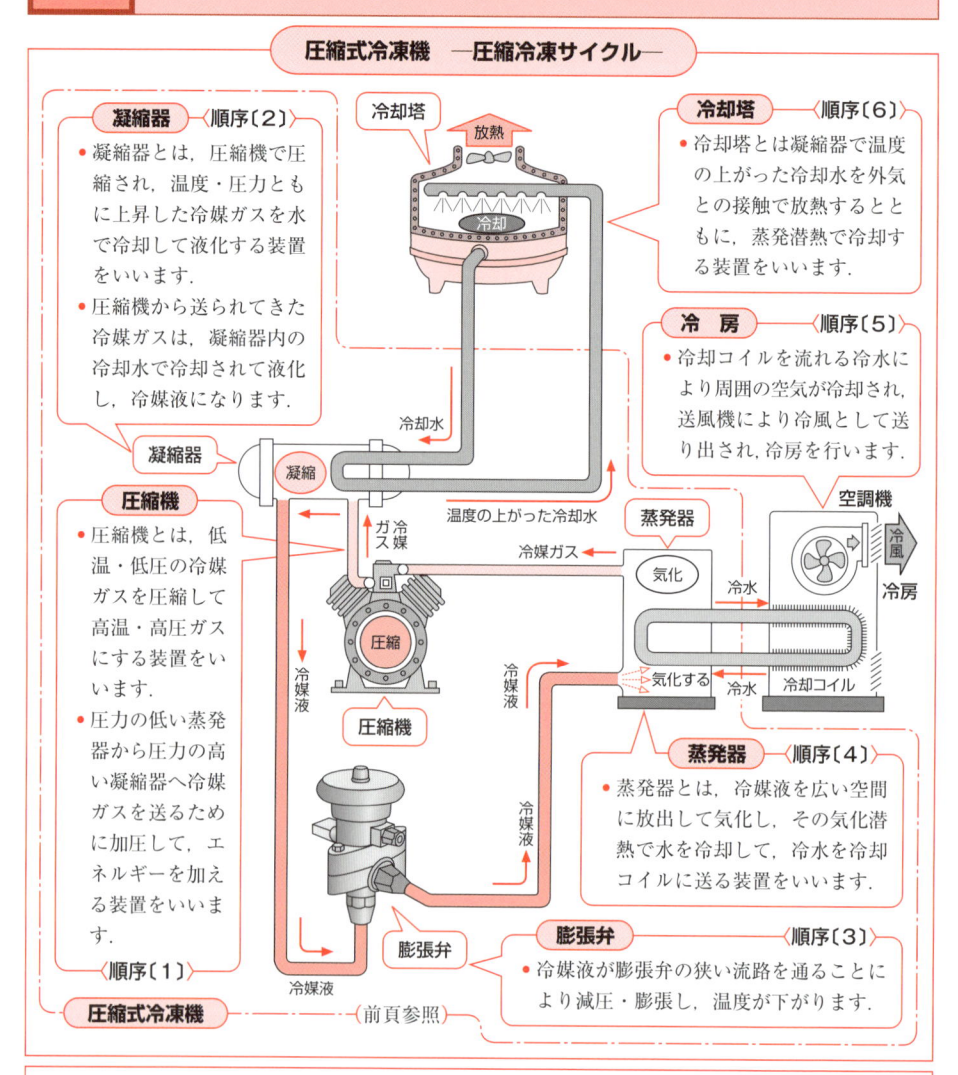

圧縮式冷凍機 ―圧縮冷凍サイクル―

凝縮器　〈順序〔2〕〉
- 凝縮器とは，圧縮機で圧縮され，温度・圧力ともに上昇した冷媒ガスを水で冷却して液化する装置をいいます。
- 圧縮機から送られてきた冷媒ガスは，凝縮器内の冷却水で冷却されて液化し，冷媒液になります。

冷却塔　〈順序〔6〕〉
- 冷却塔とは凝縮器で温度の上がった冷却水を外気との接触で放熱するとともに，蒸発潜熱で冷却する装置をいいます。

冷房　〈順序〔5〕〉
- 冷却コイルを流れる冷水により周囲の空気が冷却され，送風機により冷風として送り出され，冷房を行います。

圧縮機　〈順序〔1〕〉
- 圧縮機とは，低温・低圧の冷媒ガスを圧縮して高温・高圧ガスにする装置をいいます。
- 圧力の低い蒸発器から圧力の高い凝縮器へ冷媒ガスを送るために加圧して，エネルギーを加える装置をいいます。

蒸発器　〈順序〔4〕〉
- 蒸発器とは，冷媒液を広い空間に放出して気化し，その気化潜熱で水を冷却して，冷水を冷却コイルに送る装置をいいます。

膨張弁　〈順序〔3〕〉
- 冷媒液が膨張弁の狭い流路を通ることにより減圧・膨張し，温度が下がります。

圧縮式冷凍機　〈前頁参照〉

❖ 圧縮式冷凍機の**圧縮冷凍サイクル**とは，冷凍機に封入された冷媒が圧縮機により圧縮され高温高圧のガスとなり，凝縮機の冷却水で熱を奪って凝縮液化し，膨張弁で膨張，減圧して，蒸発器で気化蒸発し，その潜熱により水(あるいは空気)を冷却する作用を繰り返すことをいいます。
- 圧縮冷凍サイクルとは，冷媒が冷凍機内部を循環して，圧縮→凝縮→膨張→蒸発を繰り返して熱を運び冷却作用を行うことをいいます。

7. 空気調和設備では冷熱源に冷凍機を用いる

40 吸収冷凍サイクルで冷却する吸収式冷凍機

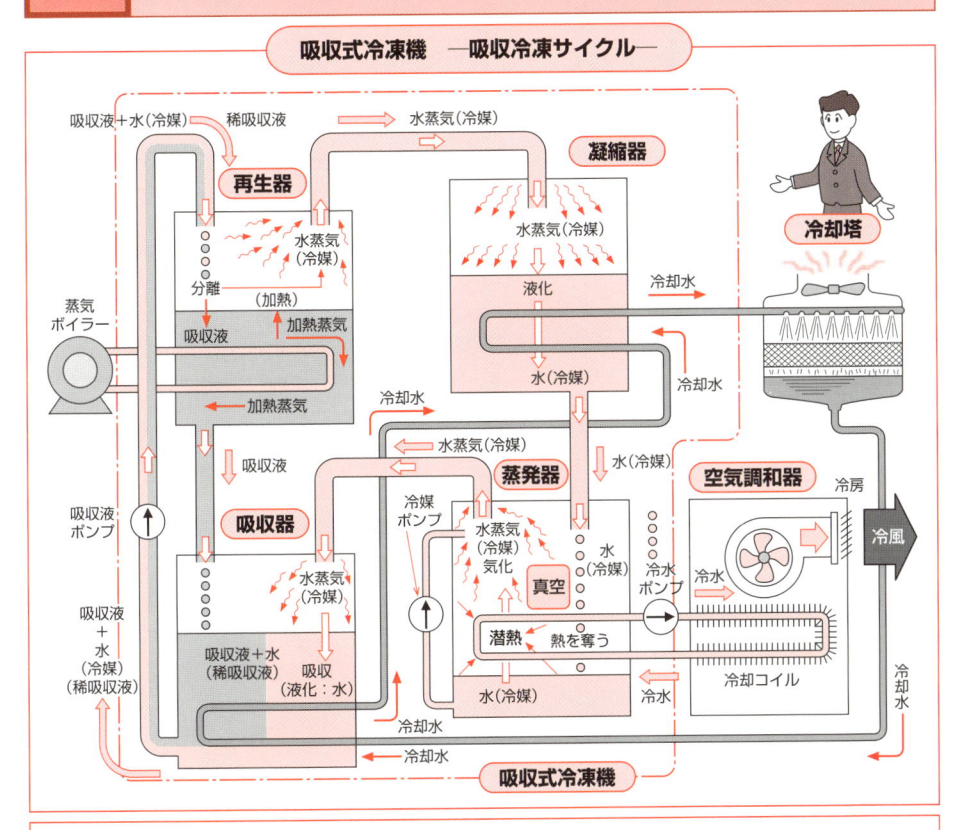

吸収式冷凍機　—吸収冷凍サイクル—

❖**吸収式冷凍機**は，蒸発器，吸収器，再生器，凝縮器などから構成されます．

- **蒸発器**：蒸発器内を高い真空度にすると，冷媒（水）は低い温度（6℃前後）で沸騰し冷媒（水）が水蒸気に気化するのに要する潜熱で，冷水から熱を奪って冷水の温度を下げ，空気調和機に送って冷房を行います．
- **吸収器**：蒸発器から送られてきた気化した水蒸気（冷媒）を，吸水能力の大きい吸収液（例：臭化リチウム）に吸収させます．このとき熱を発生するので，冷却水で冷却します．
- **再生器**：水を吸収した吸収液（稀吸収液）は再生器に送り，高熱で加熱（例：ボイラーからの加熱蒸気）します．
稀吸収液を加熱すると，水分は蒸発して水蒸気となり，吸収液は蒸発しないので，濃度の高い吸収液となり，水分と分離されます．
分離した濃い吸収液は吸収器に戻します．
- **凝縮器**：再生器で分離した水蒸気（冷媒）を凝縮器に送り，冷却水で冷却して液化させ，水（冷媒）として再び蒸発器に送ります．
冷却水は，冷却塔に送り冷却します．
- この一連の動作を**吸収冷凍サイクル**といい，これを繰り返し行うことにより，常温より低い温度をつくり出し冷却作用をするのが，**吸収式冷凍機**です．

43

41 冷凍機にはいろいろな種類がある

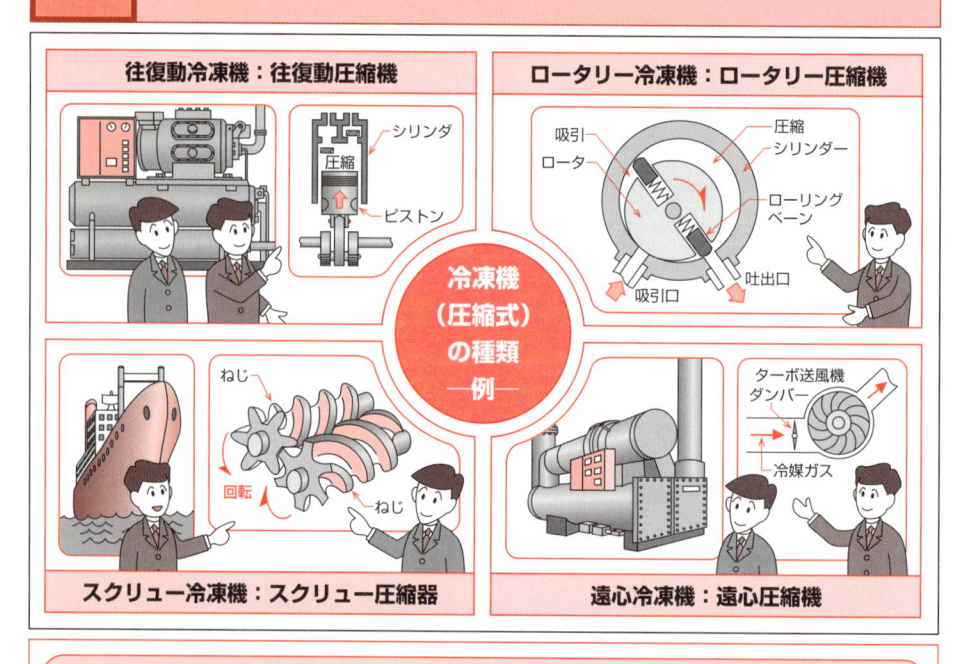

往復動冷凍機：往復動圧縮機
シリンダ
圧縮
ピストン

ロータリー冷凍機：ロータリー圧縮機
吸引
圧縮
ロータ
シリンダー
ローリングベーン
吸引口
吐出口

冷凍機（圧縮式）の種類―例―

スクリュー冷凍機：スクリュー圧縮器
ねじ
回転
ねじ

遠心冷凍機：遠心圧縮機
ターボ送風機
ダンパー
冷媒ガス

冷凍機には圧縮式と吸収式とがある ―圧縮式冷凍機・吸収式冷凍機―

❖ **圧縮式冷凍機**は，冷凍サイクルにおいて，冷媒を圧縮するのに圧縮機という機械的手法による方式をいい，使用する圧縮機の種類により往復動冷凍機，回転冷凍機，遠心冷凍機があります。

- **往復動冷凍機**は，往復動圧縮機を用いたもので，**レシプロ冷凍機**ともいいます。往復動圧縮機は，シリンダの中に冷媒ガスを吸引しこれをピストンで圧縮します。
- **回転冷凍機**は，回転圧縮機を用いたもので，回転圧縮機とは，冷媒の圧縮を回転運動で行う方式の総称をいい，ロータリー冷凍機，スクリュー冷凍機などがあります。
- **ロータリー冷凍機**は，ロータリー圧縮機を用いたもので，ロータリー圧縮機はシリンダーの中心と偏心して取り付けたロータが回転するときに，シリンダー壁とロータとの間に吸い込まれた冷媒ガスを圧縮します。
- **スクリュー冷凍機**は，スクリュー圧縮機を用いたもので，スクリュー圧縮機は船のスクリューに似たおねじのロータとめねじのロータを，シリンダーの中で互いに反対方向に回転させて，冷媒ガスを圧縮します。
- **遠心冷凍機**は，**ターボ冷凍機**ともいい，遠心圧縮機を用いたもので，遠心圧縮機は後曲がりの羽根車をもつターボ送風機を増速機とし，高速回転させて冷媒ガスを圧縮します。

❖ **吸収式冷凍機**は，冷媒ガスの圧縮に相当する過程で，圧縮機といった機械エネルギーを使わずに再生器の加熱源として水蒸気，高温水，燃料ガスといった熱エネルギーを使用すると共に，冷媒（水）が蒸発したときの蒸気を多量に吸収できる性質をもつ吸収液（臭化リチウム：リチウムブロマイド）を用いて化学的働きにより，冷却作用（冷水をつくる）を行います。（前頁参照）

7. 空気調和設備では冷熱源に冷凍機を用いる ■

42 冷却塔は冷凍機の凝縮器冷却水を冷却する

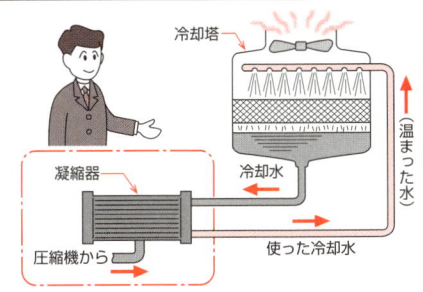

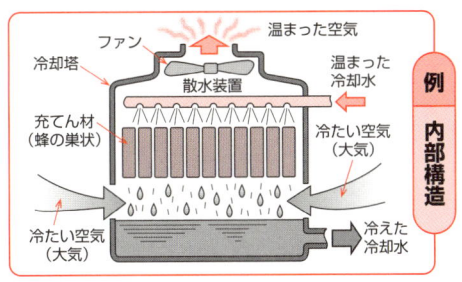

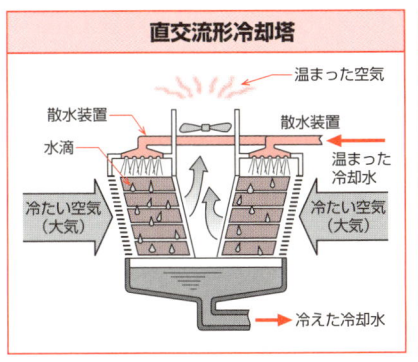

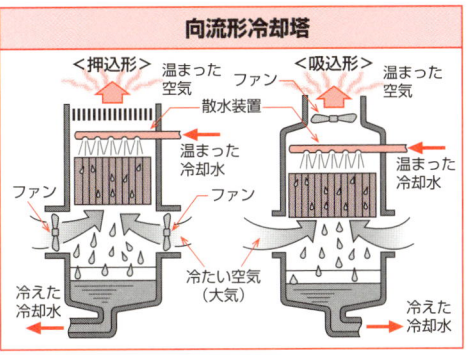

冷却塔は冷凍機凝縮器冷却水を冷却する

❖**冷却塔**とは，**クーリングタワー**ともいい，冷凍機の凝縮器冷却水が吸収した熱を大気中に放出し，冷却水を再び循環使用できるようにする装置をいいます．

- 冷凍機の凝縮器で冷媒ガスを冷却して，液化させ冷媒液にしますが，冷却するために使用した水は吸収した熱で温度が上昇します．この温度が上昇した冷却水を捨てずに，吸収した熱を大気中に放出し，冷却水の温度を下げて繰り返し使用します．
- 冷却塔は，内蔵された送風機により，外の空気を吸い込み，水滴として落下する冷却水と接触させて冷却水を冷却します．また，冷却水の一部が蒸発し，残りの冷却水から蒸発の潜熱を奪って水温を下げる働きをします．

冷却塔には直交流形と向流形とがある

❖冷却塔は，送風機を設けて，塔内に強制的に大気を取り入れ，充てん材を蜂の巣状に組んで，冷却水が滴下するときに，外気と長時間接触させ，冷却水の冷却効果を上げるような構造になっています．

❖冷却塔は，外気と冷却水の流れの方向によって直交流形と向流形とがあります．

- **直交流形冷却塔**とは，上部に取り付けた送風機により吸い込まれた外気と，冷却水の流れを直交させて放熱する形式をいいます．
- **向流形冷却塔**とは，外気と，冷却水の流れを向かい合わせて放熱する方式をいいます．
- 向流形冷却塔には，送風機を側面に設けた押込形と，上部に送風機を設けた吸込形とがあります．

8 空気調和設備では温熱源にボイラーを用いる

43 ボイラーは空調設備の暖房の温熱源となる

蒸気ボイラーは空気調和機に蒸気を供給する

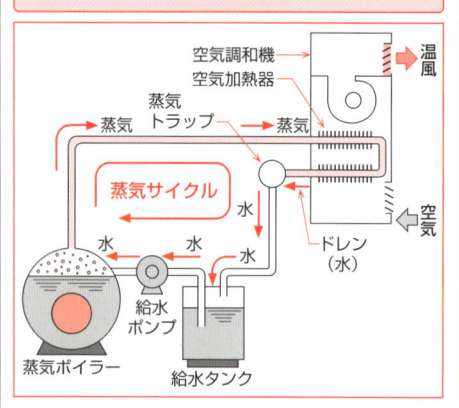

温水ボイラーは空気調和機に温水を供給する

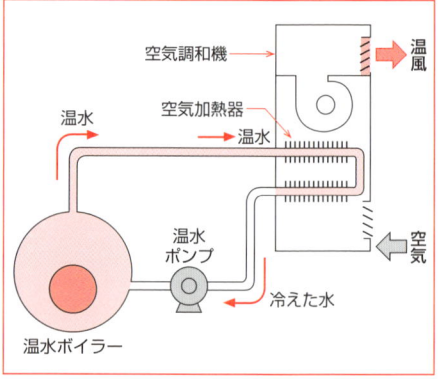

ボイラーには蒸気ボイラーと温水ボイラーとがある

- **温熱源**とは，空気を加熱し温風として，部屋に供給するのに必要な熱源をいい，温熱源をつくり出す装置にボイラーがあります．
- ボイラーとは，燃料を燃焼させて水を加熱し，蒸気または温水を発生させる装置で，蒸気ボイラーと温水ボイラーとがあります．
- 蒸気ボイラーは，液体燃料または気体燃料（49頁参照）などにより水を加熱して，大気圧を超える圧力の蒸気を発生させて，この蒸気を空気調和機の空気加熱器や加湿器などへ供給し，暖房，加湿の温熱源とします．
- 温水ボイラーは，液体燃料または気体燃料（49頁参照）などにより，水を加熱して温水とし，この温水を空気調和機の空気加熱器などへ供給

し，暖房の温熱源とします．

―ボイラーの蒸気サイクル―

- **蒸気ボイラーの蒸気の流れを"ボイラーの蒸気サイクル"**といいます．
- 蒸気ボイラーの給水（水）は，大気圧下の給水タンクから給水ポンプによりボイラーに圧入され，液体燃料または気体燃料により加熱され飽和温度に達したのち，飽和蒸気に変化し，ボイラーから空気調和機の空気加熱器に送り出されます．
- 飽和蒸気は空気加熱器で保有潜熱を放出し，凝縮してドレン（水）となります．
- ドレンは空気加熱器出口の蒸気トラップに排水され給水タンクに戻り，再び給水に用いられます．

8. 空気調和設備では温熱源にボイラーを用いる ■

44 ボイラーにはいろいろな種類がある

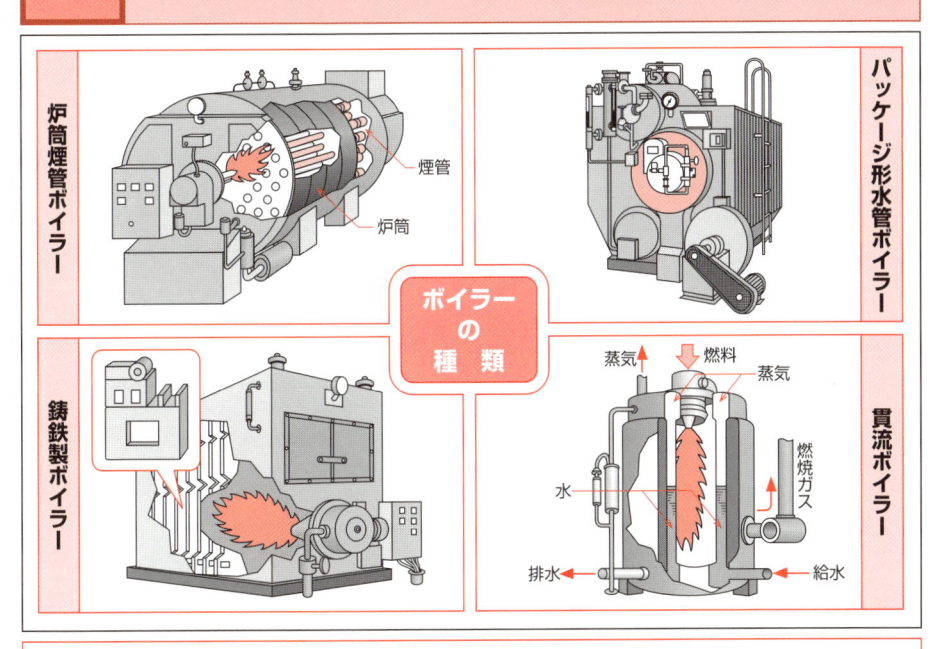

炉筒煙管ボイラー
煙管
炉筒

パッケージ形水管ボイラー

鋳鉄製ボイラー

ボイラーの種類

貫流ボイラー
蒸気　燃料
蒸気
燃焼ガス
水
排水　給水

蒸気・温水をつくる空調ボイラーのいろいろ ――例――

- 蒸気ボイラー，温水ボイラーを空気調和設備として用いる場合，これを**空調用ボイラー**といい，**暖房用ボイラー**ともいいます．
- 空調用ボイラーの種類について次に示します．
  ＜炉筒煙管ボイラー＞
- 炉筒煙管ボイラーとは，ボイラー胴の中に波形やスパイラル状の大径の炉筒と，それに続き管内が燃焼ガスの通路になる煙管を多数配置した胴だき式のボイラーをいいます．
- 炉筒煙管ボイラーは，炉筒を燃焼室としてバーナーで燃料を燃焼させ，その燃焼ガスが炉筒を出てから多数の煙管内を流れボイラー内の水（ボイラー水）を加熱して蒸気を発生させる蒸気ボイラーです．
  ＜鋳鉄製ボイラー＞
- 鋳鉄製ボイラーとは，**セクショナルボイラー**ともいい，鋳鉄製の平らな箱形のセクションをボイラーの容量に応じて前後に組み合わせて，これを燃焼ガスで加熱して蒸気あるいは温水とするボイラーをいいます．
  ＜パッケージ形水管ボイラー＞
- パッケージ形水管ボイラーとは，上部に蒸気とボイラー水の一部を蓄える気水ドラムと下部にボイラー水を蓄える水ドラムを有し，曲管水管で上下ドラムを結び，燃焼室を水管で囲む水冷壁方式で，燃焼装置はバーナーを用いたボイラーをいいます．
  ＜貫流ボイラー＞
- 貫流ボイラーとは，水管ボイラーの一種で，パイプの一端から給水し，このパイプを加熱して，他端から蒸気を取り出す方式の蒸気ボイラーをいいます．
- 家庭で使用しているガス瞬間湯沸器と同じ原理です．

47

45 ボイラーの出力・運転に関する用語

ボイラーの出力に関する用語　　　—例—

＜ボイラーの容量＞
- ボイラーの容量は，定格出力で表します．

＜ボイラーの定格出力＞
- ボイラーの定格出力は，最大連続負荷における毎時出力によって表します．
- 蒸気ボイラーの定格出力は，換算蒸発量，または実際蒸発量で表し，また，温水ボイラーの定格出力は，熱出力と水頭圧〔Pa（パスカル）〕で表します．

＜ボイラーの過負荷出力＞
- ボイラーは，運転時間が0.5～1時間であれば，定格出力の10～20％増しの出力が可能で，これを過負荷出力といいます．

＜ボイラーの常用出力＞
- ボイラーの常用出力とは，配管のロスを考慮して，正味出力の1.05～1.10倍の値をとったものをいいます．

＜換算蒸発量＞
- 換算蒸発量とは，大気圧において100℃の飽和水を，100℃の乾き空気に蒸発させるのを基準とし，ボイラーの実際蒸発量を基準条件での蒸発量にしたものをいいます．

＜実際蒸発量＞
- 実際蒸発量とは，ボイラーが給水から実際に発生させた蒸気量をいいます．

＜熱出力＞
- 熱出力とは，ボイラーから取り出された熱量，つまり，実際に温水に与えられた熱量をいいます．

＜水頭圧＞
- 水頭圧とは，水柱の高さで表した圧力をいいます．
  例：水頭圧0.5MPa（メガパスカル）は，水柱の高さ50mの圧力ということです．

ボイラーの運転に関する用語　　　—例—

＜プリパージ＞
- プリパージとは，ボイラーの運転を始めるときに，燃焼室で燃料に点火する以前に，燃焼室内にたまっている未燃ガスを排出して，ガス爆発を未然に防ぐために点火前に炉内換気を行うことをいいます．
- 自動制御ボイラーでは，プリパージは30秒程度(52頁・54頁参照)行われます．

＜ポストパージ＞
- ポストパージとは，ボイラーの運転を終了するときに，燃料の供給を停止した後もしばらく排風機を運転し，燃焼室内に未燃ガスが滞留しないように炉内換気を行うことをいいます．
- 自動制御ボイラーでは，ポストパージは20秒程度行われます．

＜フレームアイ＞
- フレームアイは，炎を検知する機能をもつことから，炎検知器ともいいます．
- フレームアイは，ボイラーを始動したときに，燃料が着火しなかったり，運転中に突然火が消えたときに，そのまま運転を続けると，流出した燃料が気化してガス爆発が起きるおそれがあるため，消火を検知して自動的に運転を停止させます．(54頁・56頁参照)

＜安全低水面＞
- 水面計にはガラス管のほぼ中央を指して矢印が取り付けられており，この位置の水位を標準水位といいます．
- ボイラー水がこの標準水位までさがると，給水ポンプが運転され，給水します．
- 給水装置の故障で，水位が水面計のガラス管の下までさがると，ボイラーを停止します．
- これ以上低い水位ではボイラーを運転してはならないという水位を安全低水面といいます．

8. 空気調和設備では温熱源にボイラーを用いる

46 ボイラーの燃料と燃焼

重油の種類と特性 —JIS K 2205—

種類		反応	引火点 [℃]	動粘度 50℃ [mm²/s]	流動点 [℃]	残留炭素分 質量[%]	水分 容量[%]	灰分 質量[%]	硫黄分 質量[%]
1種 (A重油)	1号	中性	60以上	20以下	5以下	4以下	0.3以下	0.05以下	0.5以下
	2号								2.0以下
2種(B重油)				50以下	10以下	8以下	0.4以下		3.0以下
3種 (C重油)	1号		70以上	250以下	—	—	0.5以下	0.1以下	3.5以下
	2号			400以下	—	—	0.6以下		
	3号			400を超え 1 000以下			2.0以下		

- ❖ 重油は動粘度によって、1種(A重油)、2種(B重油)、3種(C重油)に分類される。
  - 1種(A重油)は、硫黄分によって1号、2号に細分される。
  - 3種(C重油)は、動粘度によって1号、2号、3号に細分される。
- ❖ 動粘度とは、粘度をその液体の同一状態(温度、圧力)における密度で除した商をいう。
  - 動粘度は、液体が重力の作用で流動するときの抵抗の大小を表す。

燃料 —液体燃料・気体燃料—

- ❖ ボイラーの燃料には、液体燃料と気体燃料とがあります。
- **液体燃料**とは、常温で液体である燃料をいい、ボイラーでは主に灯油と重油が用いられます。
- 液体燃料は、可燃成分である液体がすぐに燃えるのではなく、その表面から可燃成分が蒸発して気化し、この気化したガスが燃焼します。
- 液体燃料である灯油や重油は、バーナーを用いて強制的に細かい霧状に噴霧し、これがガス化されて空気との混合気として燃焼します。
- **気体燃料**とは、常温で気体である燃料をいい、主に都市ガスと液化石油ガスが用いられます。
- 気体燃料は、液体燃料に比べて価格が高いですが、硫黄酸化物、窒素酸化物が少なく、当初から気体であるので、液体燃料のように気化してから燃焼させる必要がなく、完全燃焼しやすいなどの特徴があります。

燃焼 —理論空気量・発熱量—

- ❖ **燃焼**とは、燃料が着火温度という一定温度に達した後、空気中の酸素と化合して化学反応を起こし、その結果、多量の熱と光を出す現象をいい、この燃料と着火温度および酸素(空気)を、**燃焼の3要素**といいます。
- 燃料が完全燃焼するために必要な空気量は、燃料中の可燃成分である炭素、水素、硫黄などの元素分析値から理論的に求めることができ、これを**理論空気量**といいます。
- 燃料の発熱量とは、単位量の燃料が一定条件下で完全燃焼したときに発生する最大の熱量をいい、高位発熱量と低位発熱量とがあります。
- **高位発熱量**とは、**総発熱量**ともいい、燃料中に含まれる水素や水分が燃焼に伴って潜熱を保有する水蒸気になって利用されずに排気される分を含む熱量をいい、この水蒸気の潜熱を除いた発熱量を**低位発熱量**または**真発熱量**といいます。

49

47 ボイラーの水処理

ボイラーの外処理（ボイラーの補給水）

原　水
- カルシウム　●マグネシウム　●塩素
- ナトリウム　を含む

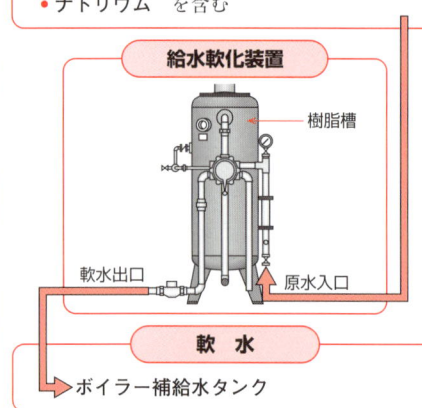

給水軟化装置
- 樹脂槽
- 軟水出口
- 原水入口

軟　水
→ ボイラー補給水タンク

ボイラーの内処理（ボイラー水）

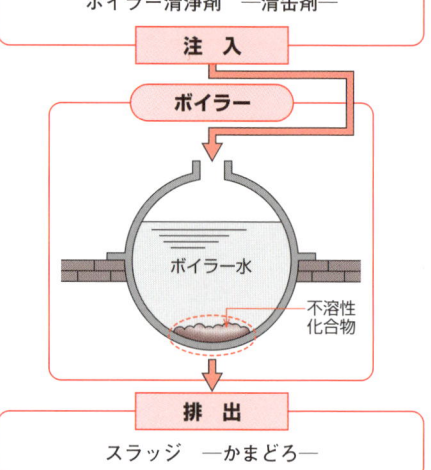

ボイラー清浄剤　―清缶剤―
↓
注　入
↓
ボイラー
- ボイラー水
- 不溶性化合物
↓
排　出
スラッジ　―かまどろ―

ボイラーの外処理

- **ボイラーの外処理**とは，ボイラーの補給水を給水する以前に，この給水を給水軟化装置を使ってボイラー水に適した軟水としてから，ボイラー内に送り込む処理のことをいいます．
- ボイラー外処理の要点は，ろ過装置で固形物を除去したのち，給水軟化装置により硬水を軟水にすることです．
- **硬水**とは，カルシウム，マグネシウムなどを多く含む水をいいます．
  ―水道水は，一般に硬度2以下であるが，ボイラーではスケールの原因となる―
- **軟水**とは，カルシウム，マグネシウムなどの含有量の少ない水をいいます．
- **給水軟化装置**とは，原水（給水）に溶解しているカルシウムやマグネシウムなどの硬度成分を除去する装置をいいます．
  ―例として，イオン交換樹脂法がある―

ボイラーの内処理

- **ボイラーの内処理**とは，ボイラーの給水にボイラー清浄剤を添加してボイラー内部に送り，ボイラー内部でボイラー水を処理することをいいます．
- ボイラー水中に含まれる不純物のなかには，硬いスケールとなって伝熱面の内部に付着し，熱伝導を阻害するものがあります．
- そこで，薬剤を使ってこれを水に溶けない化合物として沈殿させ，ボイラーの外に吹き出して排出します．
- これに使われる薬品を**ボイラー清浄剤**または**清缶剤**といいます．
- ボイラー清浄剤によって生成された不溶性化合物のことを**スラッジ**または**かまどろ**といいます．
- ボイラー清浄剤は，ビル用ボイラーの場合，通常，補給水タンクに毎日一定量を1回注入します．

8. 空気調和設備では温熱源にボイラーを用いる

48 ボイラーの異常現象と事故

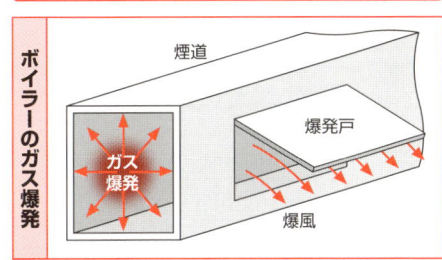

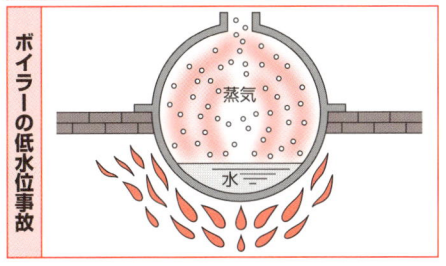

ボイラーの異常現象

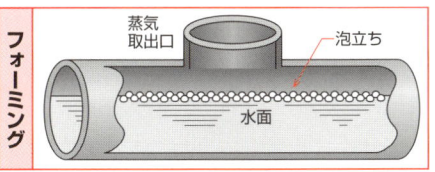

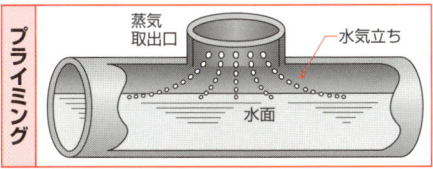

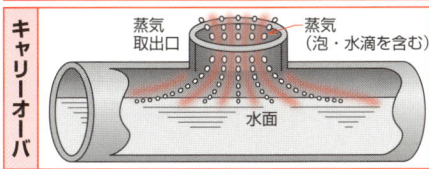

フォーミング: 蒸気取出口／泡立ち／水面

プライミング: 蒸気取出口／水気立ち／水面

キャリーオーバ: 蒸気取出口／蒸気（泡・水滴を含む）／水面

ボイラーの事故

ボイラーのガス爆発: 煙道／爆発戸／ガス爆発／爆風

ボイラーの低水位事故: 蒸気／水

ボイラーの異常現象

<フォーミング>
❖ フォーミングとは，ボイラー水が濃縮して不純物の量が多くなると，沸騰水面に泡が多数発生して層をなすようになり，水位が不安定となり，ついには蒸気部に泡が充満するようになる現象をいいます。

<プライミング>
❖ プライミングとは，ボイラー水の水位が高い場合ボイラーの負荷が重くなると，沸騰が激しくなって発生蒸気中に水滴が多量に含まれ，水面計の水位も不安定になる現象をいいます。

<キャリーオーバ>
❖ キャリーオーバとは，**気水共発**ともいい，沸騰水面が泡で覆われるフォーミング（泡立ち）や水面から水滴が飛び散るプライミング（水気立ち）が起きると，ついには泡や水滴が蒸気取出口から蒸気とともに送り出される現象をいいます。

ボイラー事故

<ボイラーのガス爆発>
❖ ボイラーのガス爆発とは，ボイラーの燃焼室内で未燃ガスが一気に爆発的に燃焼したり，ボイラーの煙道に滞留した未燃ガスが一気に燃焼する現象をいいます。
● 煙道に爆発戸を設けて爆風を逃がすようにするとよいです。

<ボイラーの低水位事故>
❖ ボイラーの低水位事故とは，**からがま**ともいい，燃焼中に水位が安全低水位面以下まで下がってしまい，炉筒などが蒸気部に露出して過熱状態になることをいいます。

<バックファイア>
❖ バックファイアとは，**逆火（さかひ）**ともいい，燃料の供給量が多すぎ供給空気量とのバランスがくずれたときなどに，ボイラーのたき口から燃焼火炎が前面に噴き出す現象をいいます。

51

第1章 空気調和設備の基礎知識

9 ボイラーの制御回路

49 ボイラーの始動動作順序〔1〕

ボイラーの主バーナ用モータの運転動作順序 —次ページの動作図参照—

❖ 空調設備の暖房の熱源としては，ボイラーが主に用いられています．
- ボイラーの制御としては，給水量制御，蒸気圧制御などがありますが，ここではボイラーの心臓部ともいえる始動・停止制御について説明します．
- まず，ボイラーの始動・停止制御における始動動作の主バーナ用モータの運転順序を次に示します．

❖ 始動スイッチ 3S を入れると，運転用電磁接触器 52M が動作して，着火バーナ用モータ M および主バーナ用モータ BM が運転されます．

順序1 配線用遮断器 MCCB（電源スイッチ）を投入します．
順序2 配線用遮断器を投入すると，1回路の電源表示灯 PL が点灯します．
順序3 自動・手動切換スイッチ，43-1（5回路），43-2（5回路），43-3（11回路），43-4（18回路）を，すべて「自動」側に入れます．
順序4 5回路の始動スイッチ 3S を閉じます．
順序5 3S が閉じると，5回路のコイル 52M に電流が流れ，運転用電磁接触器 52M が動作します．
順序6 電磁接触器 52M が動作すると，6回路の自己保持接点 52M-m が閉じ，自己保持します．
順序7 電磁接触器 52M が動作すると，電源母線に接続された主接点 52M が，三相とも同時に閉じます．
- 主接点 52M が閉じると，次の**順序8**，**10**，**11**，**12** の動作が同時に行われます．

順序8 主接点 52M が閉じると，20回路の変圧器 Tr_3 の一次コイルに電流が流れます．
順序9 変圧器の Tr_3 の一次コイルに電流が流れると，二次コイルにも電流が流れ，21回路の着火バーナ用モータ M が始動，運転されます．
順序10 主接点 52M が閉じると，22回路の主バーナ用モータ BM に電流が流れ，始動，運転されます．
順序11 主接点 52M が閉じると，11回路のプリパージタイマ 2P（30秒設定）が付勢されます．
順序12 主接点 52M が閉じると，12回路の着火装置タイマ 2S（60秒設定）が付勢されます．

9. ボイラーの制御回路

50 ボイラー始動動作主バーナ用モータ運転動作図

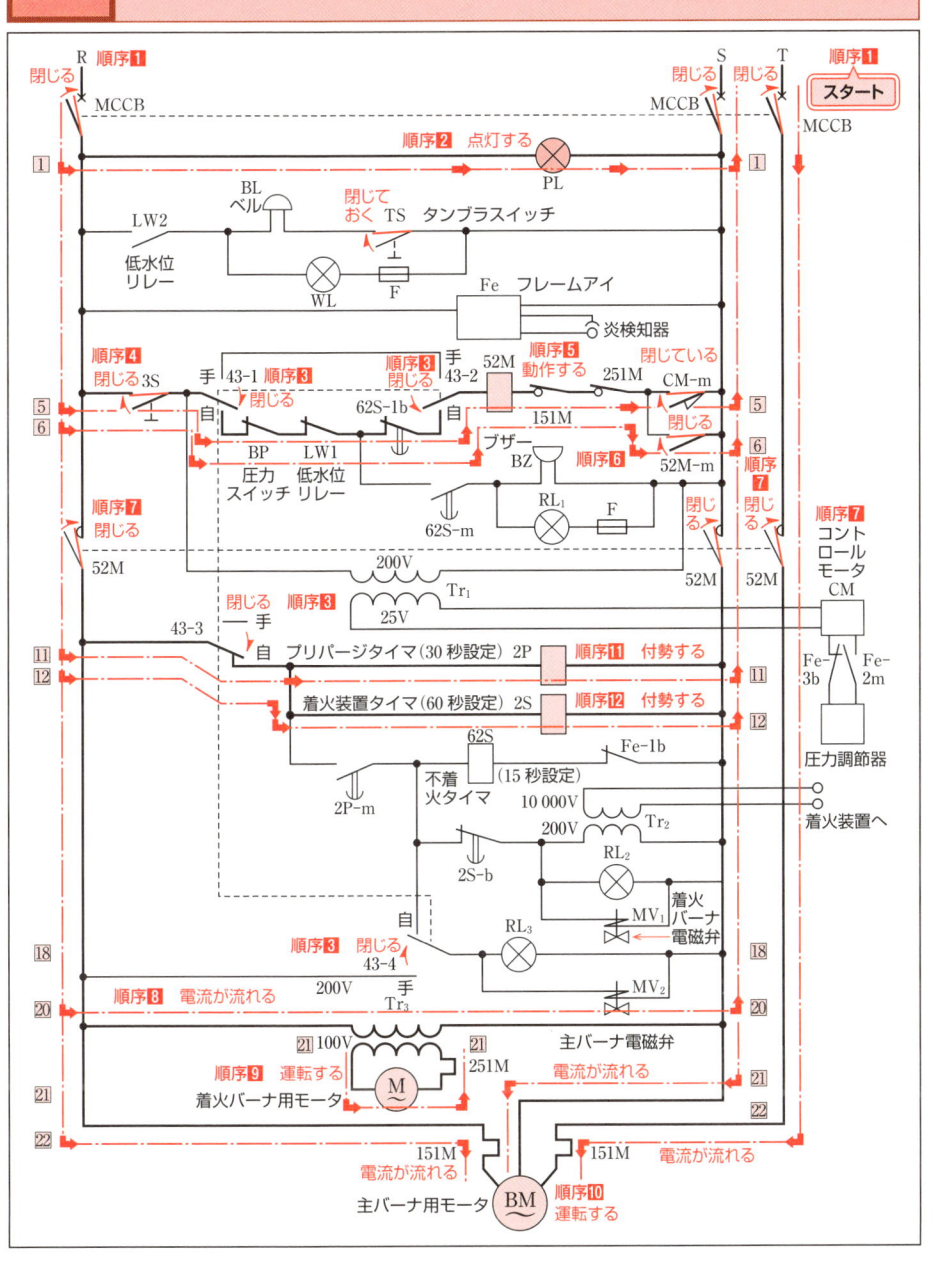

51 ボイラーの始動動作順序〔2〕

ボイラーの主バーナの着火動作順序 ―次ページの動作図参照―

❖ プリパージタイマ 2P の設定時間(30秒)が経過すると，着火用バーナが着火し，さらに，この着火用バーナによって，主バーナが着火します．

順序13 順序11で付勢してから 30 秒が経過すると，11回路のプリパージタイマ 2P が動作します．

順序14 プリパージタイマ 2P が動作すると，13回路の限時動作メーク接点 2P-m が閉じます．

● メーク接点 2P-m が閉じると，次の順序15，16，18，19，20，21の動作が同時に行われます．

順序15 メーク接点 2P-m が閉じると，13回路の不着火タイマ 62S(15 秒設定)が付勢されます．

順序16 メーク接点 2P-m が閉じると，15回路の着火変圧器 Tr_2 の一次コイルに電流が流れます．

順序17 着火変圧器 Tr_2 の一次コイルに電流が流れると，二次コイルには約 10 000V の高電圧が発生し，着火装置の火花間隙に火花を発生させます．

順序18 メーク接点 2P-m が閉じると，17回路の着火バーナ用電磁弁 MV_1 に電流が流れ，電磁弁 MV_1 は動作して，給油管の弁が全開し，着火装置で発生する火花(順序17)によって着火バーナが着火します．

順序19 メーク接点 2P-m が閉じると，16回路の赤色ランプ RL_2 に電流が流れ，点灯し，着火バーナ用電磁弁 MV_1 が開いていることを表示します．

順序20 メーク接点 2P-m が閉じると，19回路の主バーナ用電磁弁 MV_2 に電流が流れ，電磁弁 MV_2 は動作して給油管の弁が全開し，着火用バーナ(順序18)によって，主バーナが着火します．

● 順序10で主バーナ用モータが運転されても，プリパージタイマ 2P が動作して，主バーナ用電磁弁 MV_2 が動作するまでの時間(30 秒)は，まだ給油されていないため，主バーナ用モータは，からまわりしており，送風機によって空気だけが炉内に送られて，炉内のガスを追い出します(48 項参照)．

順序21 メーク接点 2P-m が閉じると，18回路の赤色ランプ RL_3 に電流が流れ，点灯し，主バーナ用電磁弁 MV_2 が開いていることを表示します．

順序22 主バーナが着火(順序20)すると，4回路のフレームアイの炎検知器が炎を検出します．

順序23 炎検知器が炎を検出すると，4回路のフレームアイ Fe が動作します．

順序24 フレームアイ Fe が動作すると，13回路のブレーク接点 Fe-1b が開きます．

順序25 ブレーク接点 Fe-1b が開くと，13回路の不着火タイマ 62S は消勢します．

順序26 順序12で付勢してから着火装置タイマ 2S の設定時間(60 秒)が経過すると，12回路の着火装置タイマ 2S が動作します．

順序27 着火装置タイマ 2S が動作すると，15回路の限時動作ブレーク接点 2S-b が開きます．

● 主バーナが着火を完了すると，限時動作ブレーク接点 2S-b の開により，着火バーナ回路(15，16，17)は必要ないので回路を開放します．

9. ボイラーの制御回路

52 ボイラーの始動動作主バーナ着火動作図

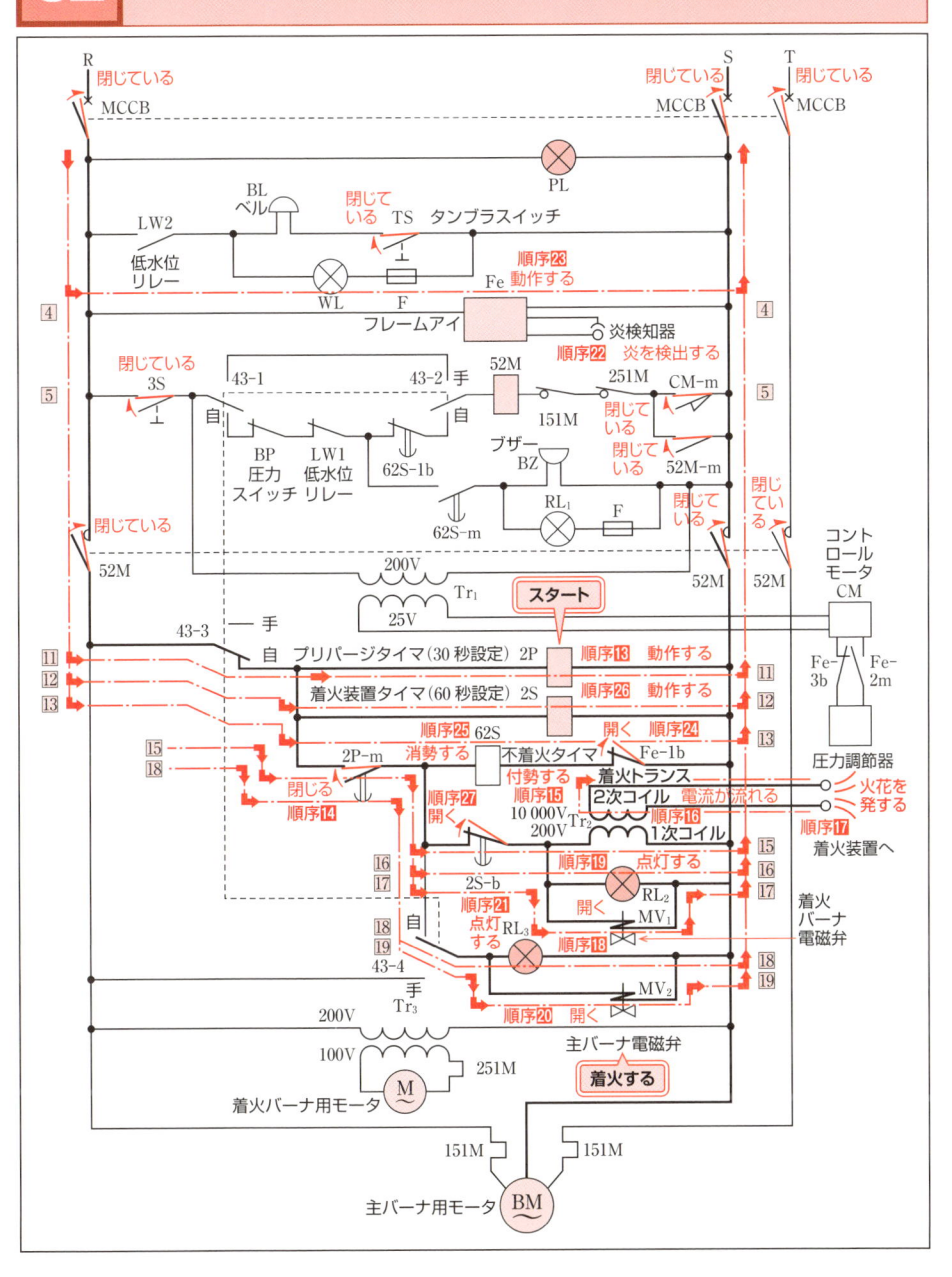

53 ボイラーの停止動作順序

ボイラーの主バーナ用モータ停止動作順序　　　　　―次ページの動作図参照―

❖ 停止スイッチ3Sを開くと，運転用電磁接触器52Mが復帰して，主バーナ電磁弁MV_2を閉じるとともに，主バーナ用モータBMは停止します．

順序1　⑤回路の停止スイッチ3Sを開きます．
順序2　3Sを開くと，⑤回路のコイル52Mに電流が流れず，運転用電磁接触器52Mが復帰します．
順序3　電磁接触器52Mが復帰すると，⑥回路の自己保持接点52M-mが開き，自己保持を解きます．
順序4　電磁接触器52Mが復帰すると，電源母線に接続された主接点52Mが，三相とも同時に開きます．

● 主接点52Mが開くと，次の**順序5**，**7**，**8**，**9**，**13**，**15**の動作が同時に行われます．

順序5　主接点52Mが開くと，⑳回路の変圧器Tr_3の一次コイルに電流が流れなくなります．
順序6　変圧器Tr_3の一次コイルに電流が流れないと，二次コイルにも電流が流れず，着火バーナ用モータMが停止します．
順序7　主接点52Mが開くと，㉒回路の主バーナ用モータBMに電流が流れず，停止します．
順序8　主接点52Mが開くと，⑲回路の主バーナ用電磁弁MV_2に電流が流れず，電磁弁は復帰して，給油管の弁を閉じるので，主バーナは断火します．
順序9　主接点52Mが開くと，⑱回路の赤色ランプRL_3に電流が流れず，消灯します．
順序10　主バーナが断火（**順序8**）すると，④回路のフレームアイの炎検知器が炎を検出しません．
順序11　炎検知器が炎を検出しないと，④回路のフレームアイFeが復帰します．
順序12　フレームアイFeが復帰すると，⑬回路のブレーク接点Fe-1bが閉じます．
順序13　主接点52Mが開くと，⑪回路のプリパージタイマ2Pが消勢します．
順序14　プリパージタイマ2Pが消勢すると，⑬回路の限時動作メーク接点2P-mが開きます．
順序15　主接点52Mが開くと，⑫回路の着火装置タイマ2Sが消勢します．
順序16　着火装置タイマ2Sが消勢すると，⑮回路の限時動作ブレーク接点2S-bが閉じます．

これでボイラーは停止します

54 ボイラーの停止動作図

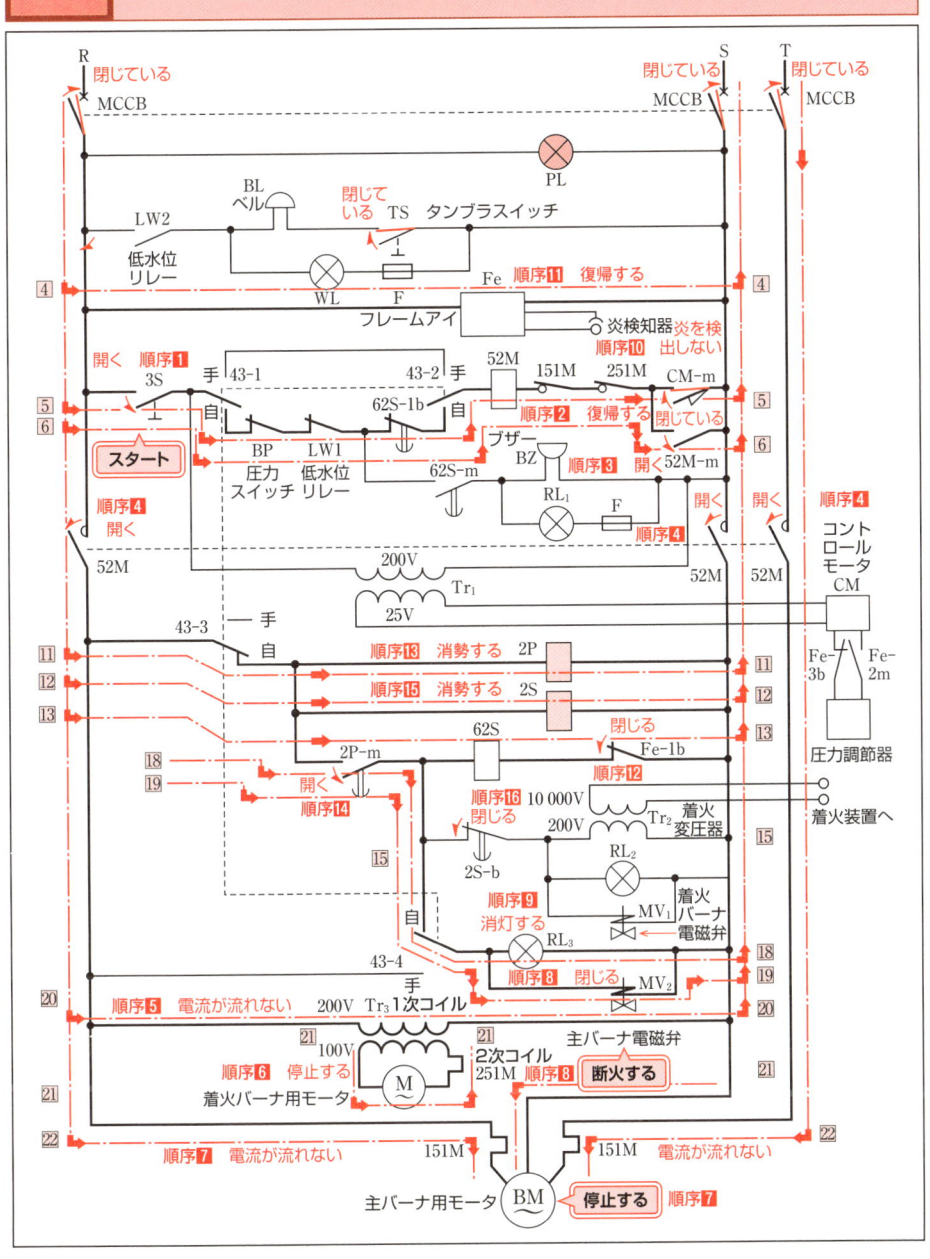

第1章 空気調和設備の基礎知識

10 熱搬送設備は熱媒体を搬送する

55 熱搬送設備はどのような機器で構成されているか

熱搬送設備の主な構成機器（例）

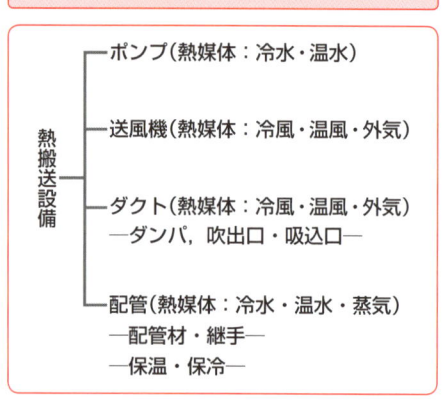

- 熱搬送設備
  - ポンプ（熱媒体：冷水・温水）
  - 送風機（熱媒体：冷風・温風・外気）
  - ダクト（熱媒体：冷風・温風・外気）
    ―ダンパ，吹出口・吸込口―
  - 配管（熱媒体：冷水・温水・蒸気）
    ―配管材・継手―
    ―保温・保冷―

ポンプの種類 ―作動原理による分類―

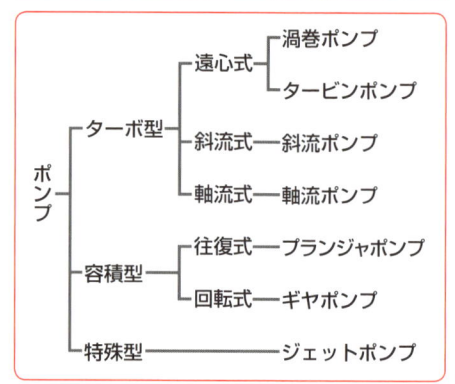

- ポンプ
  - ターボ型
    - 遠心式
      - 渦巻ポンプ
      - タービンポンプ
    - 斜流式―斜流ポンプ
    - 軸流式―軸流ポンプ
  - 容積型
    - 往復式―プランジャポンプ
    - 回転式―ギヤポンプ
  - 特殊型―ジェットポンプ

熱搬送設備を構成する機器

❖ **熱搬送設備**とは，空気調和設備において，熱源である冷凍機およびボイラーから空気調和機へ，熱搬送媒体である冷水および蒸気・温水を導く設備．そして，空気調和機から部屋に冷風，温風を送る設備をいいます．

❖ 熱搬送設備の主な構成機器は次のとおりです．
- 熱媒体（冷水・温水）を空気調和機に送るポンプ
- 熱媒体（冷水・温水・蒸気）が通るための配管
  ―配管材・継手，保温・保冷―
- 熱媒体（冷風・温風）を空気調和機から部屋に送る動力源となる送風機
- 熱媒体（冷風・温風・外気）が通るためのダクト
  ―ダンパ，吹出口，吸込口―

ポンプの作動原理による種類

❖ **ポンプ**とは，電動機など外部から動力の供給を受けて，液体にエネルギーを与え，低水位または低圧力の状態にある液体を，高水位または高圧力の状態にする機械をいいます．

❖ ポンプには，その作動原理により，ターボ型，容積型，特殊型があります．
- **ターボ型**は，羽根車をケーシング内で回転させて，その遠心力により液体に圧力を加えます．
- **容積型**は，円筒形シリンダー内のピストンの往復で弁を開閉し，一定量の液体を送る往復式と，ギヤポンプのような回転式があります．
- **特殊型**には，吐出水を吸込み管へ返送し，ジェット噴流により水を吸い上げるジェットポンプがあります．

10. 熱搬送設備は熱媒体を搬送する

56 空気調和設備にはターボ型遠心式ポンプが用いられる

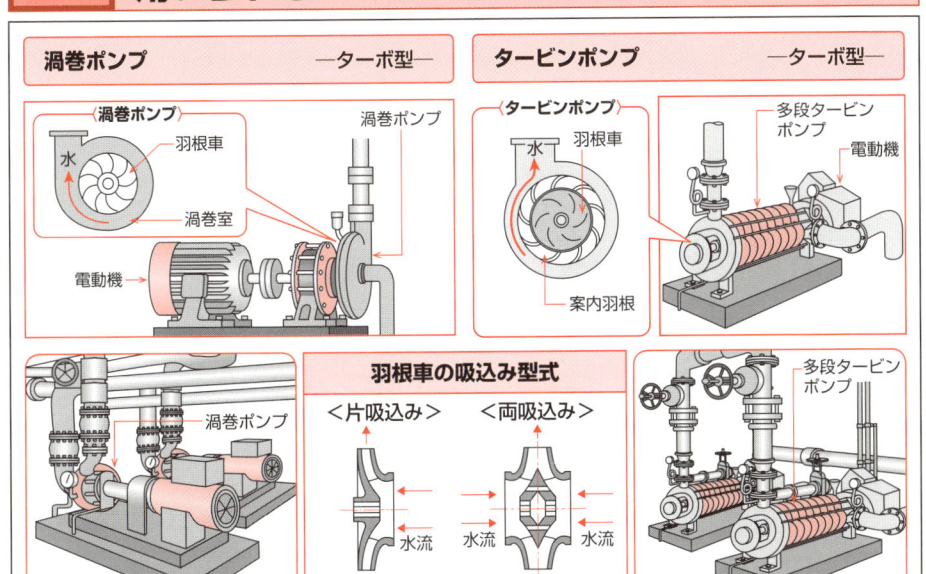

渦巻ポンプ —ターボ型—
〈渦巻ポンプ〉
水／羽根車／渦巻室／渦巻ポンプ／電動機

タービンポンプ —ターボ型—
〈タービンポンプ〉
水／羽根車／案内羽根／多段タービンポンプ／電動機

渦巻ポンプ

多段タービンポンプ

羽根車の吸込み型式
〈片吸込み〉　〈両吸込み〉
水流　水流　水流

ターボ型遠心式ポンプには渦巻ポンプとタービンポンプがある

- ポンプには，動作原理上いろいろな種類がありますが，空気調和用として，主に用いられるポンプは，ターボ型遠心式ポンプです。
- **遠心式ポンプ**とは，水車状の羽根車の高速回転による遠心力で，水に運動エネルギーを与えて得た速度を圧力に変換して送り出す型式をいいます。
- 遠心式ポンプは，渦巻ケーシングを有する渦巻ポンプと，渦巻ケーシングに案内羽根をもつタービンポンプに分かれます。
- 遠心式ポンプには，羽根車の吸込み型式によって片吸込みポンプと両吸込みポンプがあります。
- **渦巻ポンプ**は，ボリュートポンプともいい，羽根車は普通1個で，ケーシングがかたつむりのような渦巻型になっているので，これを渦巻室といいます。
- 羽根車を電動機で回すと，水は羽根車内を通過するときに遠心力を受け，この遠心力のエネルギーが，渦巻室を通過するときに，圧力のエネルギーに変えられます。
- **タービンポンプ**は，ディフューザポンプともいい，羽根車の外側に流線形の固定羽根，つまり案内羽根を設けたものをいいます。
- タービンポンプは，案内羽根を設けることにより，水の速度が効果的に圧力に変換され，高圧力になって渦巻室に入って送り出されます。
- タービンポンプは，案内羽根を設けた羽根車を同一軸に何段も設け，前段の案内羽根から送り出された水を，次の羽根車の吸込み側に導き，加圧を繰り返して，水の圧力を増加することができます。
- 案内羽根をもつ羽根車を同一軸上に2段以上設けたとき，これを**多段タービンポンプ**といいます。

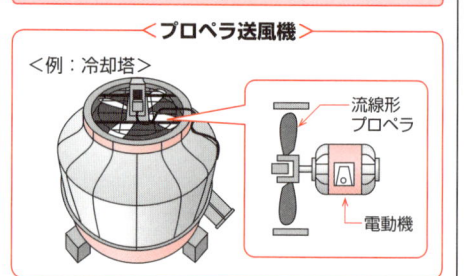

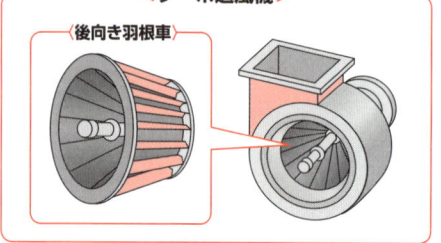

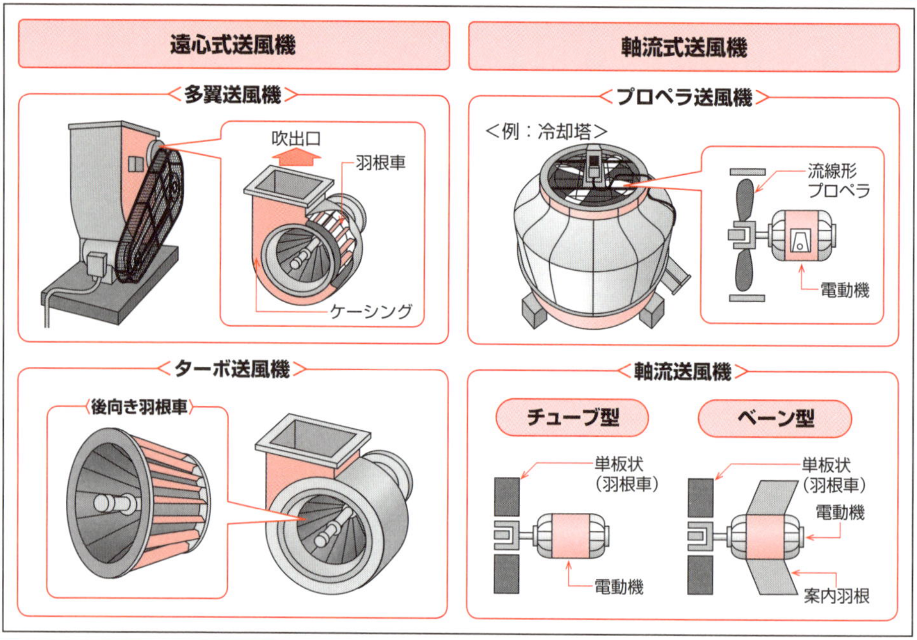

57 送風機は空気に搬送する力を与える

遠心式送風機
〈多翼送風機〉
吹出口／羽根車／ケーシング

〈ターボ送風機〉
後向き羽根車

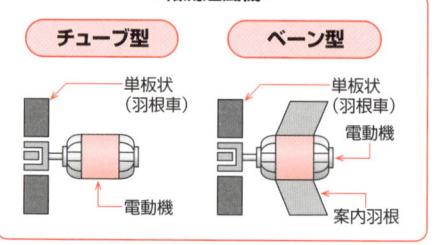

軸流式送風機
〈プロペラ送風機〉
〈例：冷却塔〉
流線形プロペラ／電動機

〈軸流送風機〉
チューブ型：単板状（羽根車）／電動機
ベーン型：単板状（羽根車）／電動機／案内羽根

送風機には遠心式送風機と軸流式送風機がある

- **送風機**とは，軸に取り付けられた羽根車（インペラ）を電動機により回転させて空気に運動エネルギーを与え，圧力の低い所から圧力の高い所に送風する機械をいいます。
- 送風機には，羽根車の形状により遠心式送風機と軸流式送風機とがあります。
- **遠心式送風機**は，水車状の羽根車を電動機で回転させ，その遠心力で羽根車の軸方向から吸い込む空気を，軸と直角の遠心方向に送り出す型式の送風機をいいます。
- 遠心式送風機には，羽根車の形状により，多翼送風機，ターボ送風機などがあります。
- **多翼送風機**は，シロッコファンともいい，筒状の枠の外側に，軸に並行で，回転方向に対して前向きに曲げた，短くて幅の狭い多数の羽根を取り付けた送風機をいいます。
- **ターボ送風機**は，回転方向に対して後向きに湾曲した羽根をもつことから，**後向き羽根送風機**ともいいます。
- **軸流式送風機**とは，プロペラ状の羽根車を電動機で回転させ，羽根車の軸と同じ方向から空気を吸い込み，そのまま軸と同じ方向へ押し出す型式の送風機をいいます。
- 軸流式送風機は，羽根車の形状により，プロペラ送風機と軸流送風機があります。
- **プロペラ送風機**とは，プロペラ状の羽根車が流線形の送風機をいいます。
- **軸流送風機**とは，羽根車が単板状の送風機をいいます。
- 軸流送風機で，案内羽根（ガイドベーン）がないものを**チューブ型軸流送風機**といい，案内羽根があるものを**ベーン型軸流送風機**といいます。

10. 熱搬送設備は熱媒体を搬送する

58 ダクトは空気を搬送するための専用道路

ダクトの種類

〈長方形ダクト〉
ボルト／アングル／ナット／リベット

〈円形ダクト〉
甲はぜ　平継ぎ部

ダクトの工法 ―例―

〈はぜ〉
ピッツバークはぜ　端部
立はぜ　平継ぎ部
本はぜ　端部
甲はぜ　平継ぎ部

〈ダイヤモンドブレーキ〉
ダイヤモンドブレーキ
ダイヤモンドブレーキ

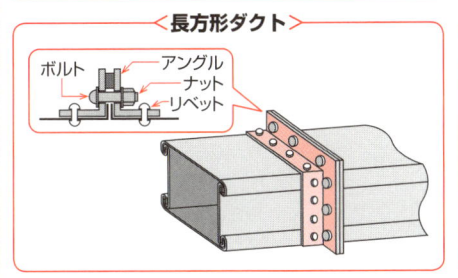

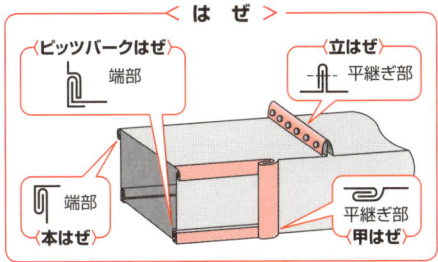

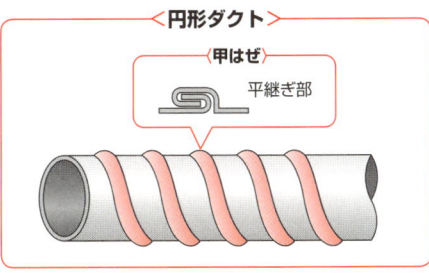

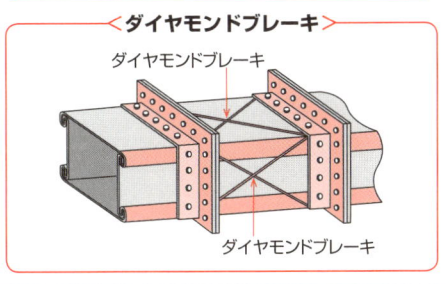

ダクトには長方形ダクトと円形ダクトがある

- ダクトは，風道ともいい，空気を搬送するための通風路をいいます．
- 空調用ダクトは，外気取入口と空気調和機の間，そして空気調和機と部屋の間において，空気（外気・冷風・温風）搬送のための通風路として用いられます．
- ダクトは，その形状から長方形ダクトと円形ダクトがあります．
- 長方形ダクトとは，角形ダクトともいい，その断面が長方形のダクトをいいます．
- 一般に，ダクトとしては，長方形ダクトが多く用いられています．
- 長方形ダクトは，低速ダクトに用いられています．
- 低速ダクトとは，ダクト内の風速が15 m／秒未満に用いられるダクトをいいます．

- 円形ダクトは，スパイラルダクトともいい，帯状の鉄板をスパイラル状（螺旋状）に巻き上げ，継目ははぜで合わせて，断面を円形にしたダクトをいいます．
- 円形ダクトは，高速ダクトに用いられます．
- 高速ダクトとは，ダクト内の風速が15 m／秒以上に用いられるダクトをいいます．
- ダクトの鉄板継目が，ダクト内の空気圧力ではずれたり，空気が漏れないように，はぜという特殊な工法で鉄板を継ぎ合わせます．
- 長方形ダクトの四面を囲んだ表面積が大きいと，送風機の始動や停止のたびに，鉄板が波打ちして騒音を発することがあるので，これを防止するために，鉄板表面の対角線上に鉄板に交差した突起を設けて補強します．これをダイヤモンドブレーキといいます．

59 ダンパ，吹出口・吸込口

ダクトにおけるダンパ，吹出口・吸込口の機能図

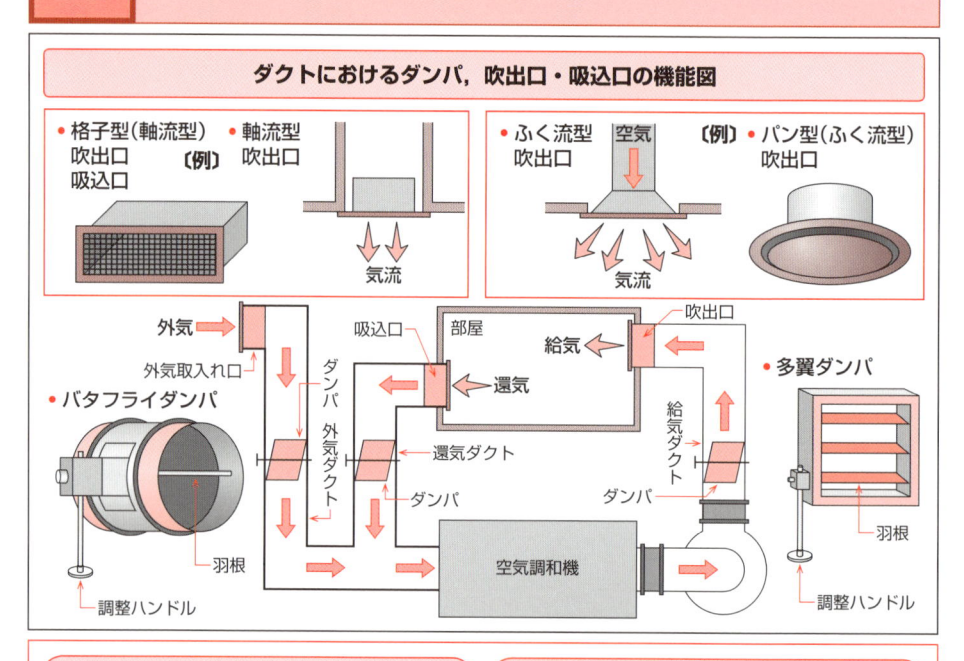

- 格子型（軸流型）吹出口 吸込口
- 軸流型吹出口 〔例〕
- ふく流型吹出口 〔例〕
- パン型（ふく流型）吹出口

外気／外気取入れ口／バタフライダンパ／羽根／調整ハンドル／吸込口／部屋／ダンパ／外気ダクト／還気／還気ダクト／吹出口／給気／給気ダクト／ダンパ／空気調和機／多翼ダンパ／羽根／調整ハンドル

ダクト内空気を調整するダンパ

- **ダンパ**とは，ダクト内を流動する空気の量を調整したり，空気の流路を開閉するために設ける可動板をいいます．
- ダンパには，その構造から，羽根板が1枚で中心に回転軸をもつ**バタフライダンパ**と，複数の羽根板をもつ**多翼ダンパ**があります．
- ダンパを用途別にみると，風量調整ダンパ，逆流防止ダンパ，防火ダンパなどがあります．
- **風量調整ダンパ**は，風量や静圧を調整するため送風機，空気調和機の出入口，風量を調整したい分岐部などに取り付けます．
- **逆流防止ダンパ**は，空気の逆流を防ぐため一方向の気流にだけ開きます．
- **防火ダンパ**は，火災の際，ダクトを通って他の部屋に火が入るのを防ぐために，ダクト内の空気温度が一定値以上に達すると，ヒューズが溶けて自動的に閉じます．

部屋内気流を均一にする吹出口・吸込口

- **吹出口**とは，空気調和機から給気ダクトを通って送られてくる空気を部屋内に送入するための供給口をいいます．
- **吸込口**とは，部屋内の空気を還気ダクトに戻すための還気取入れ口をいいます．
- 吹出口と吸込口とによって部屋内の気流分布を均一にすることができます．
- 吹出口には，気流の吹き出す方向により，ふく流型と軸流型とがあります．
- **ふく流型**は，気流を吹出口の全周から放射状に吹き出すので，空気温度の拡散性が良いです．
- ふく流型にはパン型，アネモ型などがあります．
- **軸流型**は，一定の軸方向に気流を吹き出すので，気流の広がり角が小さく，到達距離が長いです．
- 軸流型には格子型，スロット型などがあります．
- 吸込口は部屋の空気を所定量だけ通す機能があればよいので，格子型がよく用いられます．

10. 熱搬送設備は熱媒体を搬送する

60 配管は冷温水・蒸気を搬送する専用道路

配管接合

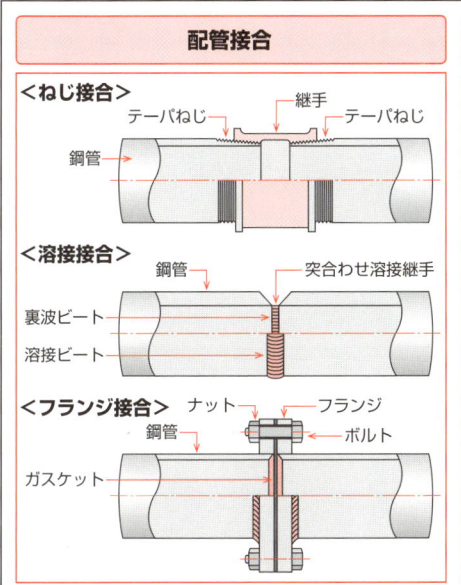

＜ねじ接合＞
テーパねじ　継手　テーパねじ
鋼管

＜溶接接合＞
鋼管　突合わせ溶接継手
裏波ビード
溶接ビード

＜フランジ接合＞
ナット　フランジ
鋼管　ボルト
ガスケット

保温・保冷・防露

＜保温＞ ―例：屋内―
管
保温筒　原紙
亜鉛めっき鉄線　防湿材　綿布

ガラスクロス
ダクト　接着剤
角当て
保温板

＜保冷＞ ―保冷：屋外―
管　金属板
接着剤
亜鉛めっき鉄線　防湿材
筒状保冷材　ジョイントシーラ

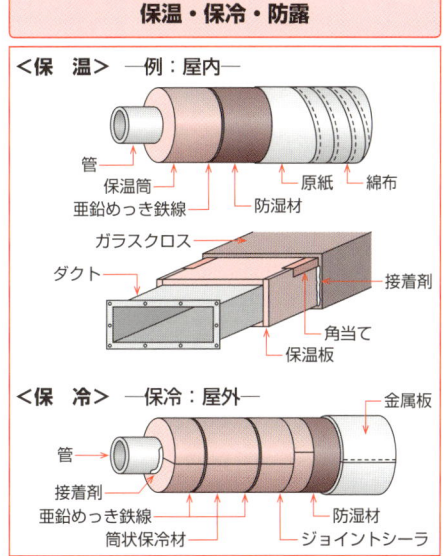

配管材と配管接合　　　　　　　　　　　　―保温・保冷・防露―

- 空気調和設備において，冷温水・蒸気などの流体の搬送には，配管が用いられます．
  ＜配管材＞
- 配管材には，金属管や非金属管などいろいろありますが，空気調和設備では金属管，特に鋼管が主に用いられています．
- **配管用炭素鋼鋼管**が，一般に使用されており，亜鉛めっきを施した管を**白管**，めっきを施していない管を**黒管**といい，別名，**白ガス管**，**黒ガス管**といっています．
- 白ガス管は，冷水・温水管に，黒ガス管は蒸気管に用いられています．
  ＜配管接合＞
- 鋼管の接合には，ねじ接合，溶接接合，フランジ接合などがあります．
- **ねじ接合**は，管端に管用テーパねじを切り，ペースト状の接合材をねじ部に塗布して，継手を締め込み接合します．
- **溶接接合**は，突合わせ溶接継手を用い，溶接する鋼管の管端をV形に削り，溶接棒を用いて溶接することから，管の内側まで母材が溶け込むので強度のある溶接となります．
- **フランジ接合**とは，鋼管の管端に鉄鋼製のフランジを溶接接合またはねじ接合し，2枚のフランジの間にガスケットを入れボルト締めします．
  ＜保温・保冷・防露＞
- 冷水・温水管，冷風・温風ダクトは，周囲の空気との間に温度差があることから，熱を放散したり，熱が侵入したりして，暖房効果・冷房効果を悪くしています．
- 管・ダクトの表面を熱絶縁材で被覆することにより，熱の放散を少なくすることを**保温**といい，また，侵入熱量を少なくすることを**保冷**といい，表面の結露を防止するのを**防露**といいます．

イラストで学ぶ 空調の熱媒・冷媒の運ばれ方

1

温風／温水／蒸気／冷風／冷水／冷媒／暖房／冷房

S：冬は暖房，夏は冷房ということですが，この室に熱はどのように運ばれるのですか．
O：うん，暖房は温風，温水，蒸気，冷房は冷風，冷水，一次冷媒で運ばれるというところかナ．

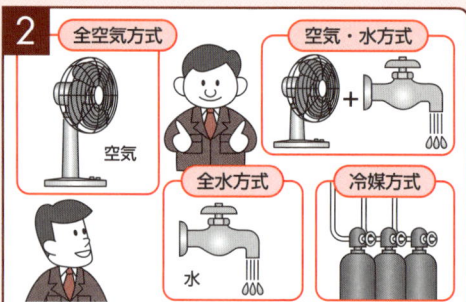

2

全空気方式／空気・水方式／空気／全水方式／冷媒方式／水

S：これらが全部使われているのですか．
O：いや，そうじゃないヨ．全空気方式，全水方式，空気・水方式，冷媒方式といって，熱運搬方法によって，空気調和方式が異なるのだヨ．

3 全空気方式

中央空調機／ダクト

S：全空気方式といいますと．
O：これは中央の空気調和機で，温風または冷風をつくって，ダクトで各室に供給するのだヨ．
S：室内に機器がないので室が有効利用できますネ．

4 全水方式

ファンコイルユニット／冷・温水

O：全水方式は，ファンコイルユニットという小型の空気調和機を各室に配置して，これに中央機械室から，温水または冷水を供給するのだヨ．
S：これだとダクトスペースがいらなくなりますネ．

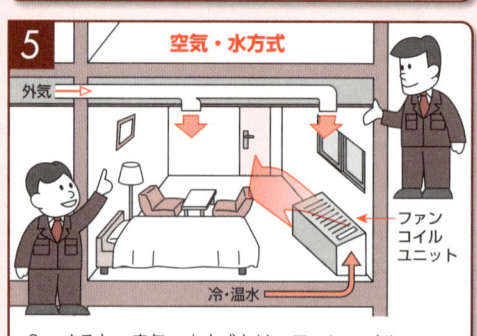

5 空気・水方式

外気／ファンコイルユニット／冷・温水

S：すると，空気・水方式とは，ファンコイルユニットとダクトの併用方式ですネ．
O：ファンコイルユニット方式では，換気が十分できないので，外気をダクトで供給するのだヨ．

6 冷媒方式

パッケージ形空気調和機

O：冷媒方式とは，冷媒を気化させる冷凍機と送風機，エアフィルタなどを一つのケースに組み込んだ，パッケージ形空気調和機のことだヨ．
S：各室に配置し個別制御，個別運転ができますネ．

第2章
空気調和設備のメンテナンス

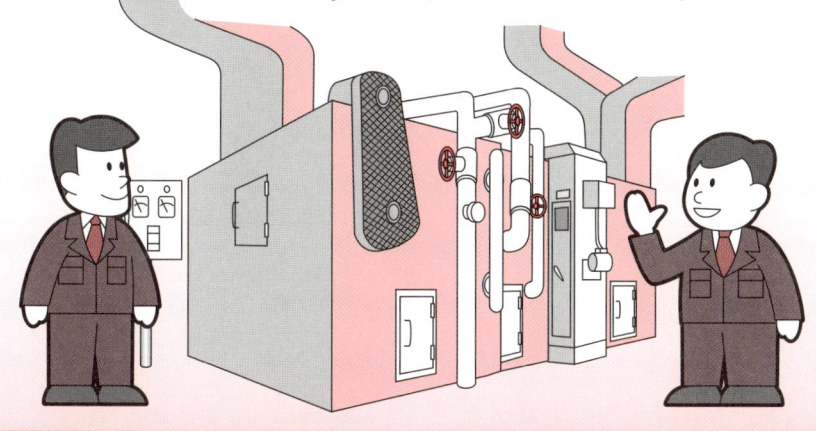

この章のねらい

　この章では，空気調和設備のメンテナンスについての基礎知識を容易に理解していただくために，完全図解により示してあります．
（1）　設備保全には，予防保全と事後保全があり，保全性を測る尺度とともに故障率が経年により変わることを理解しましょう．
（2）　空気調和機を構成する空気加熱器・空気冷却器・空気ろ過器は洗浄して目詰まりを防止し，加湿器は清掃・換水して加湿器病などを防止することの必要性を知りましょう．
（3）　送風機の日常点検・定期点検の項目と異常現象の原因が示してあります．
（4）　ボイラーの定期自主検査と登録性能検査機関による性能検査の検査項目，検査方法，判定基準について説明してあります．
（5）　冷凍機の始動・運転・停止時における点検と性能を維持する方法，そして，冷媒ガス漏洩などの事故を防ぐための保守点検の方法を理解しましょう．
（6）　熱搬送設備を構成するポンプの日常点検項目，空調ダクトの清掃手順，バルブの分解清掃手順，配管フランジ結合部の取外し・取付け方法を知りましょう．
（7）　冷却塔の保守点検項目と水質を維持する方法を示してあります．

1 設備保全とはどういうことか

1 保全とはどういうことか

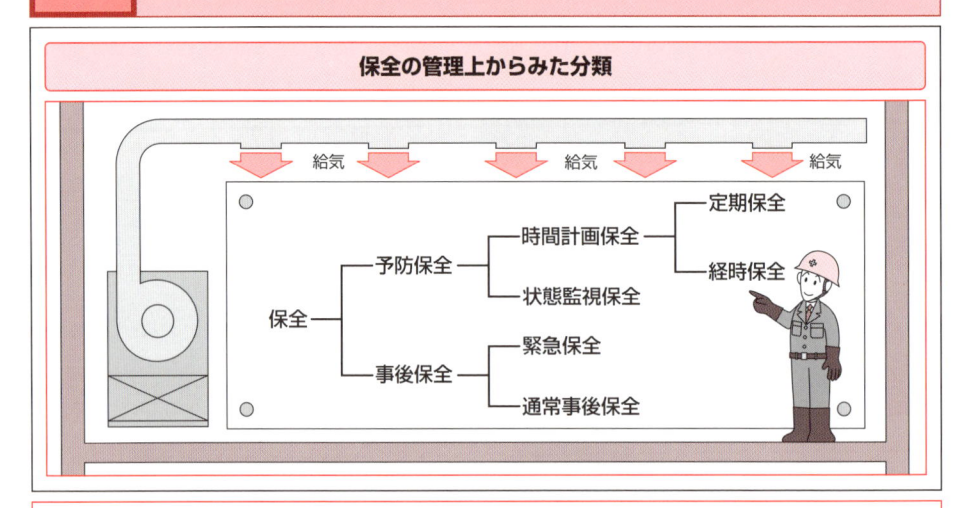

保全の管理上からみた分類

```
              ┌─ 時間計画保全 ─┬─ 定期保全
      ┌─ 予防保全 ┤             └─ 経時保全
保全 ─┤         └─ 状態監視保全
      │
      └─ 事後保全 ┬─ 緊急保全
                 └─ 通常事後保全
```

保全とは運用を維持し故障を回復すること

❖ まず，空気調和設備を含む設備の保全の基本から説明を始めることにします．
❖ **保全**(Maintenance：メンテナンス)とは，アイテムを使用可能状態，運用可能状態に維持し，または故障，欠点などを回復するためのすべての処置と活動をいいます．
　―保全活動には，試験，測定，取替え，調整・修理によって，系の仕様に基づいた機能状態を保つような行為を含みます―
● **アイテム**(Item)とは，部品，構成品，装置，機器，サブシステム，システムなどの総称またはいずれかをいいます(以下「設備・機器」という)．
● **故障**(Failure)とは，設備・機器が要求機能達成能力を失うことをいいます．

設備の構成機器には修理系と非修理系がある

❖ 設備の故障を未然に防止するには，その構成機器を修理系と非修理系に分け，劣化診断し，判定して適宜修理または更新する必要があります．
● **修理系**とは，保全によって故障の修理が可能な機器をいいます．
　―修理系の機器でも，修理部位と非修理部位があります―
● **非修理系**とは，故障が起こっても修理しないか，または修理不可能な機器をいいます．
● **修理**とは，規定の要求仕様を満足しなくなったものを修理作業によって，再び使えるようにする行為をいいます．
● **更新**とは，劣化した設備・機器などを新しいものに取り替えることをいいます．

1. 設備保全とはどういうことか

2 保全には予防保全と事後保全がある

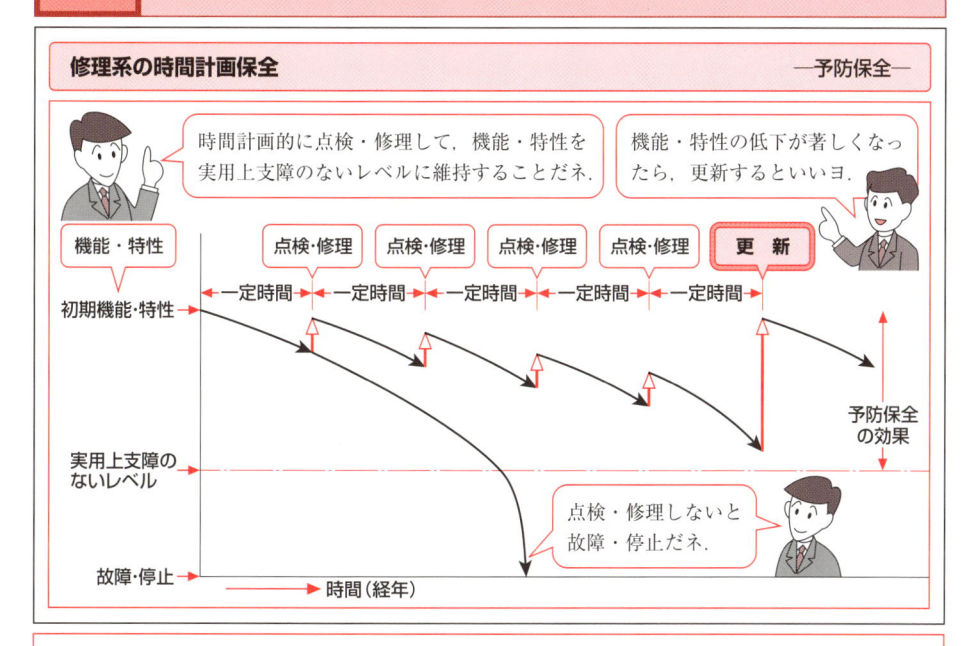

修理系の時間計画保全　　　　　　　　　　　　　　　　　　　　　―予防保全―

時間計画的に点検・修理して，機能・特性を実用上支障のないレベルに維持することだネ．

機能・特性の低下が著しくなったら，更新するといいヨ．

点検・修理　点検・修理　点検・修理　点検・修理　更新
一定時間　一定時間　一定時間　一定時間　一定時間

機能・特性
初期機能・特性

実用上支障のないレベル

点検・修理しないと故障・停止だネ．

故障・停止
時間（経年）

予防保全の効果

予防保全　―時間計画保全・状態監視保全―

- 設備の保全を管理上からみると，予防保全と事後保全に分類されます．
- **予防保全**とは，設備・機器の使用中の故障の発生を未然に防止するために，規定の間隔や基準に従って遂行し設備・機器の状態劣化や故障の確率を低減するために行う保全をいいます．
   ―**劣化**とは，特性・性能の低下をいいます―
- 予防保全には，時間を決めて保全を行う時間計画保全と，継続的な監視の結果から，基準以下になったときだけ保全を行う状態監視保全（次頁参照）があります．
- 設備・機器の予防保全は，時間計画保全により，欠点・劣化を検出し，修理系では補修・交換をし，非修理系では更新することが大切です．
   ―**欠点**とは，初期弱点故障（規定能力以内のストレスで設備・機器自身の弱点で発生する故障）を起こす設備・機器の弱点をいいます―

時間計画保全には定期保全と経時保全がある

- **時間計画保全**とは，定められた時間計画に従って遂行される予防保全の総称をいいます．
- 時間計画保全には，定期保全と経時保全があります．
- **定期保全**とは，予定の時間間隔で行う予防保全をいい，定期点検と定期修理があります
- **定期点検**とは，計画的に点検周期を決め，設備・機器の障害兆候の発見，冗長部分の確認，定期点検以外では，検出できない欠点・劣化・故障の発見などを行います．
- **定期修理**とは，オーバーホールともいい，計画的に一定の期間をおいて，設備・機器を停止し，分解開放して障害兆候の発見，修理，新しい機器・部品との交換などを行います．
- **経時保全**とは，設備・機器が規定の累積動作時間に達したときに行う予防保全をいいます．

3 状態監視保全と事後保全

事後保全時間の構成要素

事後保全時間	準備時間	・故障認知時間―故障を認知するまでの時間― ・保全員の指定時間―現地到着時間を含む― ・工具，試験器・測定器の入手時間
事後保全が行われた時間をいう	故障箇所探求時間	・故障範囲の決定に要する時間 ・故障への接近(分解)に要する時間 ・故障位置(故障ユニット探求)に要する時間
	部品・材料入手時間	
	故障修正時間	・手直し時間 ・取外し・修理・取付け時間 ・取外し・同種の機器・部品に取替え時間
	調整，校正時間	
	確認時間	
	清掃時間	

状態監視による保全を状態監視保全という

❖ **状態監視保全**とは，状態監視に基づく予防保全をいいます。
● **状態監視**とは，設備・機器の使用中の動作状態の確認，劣化傾向の検出，故障・欠点の確認，故障に至る経過の記録・追跡などの目的で，ある時点での動作値とその傾向を監視する行為をいいます。
● **監視**は，連続的，間接的または定期的に点検，試験，計測，警報などの手段または装置によって行います。
—監視とは，手動または自動的に設備・機器の状態を観察する作業をいいます—
● 状態監視によって，異常が検出されたときに行う保全を**非計画保全**といいます。
❖ 今後は，設備・機器の劣化状態を連続あるいは短い間隔で計測・監視・診断を行う状態監視保全の占める割合が多くなることと思われます。

事後保全には通常事後保全と緊急保全がある

❖ **事後保全**とは，故障が起こった後で，設備・機器を要求機能遂行状態に回復するために行う保全をいいます。
—時間計画保全が認められていた場合，途中で起こる故障に対する保全は，事後保全となります—
● **回復する**とは，修理するなり，機器・部品を交換するなりして，修復することをいいます。
● **修復**とは，故障状態の後，設備・機器が要求機能を遂行する能力を取り戻すことをいいます。
❖ 事後保全には，管理上からみて通常事後保全と緊急保全があります。
● **通常事後保全**とは，管理上，予防保全を行わないことを決めた設備・機器の故障に対する処置をいいます。
● **緊急保全**とは，管理上，予防保全を行うと決めた設備・機器に対する処置をいいます。

4 故障率は経年により変わる

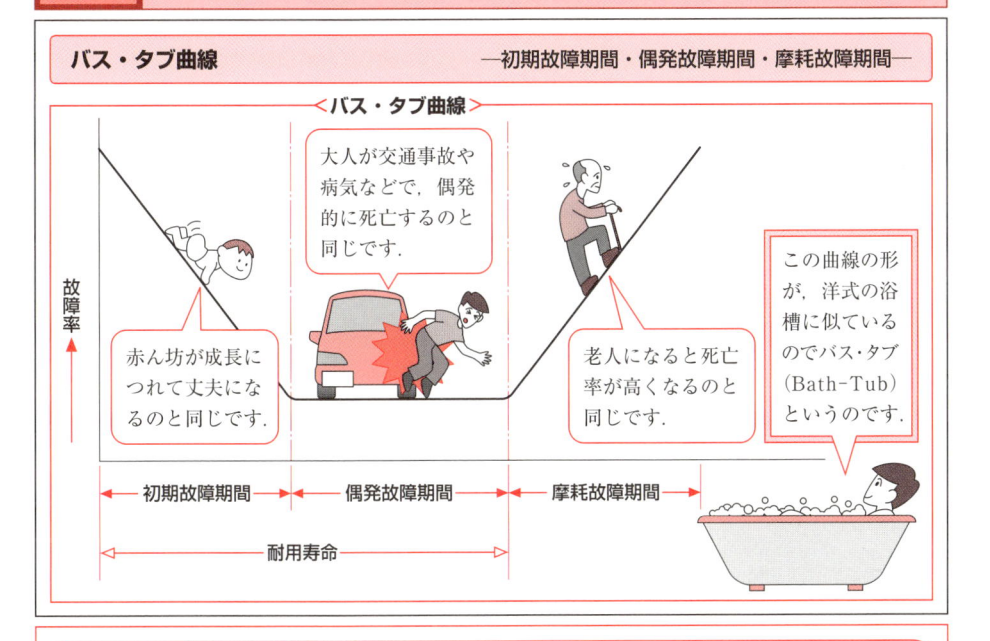

バス・タブ曲線 ―初期故障期間・偶発故障期間・摩耗故障期間―

＜バス・タブ曲線＞

- 赤ん坊が成長につれて丈夫になるのと同じです．
- 大人が交通事故や病気などで，偶発的に死亡するのと同じです．
- 老人になると死亡率が高くなるのと同じです．
- この曲線の形が，洋式の浴槽に似ているのでバス・タブ（Bath-Tub）というのです．

縦軸：故障率

横軸区分：初期故障期間／偶発故障期間／摩耗故障期間

耐用寿命

故障率は初期故障期間・偶発故障期間・摩耗故障期間で変化する

- 設備・機器は，時間（経年）の経過に伴い初期故障期間，偶発故障期間，摩耗故障期間により，その故障率が変化し，これを表した曲線をバス・タブ（Bath-Tub）曲線といいます．
  ―故障率（瞬間故障率）とは，ある時点まで動作してきた設備・機器の当該時点での単位時間当たりに故障を起こす割合をいいます―
- 一般に初期故障期間，偶発故障期間を経て摩耗故障期間に至る以前までを**耐用寿命**といいます．
- 設備・機器は，バス・タブ曲線の摩耗故障期間が始まる少し前に更新すれば，故障率の上昇を抑えることができます．

＜初期故障期間＞
- **初期故障**とは，使用開始後の比較的早い時期に設計・製造上の欠点，使用環境の不適合などによって起こる故障をいいます．
- **初期故障期間**とは，運用初期において，与えられた時点での修理系の設備・機器の瞬間故障強度（当該時点での単位時間当たりの故障発生数）や非修理系の設備・機器の瞬間故障率が後に続く期間の値より著しく高い期間をいいます．

＜偶発故障期間＞
- **偶発故障**は，初期故障期間後で摩耗故障期間に至る以前の時期に偶発的に起こる故障をいいます．
- **偶発故障期間**とは，修理系の設備・機器の運用期間中，瞬間故障強度がほぼ一定である期間または非修理系の設備・機器の運用期間中，瞬間故障率がほぼ一定である期間をいいます．

＜摩耗故障期間＞
- **摩耗故障**とは，疲労・摩耗・劣化現象によって時間とともに発生確率が増加する故障をいいます．
- **摩耗故障期間**とは，運用後期で修理系の瞬間故障強度または非修理系の瞬間故障率が，直前の期間の値よりも著しく高い期間をいいます．

5 保全性を測る尺度

無故障で動作している時間で測る

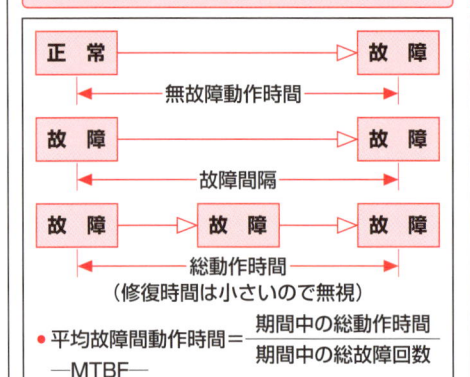

正常 ───▷ 故障
├── 無故障動作時間 ──┤

故障 ───▷ 故障
├── 故障間隔 ──┤

故障 ──▷ 故障 ──▷ 故障
├── 総動作時間 ──┤
（修復時間は小さいので無視）

- 平均故障間動作時間 = 期間中の総動作時間 / 期間中の総故障回数
  —MTBF—

故障から正常に戻る時間で測る

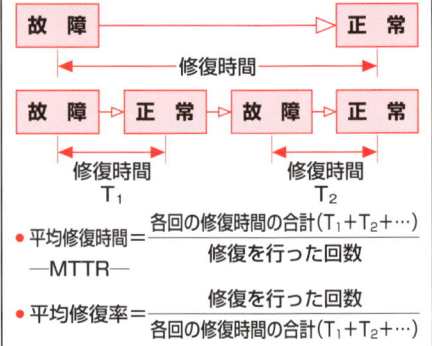

故障 ───▷ 正常
├── 修復時間 ──┤

故障 ─▷ 正常 ─▷ 故障 ─▷ 正常
├修復時間T₁┤　　├修復時間T₂┤

- 平均修復時間 = 各回の修復時間の合計($T_1+T_2+\cdots$) / 修復を行った回数
  —MTTR—
- 平均修復率 = 修復を行った回数 / 各回の修復時間の合計($T_1+T_2+\cdots$)

運用アベイラビリティ

平均動作可能時間 / （平均動作可能時間＋平均動作不能時間）

固有アベイラビリティ

平均故障間動作時間 / （平均故障間動作時間＋平均修復時間）

保全性を測る尺度には確率と時間で測る尺度がある

- 保全技術者は，設備・機器の保全性を数量的に測る尺度である次の事項の特性値を把握し，改善を図ることが必要といえます．
- 保全性を測る尺度には，確率で測る尺度と時間で測る尺度があります．
  —**保全性**とは，与えられた使用条件で，規定の手順と資源を用いて保全が実行されたとき，設備・機器が要求機能を実行できる状態に保持されるか，修復される能力をいいます—

＜保全性を確率で測る尺度＞
- **保全度**：与えられた使用条件のもとで，設備・機器に与えられた実働保全作業が，規定の時間間隔に終了する確率をいいます．
- **瞬間アベイラビリティ**：要求された外部資源が供給されたとき，与えられた時点において，設備・機器が与えられた条件のもとで要求機能遂行状態にある確率をいいます．

＜保全性を時間で測る尺度＞
❖無故障で動作している時間で測る尺度〔例〕
- **故障間隔**：修理系の連続する二つの故障間の持続時間をいいます．
- **故障までの平均時間**（MTTF）：故障までの時間の期待値をいいます．
  —非修理系では平均故障寿命をいう—
- **平均故障間動作時間**（MTBF）：修理系の相隣る故障間の動作時間の平均値をいいます．

❖故障から正常に戻るまでの時間で測る尺度〔例〕
- **修復時間**：故障によって，動作が不能状態にある時間をいいます．
- **平均修復時間**（MTTR）：修復時間の平均値をいいます．
- **修復率**：当該時間間隔の初めには修復が終了していないとき，ある時点での修復完了事象の単位時間当たりの発生率をいいます．

1. 設備保全とはどういうことか

6 故障にはどんな種類があるのか

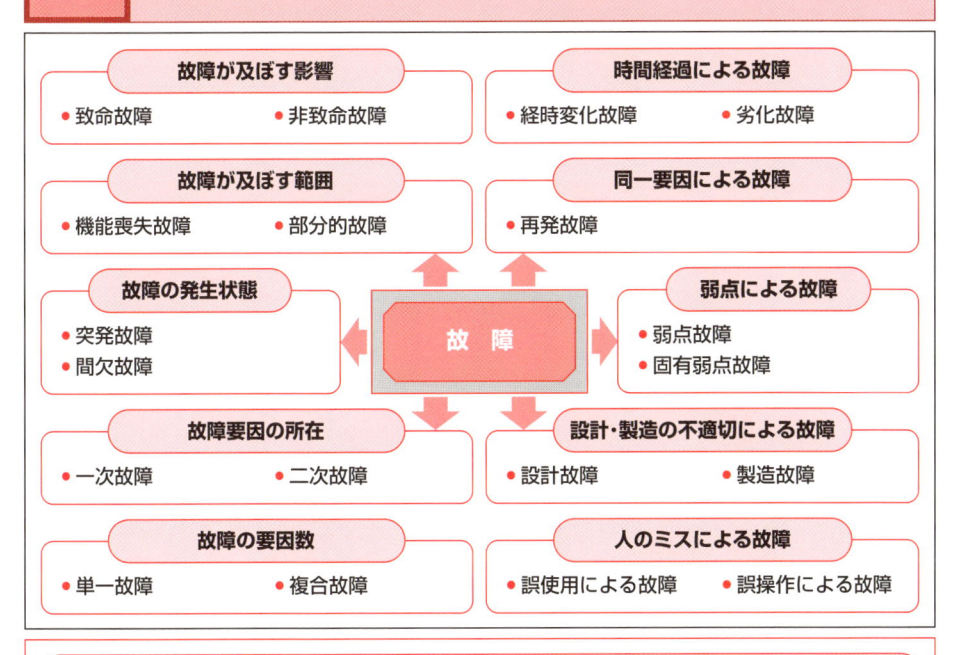

```
                    故 障
```

- **故障が及ぼす影響**
  - 致命故障
  - 非致命故障

- **故障が及ぼす範囲**
  - 機能喪失故障
  - 部分的故障

- **故障の発生状態**
  - 突発故障
  - 間欠故障

- **故障要因の所在**
  - 一次故障
  - 二次故障

- **故障の要因数**
  - 単一故障
  - 複合故障

- **時間経過による故障**
  - 経時変化故障
  - 劣化故障

- **同一要因による故障**
  - 再発故障

- **弱点による故障**
  - 弱点故障
  - 固有弱点故障

- **設計・製造の不適切による故障**
  - 設計故障
  - 製造故障

- **人のミスによる故障**
  - 誤使用による故障
  - 誤操作による故障

故障のもついろいろな側面 ―例―

＜故障が及ぼす影響＞
- 致命故障―Critical failure―
  人身に傷害を与えたり，資産に重大な損害を与えるに至ると評価される故障
- 非致命故障―Non-Critical failure―
  人身に傷害を与えたり，資産に重大な損害を与えるに至ることがないと評価される故障

＜故障が及ぼす範囲＞
- 機能喪失故障―Complete failure―
  設備・機器の要求機能の遂行を完全に不能にする故障
- 部分的故障―Partial failure―
  設備・機器の要求機能の一部遂行を不能にする故障

＜故障の発生状態＞
- 突発故障―Sudden failure―
  事前の試験・監視によって予見できない故障
- 間欠故障―Intermittent failure―
  ある期間故障状態となるが，自然に元の機能を回復し，それを繰り返す故障

＜故障要因の所在＞
- 一次故障―Primary failure―
  他の設備・機器の故障によって直接または間接に引き起こされた故障でない設備・機器の故障
- 二次故障―Secondary failure―
  他の設備・機器の故障によって直接または間接に引き起こされる設備・機器の故障

＜時間経過による故障＞
- 経時変化故障―Gradual failure―
  設備・機器の与えられた特性が時間とともに徐々に変化することによって発生する故障
- 劣化故障―Degradation failure―
  経時変化故障で，かつ，部分的故障

2 空気調和機のメンテナンス

7 空気調和設備を構成する機器

空気調和設備のメンテナンスを要する機器 ―例―

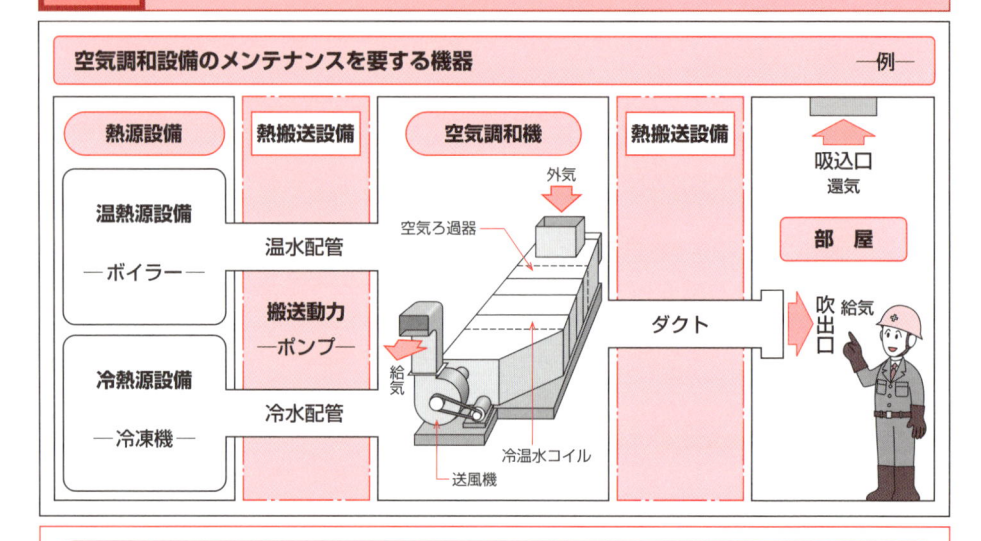

空気調和設備を構成する機器の機能

- ここからは，空気調和設備を構成する空気調和機，熱源設備，熱搬送設備のメンテナンスについて，順次説明します．
- 空気調和機は，空気の温度・湿度を調節する空気加熱器・空気冷却器，空気加湿器，ほこりを取り除く空気ろ過器，そして暖房・冷房した空気を送り出す送風機などから構成されます．
- 熱源設備には，温熱源設備と冷熱源設備があります．
  - 温熱源設備は，空気調和機の空気加熱器，空気加湿器に温水や蒸気の温熱源を供給するためのボイラー，給水ポンプ，燃料タンクなどから構成されます．
  - 冷熱源設備は，空気調和機の空気冷却器へ冷水や冷媒を供給し除湿するための冷熱源を供給する冷凍機，冷却塔などから構成されます．
- 熱搬送設備には，ダクト設備と冷暖房配管設備があります．
  - ダクト設備は，空気調和機から冷暖房された空気を部屋に供給・循環させ排出させる通り道となるダクトと，冷暖房空気を部屋に供気する吹出口，還気のための吸込口から構成されます．
  - 冷暖房配管設備は，冷熱源機器から冷水を，温熱源機器から温水を空気調和機へ供給し，それぞれの熱源機器へ冷水・温水を戻すための配管とポンプから構成されます．

8 空気加熱器・空気冷却器のメンテナンス

空気加熱器・空気冷却器の主な故障とメンテナンス

フィンの目詰まり
- フィンに粉塵が付着する―熱交換を阻害―

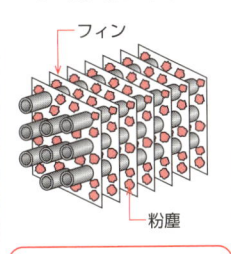

空気加熱器・空気冷却器
- 銅管（内側を水が通る）
- フィン（銅またはアルミ）
- 空気出口

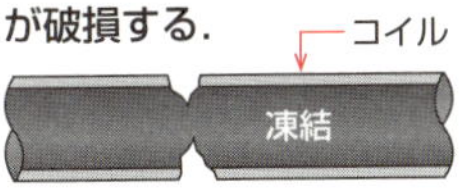

コイル管内の目詰まり
- 温水コイル管内にスケールが付着し，スラッジが沈積する．―熱交換を阻害―
- スケール
- 温水コイル
- スラッジ

- フィンに水を流してブラシなどで洗浄する．

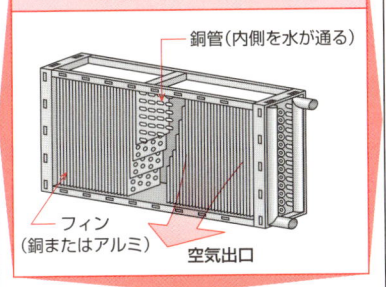

管内凍結
- 冬期に空気調和機停止時に管内残留水が凍結しコイルが破損する．
- コイル
- 凍結

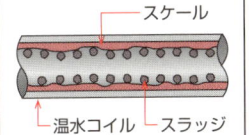

- 温水コイルを酸洗い（専門業者）するか，新品と交換する．

空気加熱器・空気冷却器のフィンは洗浄し，管内は酸洗いする

❖ 空気調和機内部で空気を冷却・除湿する空気冷却器（冷却コイル），空気を加熱する空気加熱器（加熱コイル）は，ともに同じ構造で，銅管を数多く並べ，銅管の周囲に銅製またはアルミ製の多数の平板状のフィンを取り付けた**プレートフィンコイル**が，よく用いられています．

❖ プレートフィンコイルでは，空気ろ過器の保守が悪い場合などに，フィンのすき間に粉塵が付着し，目詰まりを生じます．

- フィンが目詰まりすると，空気抵抗が増加して風量を減らし，熱交換効率が低下します．

- フィンが目詰まりしたら，粉塵が多く付着している空気流入側を水で流しブラシなどで洗浄してから，空気流出側から水をスプレーして，粉塵を吹き飛ばし洗浄するとよいでしょう．

❖ 温水コイルで水中に含む炭酸カルシウムや硫酸カルシウムなどが，温水の熱で濃縮蓄積し，化学作用により結晶を析出して管内に付着するとスケールとなり，付着せず沈積するとスラッジとなります．

- スケール・スラッジは熱の不導体のため熱交換性能を悪くし，温水の流れを阻害します．

- 温水入口と出口の温度を測定し，その温度差が小さくなることにより，コイル管内のスケールの付着やスラッジの堆積を確認できます．

- コイル内のスケール・スラッジの除去は，専門業者による酸洗いか，新品と交換する方が得策かを考え対処するとよいでしょう．

❖ 冬期に空気調和機停止時に，外気取入ダクト，排気ダクトを通じて外気（冷気）が侵入し，コイル内に残留する水が凍結すると，コイルが破損することがあります．

- 冬期空気調和機停止時には，外気取入ダクト，排気ダクトのダンパは閉じておくとよいです．

9 空気ろ過器のメンテナンス

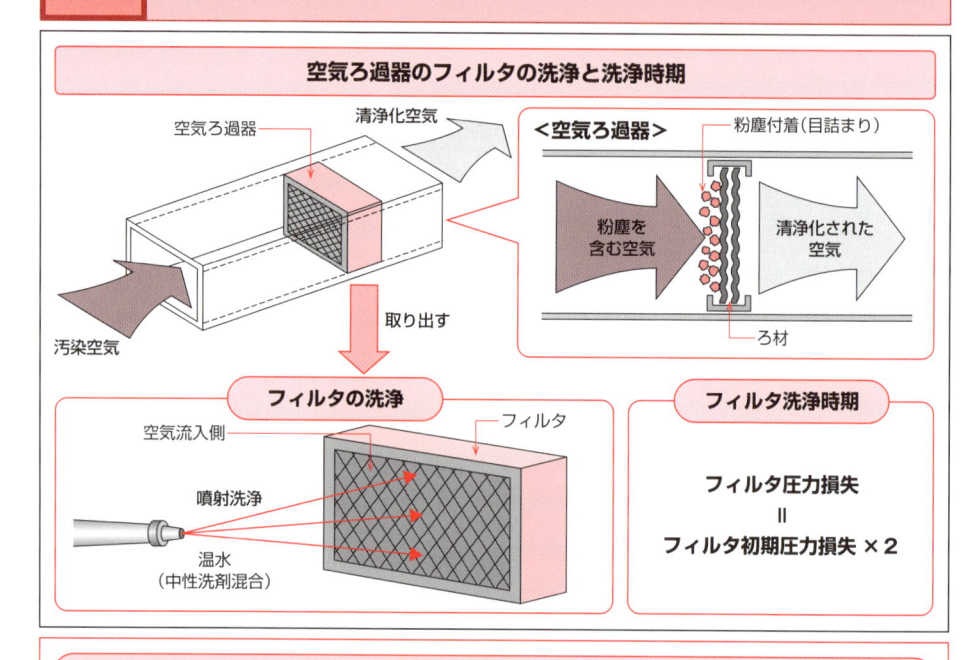

空気ろ過器のフィルタの洗浄と洗浄時期

＜空気ろ過器＞
粉塵付着（目詰まり）
粉塵を含む空気 → 清浄化された空気
ろ材

空気ろ過器 → 清浄化空気
汚染空気
取り出す

フィルタの洗浄
空気流入側／フィルタ
噴射洗浄
温水（中性洗剤混合）

フィルタ洗浄時期

フィルタ圧力損失
＝
フィルタ初期圧力損失×2

空気ろ過器のフィルタに蓄積した粉塵を洗浄する

- 大気中には粉塵が含まれているので，空気調和機では，これらの空気を衛生上除塵装置に通し清浄にして部屋に給気する必要があります．
- そのため空気調和機には，粉塵をろ材により捕集し，空気を清浄化するために**空気ろ過器**（エアフィルタともいう）が組み込まれています．
- 空気ろ過器は，粉塵を含む空気をろ過することにより，捕集する粉塵がフィルタに蓄積して目詰まりを生じ，所定量の粉塵を捕集すると，フィルタの圧力損失が増加し，集塵効率が低下します．
  ―**圧力損失**とは，フィルタ通過前の汚染空気の風圧と通過後の浄化空気の風圧の差をいう―
- フィルタが所定量の粉塵を捕集したら，フィルタに付着した粉塵を除去するために洗浄しその性能を回復させることが必要です．
- 一般に，粉塵を捕集してない状態でのフィルタの初期圧力損失の2倍の圧力損失になったらフィルタを洗浄するとよいでしょう．
- 差圧計が取り付けてあれば，圧力損失を測定してフィルタの洗浄時期を決めるとよいでしょう．洗浄は空気の汚染状態にもよりますが，一般に月2回くらいの頻度が望ましいでしょう．
- フィルタの洗浄は，空気調和機を停止し，付着した粉塵が周囲に飛散しないようにフィルタを取り出します．
- フィルタの粉塵が付着した空気流入側に，適量の中性洗剤を混合した温水を噴射させて粉塵を洗浄するとよいでしょう．
- 洗浄後，丸1日くらい自然乾燥してから，空気調和機に取り付けましょう．
- 各部屋に設置してあるファンコイルユニットなどのフィルタは，水洗浄が難しいので，電気掃除機で粉塵を吸い取るとよいです．

10 加湿器のメンテナンス

蒸気加湿器の点検項目 ——例——

＜間接蒸気方式＞
- 蒸気用ストレーナ清掃
- 加熱タンク清掃
- 蒸気ホース点検
- 施工配管の点検 —制御弁の点検—
- 加湿器本体の点検
- 加熱タンクの残水排水

＜蒸気噴霧方式＞
- ドレントラップの清掃
- 蒸気ホースの点検
- 加湿器本体の点検

＜電極方式＞
- 加湿器本体の点検
- 蒸気シリンダの残水排水

水噴霧式加湿器の点検項目 ——例——

＜高圧スプレー方式＞
- ノズル清掃
- 圧力計清掃
- ポンプ点検
- 加湿器本体の点検
- ドレン抜き

＜超音波方式＞
- 水槽内清掃 —水槽の残水排水—
- フィルタ清掃
- 加湿器本体の点検

気化加湿器の点検項目 ——例——

- 加湿モジュールの洗浄
- 給水ヘッダのノズル清掃 —水抜き—
- フィルタ清掃

加湿器は，清掃・換水し"加湿器病"・"レジオネラ症"を予防する

❖ 加湿器は運転開始時および運転期間中の適宜の時期に点検し，必要に応じて清掃，補修することが必要です．
- 噴霧状態を点検し，適正な水圧・蒸気圧に維持されているかを確認します．
- スプレーノズルの閉塞状態を点検し，必要に応じて清掃します．
- 水系路・蒸気系路の残留物の堆積状況を点検し必要に応じて清掃します．

❖ 加湿器には，加湿用水として水道水（軟水）を用います．
- 硬水を加湿用水とすると，硬水成分である炭酸カルシウムなどの塩類が析出・結晶化してスケールやスラッジを生成し，加湿器のスプレーノズルの閉塞などの故障の原因となります．超音波加湿器では，塩類が超微細粒子の白い粉となって浮遊し，部屋内の物に付着します．

❖ 加湿器は，水を使用するため微生物による汚染を受けやすく，繁殖したカビによる"加湿器病"やレジオネラ属菌による"レジオネラ症"などの予防への対応が重要です．
- 加湿用水に水道水を使用しても，加湿方式によっては，細菌などによって汚染され，それを噴霧することによって，部屋内空気が汚染されるので，定期的な清掃と加湿用水の入れ替えをする必要があります．
- たとえば，循環噴霧式加湿器では，貯留槽の水を吸い上げて噴霧し，スプレー後貯留槽に戻し，再び加湿水とするので，空気中の粉じんや浮遊細菌などが混入することになります．

❖ 蒸気加湿器でボイラーの蒸気をそのまま噴霧すると，清缶剤などの薬剤成分が加湿蒸気に含有するので，熱交換器を介して熱交換した清浄な蒸気を加湿用とするとよいです．

11 送風機のメンテナンス —日常点検—

送風機の異常現象とその原因 —例—

異常現象 \ 原因	断線している	電動機の故障	ベルトのスリップ	ベルト溝の摩耗	ダンパが閉じている	ダクト内異物混入	グリース過多・不足	負荷過大	芯出し不良	周囲温度高い	羽根車粉塵付着	羽根車の接触	異物混入	サージング運転
送風機が始動しない	●	●												
送風機の回転数が低い			●	●										
送風機の空気量が不足			●		●	●					●			
軸受の温度が高い							●	●	●	●				
軸受の音が大きい							●	●	●	●				
グリースが早く変色する							●	●	●	●			●	
ベルトがスリップする				●										
ケーシング付近で音がする						●					●	●		
振動が大きい											●	●		●

送風機の日常点検では次の項目を点検するとよい —例—

- 送風機は，日常点検・定期点検(次頁参照)や整備を的確に実施しないと，送風効率が低下し，故障に至ることがあります．

<送風機の日常点検>

- 送風機の日常点検は，振動・音・軸受温度・Vベルトの張りなどを点検するとよいです．
- 振動が，いつもと比べて大きい場合は，次のような原因が想定されます．
  - ケーシング内に水が溜まっている．
  - 各部を止めているボルトが緩んでいる．
  - 羽根車に粉塵などが付着している．
  - 羽根車が変形・損傷している．
  - Vベルトが緩んでいる．
- 異常音が発生している場合は，次のような原因が想定されます．
  - ビビリ音：送風機取付けボルトなどの緩み，ダクト・架台からの振動伝達
  - 繰り返し変化する脈動音：風量の絞り過ぎ
  - 接触音：異物の吸込み，外部圧力による変形
  - 軸受音：ごみ音(ギリギリという不規則音−軸受内にゴミ混入)，傷音(ガリガリという不規則音−ボールの傷)，きしり音(きしるような不規則音−潤滑不良)
- 送風機軸受の温度上昇は，周囲温度プラス40℃以下とし，急激に温度が変化した場合は，次のような原因が想定されます．
  - 軸受内部に異物混入
  - Vベルトの張り過ぎ
  - 潤滑油の汚れ，劣化
- Vベルトの張り不足の現象
  - 振動する
  - ゴムが老化しひび割れ
  - スリップする
  - 側面が摩耗する
- Vベルトの張り過ぎの現象
  - Vベルトが発熱する
  - 軸受が温度上昇する
  - Vベルトがプーリ上で変形する

12 送風機のメンテナンス —定期点検—

送風機の定期点検 —例—

部品名	点検内容	点検方法	判定基準(目安)	点検周期(目安)	取換周期(目安)
送風機全体	音,振動	聴覚,触覚	初期状態と比べ著しい騒音,振動のないこと	6か月	15年
ファンケーシング	外観チェック(腐食,付着物,変形,漏れなど)	目視点検	著しいゴミの付着,著しい変形・傷・腐食などのないこと	1年	15年
	音,振動	聴覚,触覚	異常音,異常振動がないこと		
羽根車	運転状態チェック	目視(手回し)点検	接触や異常音のないこと	1年	15年
	外観チェック(腐食,付着物,変形など)	目視点検	著しい腐食や変形,付着物のないこと		
主軸	外観チェック(腐食,付着物,変形,勘合部など)	目視点検	軸の変色,はめ合い部に錆の発生がないこと	1年	10年
	止めナットの緩み	工具による	緩みのないこと		
軸受	グリース量	運転時間確認	取扱説明書に従い定期的に給油されていること	その他	3年
	運転状態(音)	聴覚	異常音のないこと	1年	
	運転状態(振動)	振動計	振動速度 $V = 15mm/s$ 以下		
	表面温度	表面温度計	周囲温度 + 40℃を最大として70℃以下		
	回転動作	触覚	手回しにて円滑に回転すること		
	外観(腐食,付着物,摩耗など)	目視点検	著しい腐食や摩耗,変形のないこと		
	ネジの緩み	工具による	緩みのないこと		
Vベルト	張りチェック	テンションメータ	個々に算出のたわみ量,張り荷重またはメーカ指示値の範囲内であること	6か月	1年
	ベルトのばたつき	目視	著しいばたつきがないこと		
	Vプーリアライメント	直定規,糸を使用し目視	Vプーリの平行度,偏芯度が1/3°以内であること		
	外観,摩耗,傷	目視	著しいねじれ,傷,亀裂がないこと		
Vプーリ	外観,傷	目視	著しい傷,亀裂がないこと	1年	5年
	溝摩耗	目視	新品のVベルトが溝底部に接触しないこと 特定の溝のみあるいは左右の片減りがないこと		
	摩耗(主軸との勘合部)	目視	著しい摩耗がないこと		
	止めネジの緩み	工具による	Vプーリの位置移動,緩みのないこと		
ベルトガード	外観	目視点検	著しい錆,変形のないこと	1年	15年

出典：(一社)日本産業機械工業会「「空調用送風機」部品の保守・点検ガイドライン」(一部抜粋)
注1) 部品名「電動機」「防振装置」「消音材」は割愛.
注2) 1年の運転時間は3 000時間とする.

第2章 空気調和設備のメンテナンス

3 ボイラーのメンテナンス

13 ボイラーは法令により規制されている

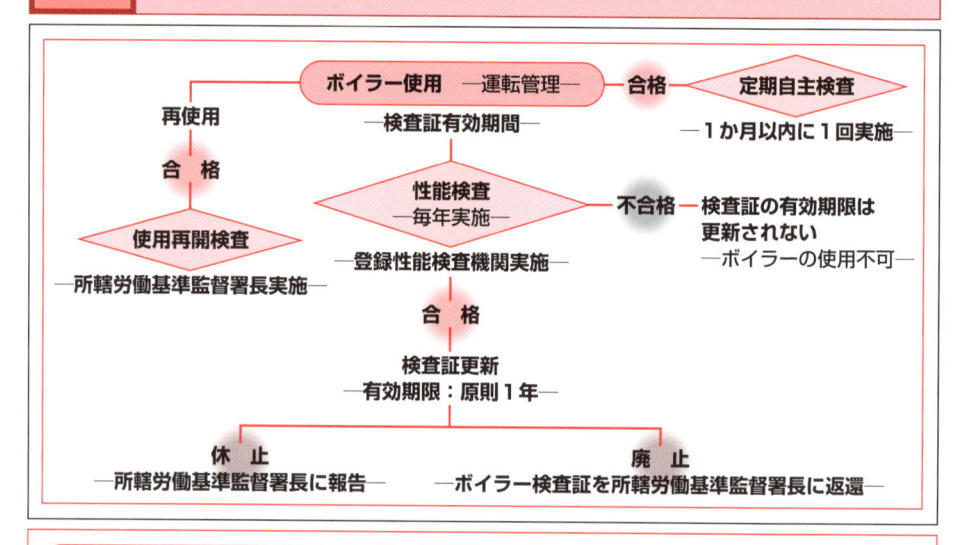

```
                ボイラー使用 ── 運転管理 ── 合格 ── 定期自主検査
再使用               ─検査証有効期間─              ─1か月以内に1回実施─
  合 格                 性能検査
使用再開検査            毎年実施        不合格  検査証の有効期限は
─所轄労働基準監督署長実施─  ─登録性能検査機関実施─        更新されない
                        合 格                    ─ボイラーの使用不可─
                      検査証更新
                   ─有効期限：原則1年─

         休 止                              廃 止
  ─所轄労働基準監督署長に報告─    ─ボイラー検査証を所轄労働基準監督署長に返還─
```

ボイラーは定期自主検査・性能検査が義務づけられている

- ボイラーは，密閉された容器内の水あるいは熱媒を燃料の燃焼熱などの熱源によって，大気圧を超える圧力の蒸気または温水とし，これを他に供給する機械をいいます．
- このため，ボイラーは"労働安全衛生法"およびこれに関連する"ボイラー及び圧力容器安全規則"などの規制の対象とされ，災害の防止が図られています．
- ボイラーは，その運転管理とともに，定期自主検査および性能検査が義務づけられています．
- ボイラーの安全を確保するため，運転期間中は1か月以内ごとに1回，定期的に各部を点検し，不具合が検出されたら整備，改修することを**定期自主検査**といいます．
- ボイラーは，大気圧を超える高温蒸気・温水により使用されているので，構成機材に腐食・割れなどの損傷を生ずることがあります．
- したがって，ボイラーは1年ごとに登録性能検査機関による**性能検査**を受け，変形の有無，損傷状況など設備全体について各部を点検し，引き続き一定期間使用できるか判定します．
- 性能検査に合格すれば，ボイラー検査証の有効期間（原則1年）が更新され使用できます．
- ボイラーを使用休止する場合は，所轄労働基準監督署長に報告し，再び使用するときは，**使用再開検査**を受けるよう規定されています．

3. ボイラーのメンテナンス

14 ボイラーの運転保守管理

ボイラーの日常運転監視事項（例） —始動前・起蒸気時・運転時・停止時—

ボイラー始動前点検	ボイラー起蒸気時点検	ボイラー運転時点検	ボイラー停止時点検
● サービスタンク（A重油）の確認 ● 給水軟化装置の硬度を試薬により確認 ● 給水タンクの水位および本体の水位確認 ● 本体，貯湯槽の電源の確認 ● 使用状況によりブロー量の確認	● 水面計の機能確認 ● バルブおよびコックの漏れの確認 ● 給油電磁弁，給水電磁弁の確認 ● 吹出し（安全弁）の確認	● バーナの燃焼状況の確認 ● 煙突の煙の確認 ● 水面計の確認 ● 清缶剤の確認 ● 低水位警報の確認 ● 給水タンクの確認 ● 本体の水位の確認 ● 給水配管の漏れの確認 ● 蒸気配管の漏れの確認	● 油弁の閉止 ● 給水弁の閉止 ● 本体の水位の確認 ● 制御スイッチ停止の確認 ● 運転時間の確認 ● 使用水量の確認 ● 燃料使用量の確認

ボイラーの運転保守管理は有資格者が行う —この規制を受けないボイラーもある—

- ボイラーの運転・整備は，構造・燃焼理論・水管理・大気汚染防止・事故防止などの知識を身につけた者（例：有資格者）でなければ実施してはならないと法令で定められています．
- ただし，これらの規制を受けないボイラーもあります．

＜ボイラー取扱作業主任者の職務＞
- 圧力，水位および燃焼状態を監視する．
- 急激な負荷の変動を与えないように努める．
- 最高使用圧力を超えて圧力を上昇させない．
- 安全弁の機能の保持に努める．
- 1日に1回以上水面測定装置の機能を点検する．
- 適宜，吹出しを行いボイラー水の濃縮を防ぐ．
- 給水装置の機能の保持に努める．
- 低水位燃焼しゃ断装置，火炎検出装置その他の自動制御装置を点検し，調整する．
- ボイラーについて異常を認めたときは，ただちに必要な処置を講じる．
- 排出されるばい煙の測定濃度とボイラー取扱い中における異常の有無を記録する．

＜点 火＞
- ボイラーの点火を行うときは，ダンパーの調子を点検し，燃焼室と煙道の内部を十分に換気した後でなければ点火を行ってはならない．

＜吹出し＞
- ボイラーの吹出しは，一人で同時に二つ以上のボイラーの吹出しを行ってはならず，また，吹出しを行う間は他の作業を行ってはならない．
  —吹出しとは，ボイラー内処理を行った場合に生成するかまどろや，給水中の不純物からできる浮遊物や全蒸発残留物を底面と表面から排出することをいう—

15 ボイラーの定期自主検査項目
—ボイラー本体・燃焼装置—

ボイラー本体

検査項目		検査方法	判定基準
1.1 胴等	(1) 胴, 鏡板, 炉筒及び鋳鉄製セクション	のぞき窓, たき口等から, 損傷, 変形, 過熱, 変色, 水及び蒸気の漏れ, 腐食又はすすの付着の有無を調べる.	損傷, 変形, 過熱, 変色, 漏れ, 著しい腐食又はすすの付着がないこと.
	(2) 各管取付け部及び弁	損傷, ボルトの緩み, 水及び蒸気の漏れ並びに腐食の有無を調べる.	損傷, 緩み, 漏れ又は腐食がないこと.
1.2 水管及び煙管	水管及び煙管	のぞき窓, たき口等から, 損傷, 膨出, 局部過熱, 水及び蒸気の漏れ, 曲がり, 腐食並びにすすの付着の有無を調べる.	損傷, 膨出, 局部過熱, 漏れ, 著しい曲がり, 腐食又はすすの付着がないこと.
1.3 外囲い	ケーシング及びれんが壁	[1] 損傷, 異臭, 塗装の変色, 取付け金具の緩み, すす等の付着及び腐食の有無を調べる. [2] 目視等により破損及びき裂の有無を調べる.	[1] 損傷, 異臭, 変色, 緩み, すす等の付着又は腐食がないこと. [2] 破損又はき裂がないこと.

燃焼装置

検査項目		検査方法	判定基準
2.1 油加熱装置	温度調節器	[1] 作動状態を調べる. ※[2] 必要に応じて, 電気接点の接触不良, 短絡及び絶縁不良の有無を調べる.	[1] 油温が設定範囲内にあること. [2] 接触不良, 短絡又は絶縁不良がないこと.
2.2 燃料ポンプ	(1) 配管	燃料油の漏れの有無を調べる.	漏れがないこと.
	(2) グランド部	シール部について燃料油の漏れ及び異常昇温の有無を調べる.	漏れ又は異常昇温がないこと.
	(3) 軸受	振動, 油漏れ及び過熱の有無並びに給油状態を調べる.	振動, 油漏れ又は過熱がなく, 油量及び油質が適当であること.
	(4) 回転部	異常音及び異常振動の有無を調べる.	異常音又は異常振動がないこと.
2.3 主バーナ本体	(1) ノズル, スタビライザ(保炎器)及びアトマイジングカップ	焼損, 変形, 損耗及びすす等の付着の有無を調べる.	焼損, 変形, 損耗又はすす等の付着がないこと.
	(2) ロータリバーナの軸受	振動, 油漏れ及び過熱の有無並びに給油状態を調べる.	振動, 油漏れ又は過熱がなく, 油量及び油質が適正であること.
	(3) 空燃比調節機構	O_2メータ, CO_2メータ等により, 空燃比(空燃空気と燃料の比率)を調べる.	O_2値, CO_2値等が適正であること.
2.4 パイロットバーナ本体	バーナ	[1] 焼損, 変形, 損傷及びすす等の付着の有無を調べる. [2] 点火炎の位置, 方向及び長さを調べる. [3] ガス燃料を使用するものにあっては, ガス圧を調べる.	[1] 焼損, 変形, 損傷又はすす等の付着がないこと. [2] 主炎を点火するために適正な位置, 方向及び長さであること. [3] 正常な圧力範囲内にあること.
2.5 油ストレーナ	金網等	[1] 損傷の有無を調べる. [2] 網目の詰まりの有無を調べる. [3] 金網取付け部の透き間の有無を調べる.	[1] 損傷がないこと. [2] 詰まりがないこと. [3] 透き間がないこと.
2.6 耐火材及びバーナタイル	バーナタイル及び炉壁	のぞき窓, たき口等から, 変形, 焼損, 脱落, 損傷及びすす等の付着の有無を調べる.	変形, 焼損, 脱落, 損傷又はすす等の付着がないこと.
2.7 ストーカ及び火格子	(1) ストーカ	運転状態を調べる.	運転が円滑に行われていること.
	(2) 火格子	目詰まり, 損傷, 焼損及び変形の有無を調べる.	目詰まり, 損傷, 焼損及び変形がないこと.
2.8 通風機	(1) 回転部	[1] 損傷, 摩耗, 汚れ及び腐食の有無を調べる. [2] 異常音及び異常振動の有無を調べる.	[1] 損傷, 著しい摩耗, 汚れ又は腐食がないこと. [2] 異常音又は異常振動がないこと.
	(2) 軸受	異常振動, 油漏れ及び過熱の有無並びに給油状態を調べる.	異常振動, 油漏れ又は過熱がなく, 油量及び油質が適正であること.
	(3) ベーン及びダンパ	作動状態を調べる.	円滑に作動し, 開度の変化が正常であること.
2.9 煙道及び煙突	外面	[1] 局部過熱による変色の有無を調べる. [2] 破損, 腐食及び割れの有無を調べる. [3] ドラフトゲージ等により, 通風の状態並びにガス漏れ及び空気の漏入の有無を調べる.	[1] 変色がないこと. [2] 著しい損傷, 腐食又は割れがないこと. [3] 通風が適正であり, ガス漏れ又は空気の漏入がないこと.
2.10 爆発戸	(1) 可動板及び取付け枠	変形および焼損の有無並びに可動状態を調べる.	変形又は損傷がなく, 可動状態が正常であること.
	(2) 押さえばね	折損, 錆及び汚れの有無を調べる.	折損, 著しい錆又は汚れがないこと.
2.11 サービスタンク	(1) 油面調節器	[1] フロートスイッチの作動状態を調べる. [2] フロートの損傷, 腐食及び動きの有無を調べる. [3] ベローズのき裂及び燃料油の漏れの有無を調べる.	[1] 正常に作動すること. [2] 損傷, 腐食がなく, 動きが円滑であること. [3] き裂又は漏れがないこと.
	(2) 油面計	作動状態を調べる.	正常に作動すること.

備考 ※印を付した検査は, 当該ボイラーの関係部分の作動を停止し, 安全を確認した上で実施すること.
出典:安全衛生情報センター「ボイラーの定期自主検査指針」(抜粋)附属装置及び附属品は割愛

16 ボイラーの定期自主検査項目 —自動制御装置—

自動制御装置

検査項目		検査方法	判定基準
3.1 起動装置及び停止装置	起動機構及び停止機構	表示灯又は聴音によって，プレパージ，点火，消火及びポストパージの順序並びに時間の変化を調べる．	順序又は時間が変化していないこと．
3.2 火炎検出装置	(1) 保護ガラス及び遮へいガラス	汚れ，き裂及び割れの有無を調べる．	汚れ，き裂又は割れがないこと．
	(2) ケース	手で触れることにより，過熱の有無を調べる．	過熱していないこと．
3.3 燃料遮断装置	※(1) 燃料遮断機構	必要に応じて，燃焼中に燃料手動止め弁を閉止する等によって火炎を消失させ，燃料遮断機構の作動状態を調べる．	燃料遮断機構が正常に作動すること．
	(2) 電磁弁，電動弁及び液動弁	駆動部，グランド部及び取付け部の異常の有無を調べる．	異常がないこと．
3.4 油量調節弁，ガス量調節弁及び燃焼空気ダンパ	弁及び空気ダンパ	低燃焼位置及び高燃焼位置の異常の有無を調べる．	異常がないこと．
3.5 連動機構	(1) 固定ねじ	緩みの有無を調べる．	緩みがないこと．
	(2) 設定部	固定した位置の良否を調べる．	異常がないこと．
3.6 フロート式・電極式・差圧式の低水位遮断器及び水位調節器	(1) 連絡配管及び吹出し管	詰まり並びに水及び蒸気の漏れの有無を調べる．	詰まり又は漏れがないこと．
	(2) 元弁	開閉状態を調べる．	全開であること．
	(3) 電気接点	[1] 錆及び焼損の有無を調べる． [2] 水銀スイッチについては，水銀の変化及び粒状飛散の有無並びにガラスのひび割れ及び装置の緩みの有無を調べる．	[1] 錆及び焼損がないこと． [2] 水銀に変色又は粒状飛散がなく，ガラスにひび割れ又は緩みがないこと．
	(4) ベローズ	フロート式のものについては，き裂及び腐食の有無を調べる．	き裂又は腐食がないこと．
	※(5) 作動機構	[1] ボイラー本体の吹出しを行い，徐々に水位を低下させて作動状態を調べる． [2] 水位を安全低水面まで低下させて作動状態を調べる．	[1] 設定の水位で給水が開始されること． [2] 低水位警報が発せられること．
3.7 コープス式水位調節器	(1) 連絡配管及び吹出し管	詰まり並びに水及び蒸気の漏れの有無を調べる．	詰まり又は漏れがないこと．
	(2) 元弁	開閉状態を調べる．	全開であること．
3.8 蒸気圧力制限器及び蒸気圧力調節器	(1) 電気接点	[1] 水銀スイッチについては，水銀の変色及び粒状飛散の有無並びにガラスのひび割れ及び装置の緩みを調べる． [2] マイクロスイッチについては，レバーの曲がり及び取付ねじの緩みの有無を調べる．	[1] 水銀に変色又は粒状飛散がなく，ガラスにひび割れ又は緩みがないこと． [2] 曲がり又は緩みがないこと．
	(2) 圧力検出部	ベローズ，ダイアフラム等のき裂及び腐食の有無を調べる．	き裂又は腐食がないこと．
	※(3) 遮断機構	蒸気圧力制限器については，必要に応じて，燃焼中に設定圧力を低圧側に移動させた場合における作動状態を調べる．	速やかに燃焼が停止し，警報が発せられること．
3.9 温水温度制限器及び温水温度調節器	(1) 導管	つぶれ，折損及び封入液体の漏れの有無を調べる．	つぶれ，損傷又は漏れがないこと．
	※(2) 遮断機構	温水温度制限器については，必要に応じて，燃焼中に設定温度を低温側に移動させた場合における作動状態を調べる．	速やかに燃焼が停止し，警報が発せられること．
3.10 電気配線	電線接続端子部	[1] ねじの緩みの有無を調べる． [2] ほこり，水分等の付着，錆付き及び腐食の有無を調べる．	[1] 緩みがないこと． [2] ほこり，水分等の付着，錆付き又は腐食がないこと．

備考 ※印を付した検査は，当該ボイラーの関係部分の作動を停止し，安全を確認した上で実施すること．
出典：安全衛生情報センター「ボイラーの定期自主検査指針」(抜粋)附属装置及び附属品は割愛

17 ボイラーの性能検査項目（開放検査）

検査項目	検査方法	判定基準
1．本体の検査	次による方法によるほか，必要があると認められる場合には，試験圧力を最高使用圧力と同じ圧力とし，30分以上保持する水圧試験を行うものとする． また，割れ，腐食等の有無を確認するために必要な場合は，保温材等の被覆物を取り除いて確認する．	
(1) 本体の割れ，漏れ	[1] 本体の内外部のほか，締付けボルト，煙管若しくは水管の管端，ステーの溶接取付部又は鋳鉄製ボイラーのセクション等の割れの有無について，目視，ファイバースコープ等により確認する． 割れの疑いのある場合は，超音波探傷器等により確認する． [2] 管取付部，溶接継手及び穴について漏れの痕跡の有無を目視により確認する． [3] 鋳鉄製ボイラー，貫流ボイラーについては，上記の水圧試験を行い，漏れの有無を確認する．	・ボイラー構造規格（平成15年厚生労働省告示第197号．以下この表において「構造規格」という．）第1編第2章，第43条及び第2編に適合していること．
(2) 本体の腐食，摩耗	[1] 本体内外部のほか，ステー，掃除穴等，ふた板，煙管・水管又は締付け金具等の腐食について目視，ファイバースコープ等により確認する． 腐食等による著しい減肉が見られる場合は，超音波厚さ計等により確認する． [2] 鏡板若しくは炉筒のフランジ，火室の水脚部又はステー取付部等のグルービングの有無を目視等により確認する． [3] 廃熱ボイラーのガス接触部に摩耗がないことを目視により確認する．	・構造規格第1編第2章，第43条及び第2編に適合していること．
(3) 本体のラミネーション，ブリスター又ははがれ	ボイラーの高温となる部分について，ラミネーション，ブリスター又ははがれの有無を目視等により確認する．	・構造規格第1編第2章及び第2編に適合していること．
(4) 本体の過熱，膨出又は変形	[1] 火炎又は燃焼ガスに接触する胴底部の膨出，炉筒又は火室の変形，水管又は煙管の膨出，わん曲等の有無を目視等により確認する． [2] 炉等の変形等については，必要に応じて水圧試験により確認する．	・構造規格第1編第2章及び第2編に適合していること．
2．燃焼装置	次の燃焼装置の損傷等の有無を確認する． [1] 燃焼室，炉壁，バーナタイルの損傷の有無を確認する． [2] バーナ又は点火装置の破損又は変形の有無を確認する． [3] 火格子又はストーカの損傷の有無を確認する．	・改修が必要な損傷等がないこと．
3．自動制御装置	次の事項を含め自動制御装置の機能の異常の有無を確認する． [1] 水位検出器の水銀スイッチ，電極等の部品に損傷がないことを目視等により確認する． [2] 火炎検出器の機能の不良又は劣化の有無を目視等により確認する． [3] 燃料遮断装置の機能の不良の有無を目視等により確認する．	・構造規格第84条及び第85条に適合していること．

出典：安全衛生情報センター「性能検査に係る検査の方法等」表1（一部抜粋）附属品及び附属装置割愛

3. ボイラーのメンテナンス

18 ボイラーの事故のいろいろ

ボイラーの事故例

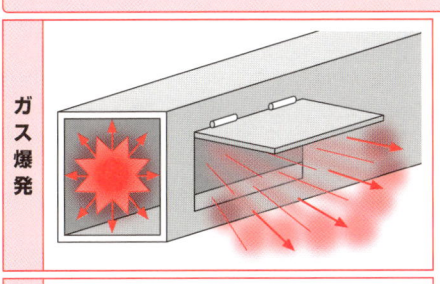

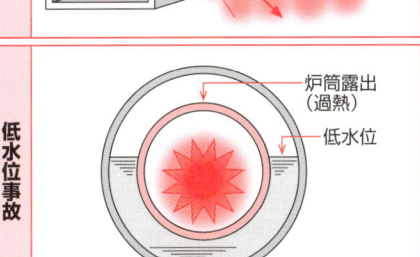

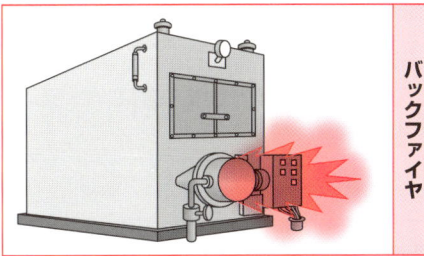

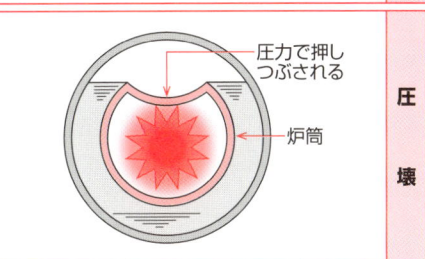

ガス爆発

バックファイヤ

低水位事故 — 炉筒露出（過熱）／低水位

圧壊 — 圧力で押しつぶされる／炉筒

ボイラーの取扱い・保守の不良により事故を生ずる

❖ ボイラーは，その取扱いを誤ったり，保守管理を怠ると思わぬ事故を起こします．

＜取扱い・保守不良(例)＞

- 取扱者の運転・操作ミスによるバルブ，コックの開閉の誤操作，スイッチの入れ忘れなどでこれらは月曜日に最も多いという統計もあります．
- 給水の水処理の不良で伝熱面のボイラー水側にスケールが析出，付着し燃焼熱のボイラー水への熱伝導阻害で，これは全自動給水軟化装置が装備されているための安心感から，取扱者の日頃の保守管理が不十分なためと推測されます．

＜事故(例)＞

- バーナの点火操作時にボイラーの燃焼室内や煙道において，滞留している未燃ガスが，一気に爆発的に燃焼し，大膨張する現象を**ガス爆発**といいます．
- 小規模のガス爆発の場合で，火炎が猛烈な勢いで燃焼室の入口を破壊し，これより噴き出す現象をバックファイヤ（逆火）といいます．
- ボイラー板や管がボイラー材の許容温度より高温になり強度が低下する現象を**過熱**といいます．
- ボイラー水位が水面計のガラス管の最下端にあるときを安全低水位といい，安全低水位より低い水位でボイラーを運転して，炉筒などが蒸気部に露出して過熱状態になることを**低水位事故**といいます．
- 炉筒煙管式の炉筒などの外圧を受ける部分が，過熱などにより押しつぶされた状態を**圧壊**といいます．
- 鋳鉄製ボイラーや弁類の鋳鉄部分に割れを生じ蒸気や液体が漏洩している状態を**鋳鉄部分の亀裂**といいます．
  ―鋳鉄製ボイラーの亀裂は，そのほとんどが繰り返し熱応力によるものといえる―

83

4 冷凍機のメンテナンス

19 高圧ガス使用の冷凍機は法規制を受ける

冷凍製造施設の区分	冷凍保安責任者の区分	高圧ガス製造に関する実務経験
● 1日の冷凍能力が300トン以上の製造施設	● 第一種冷凍機械責任者の免状の交付を得ている人	● 選任前に1日の冷凍能力が100トン以上の製造施設を使用してする高圧ガスの製造に関する1年以上の実務経験が必要
● 1日の冷凍能力が100トン以上300トン未満の製造施設	● 第一種または第二種冷凍機械責任者の免状の交付を得ている人	● 選任前に1日の冷凍能力が20トン以上の製造施設を使用してする高圧ガスの製造に関する1年以上の実務経験が必要
● 1日の冷凍能力が100トン未満の製造施設	● 第一種,第二種または第三種冷凍機械責任者の免状の交付を得ている人	● 選任前に1日の冷凍能力が3トン以上の製造施設を使用してする高圧ガスの製造に関する1年以上の実務経験が必要

冷凍機には圧縮式と吸収式がある　　　　　―冷凍機械責任者―

❖ 冷凍機は,原理的に圧縮式と吸収式に大きく分けられます.
● 圧縮式冷凍機は,冷凍サイクル(次頁参照)において,冷媒ガスを圧縮するのに圧縮機という機械的な方法を用いる方式です.
● 圧縮式冷凍機には,使用する圧縮機の種類によって,往復動冷凍機,回転冷凍機,遠心冷凍機(ターボ冷凍機ともいう)などがあります.
● 吸収式冷凍機は,機械的な圧縮機を使用せず,ボイラーからの蒸気・高温水または燃焼ガスなどの熱エネルギーを使う冷凍機をいいます.
❖ 冷媒として,危険性の高い高圧ガスを用いる冷凍機,たとえば往復動冷凍機,回転冷凍機などは高圧ガス保安法の規制を受けます.
● 一定規模以上の冷凍設備を有する事業所は,冷凍に係る高圧ガスを製造する施設における保安に関する業務を管理するため,**冷凍機械責任者**の免状を有する人の中から,**冷凍保安責任者**を選任し,都道府県知事へ届け出ることになっています.
● 冷凍保安責任者選任には,免状取得に加えて,所定の実務経験が必要となります.
● 冷凍機械責任者には,職務の範囲により,第一種,第二種,第三種があります.
● 冷凍保安責任者のもとで冷凍機の運転を行う人には,特に資格は必要ありません.

4. 冷凍機のメンテナンス

20 冷凍機の運転操作と点検事項

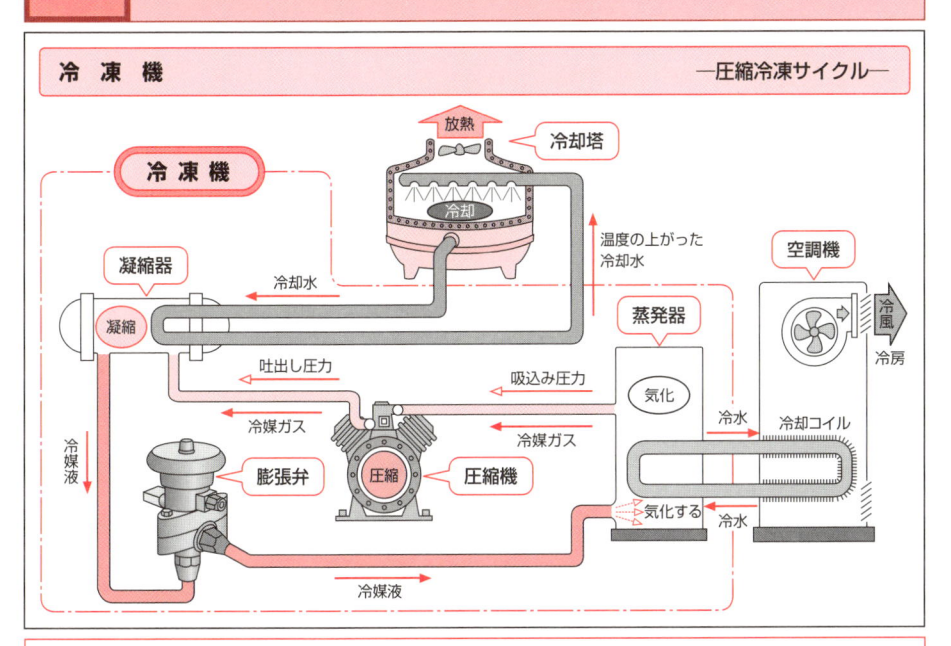

冷凍機 ―圧縮冷凍サイクル―

（図：冷凍機の圧縮冷凍サイクル。冷却塔、放熱、冷却、凝縮器、凝縮、冷却水、温度の上がった冷却水、空調機、冷風、冷房、蒸発器、気化、冷水、冷却コイル、吐出し圧力、吸込み圧力、冷媒ガス、膨張弁、圧縮、圧縮機、冷媒液、気化する）

冷凍機の運転始動操作・運転停止操作と運転中の点検事項　―例―

＜運転始動時の操作＞
- 電源を投入する
- 凝縮器の冷却ポンプを始動運転する
- 蒸発器の冷水ポンプを始動運転する
  ―減水リレーのパイロット点灯を確認する―
- 圧縮機を始動運転する
- 油冷却器の電動機を始動運転する
- 油ポンプ，冷水ポンプを始動運転する
- 冷却塔の送風機を始動運転する
- 油槽の油温を点検する
- 器内に空気があるときは抽気および冷媒回収装置を運転して抽気する
- 吸込み弁を徐々に開ける

＜運転中における点検事項＞
- 油槽の油温を点検する
  ―油温が高かったり低かったりしたら油冷却器の冷却水量を調整する―
- 冷水が過冷却でないかを確認する
  ―冷水凍結により蒸発器が破損することがある―
- 凝縮器冷却水温度の規定値以下を確認する
- 冷媒および油の液面を点検する
- 電動機が過負荷でないことを確認する
- 軸受温度を点検する
- 軸封装置の油漏れを点検する
- 各部の温度，振動，騒音を点検する
- サージングが起きたときは運転を停止する

＜運転停止時の操作＞
- 吸込み弁を閉じる
- 圧縮機の運転を停止する
- 油ポンプ，冷水ポンプを停止する
  ―圧縮機が完全に停止してから行う―
- 油冷却器の冷却水，電動機を止める
- 凝縮器・蒸発器の冷却水と冷水ポンプを停止する

21 往復動冷凍機の保守点検

往復動冷凍機の故障現象とその原因　　　—例—

故障現象	故障原因	故障現象	故障原因
吐出し圧力が高い	● 凝縮器の冷却管がスケールで詰まりかけている ● 冷却水量が不足している ● 不凝縮ガスが混入している ● 冷却水の温度が高い ● 冷媒を過充てんしている	低圧スイッチにより圧縮機が頻繁に発停止する	● 冷却コイルが凍結している ● 膨張弁の作動が不良である ● 膨張弁で水分が凍っている ● 冷媒が不足している ● 圧縮機ストレーナが詰まっている ● 冷却器用送風機風量が減っている ● 高低圧力開閉器低圧部調整不良
吸込み圧力が低い	● 膨張弁が詰まっている ● 膨張弁の調整が不良である ● 膨張弁で水分が凍っている ● 自動膨張弁感熱部が破損している ● 冷媒が不足している ● 冷媒液管が詰まっている ● 圧縮機ストレーナが詰まっている ● ドライヤが詰まっている	高圧スイッチにより圧縮機が頻繁に発停止する	● 不凝縮ガスが混入している ● 冷媒を過充てんしている ● 凝縮器の内部が詰まっている ● 圧縮機の吐出し弁が閉じている ● 冷却水の温度が高い ● 冷却水が循環していない ● 高低圧力開閉器高圧部調整不良

往復動冷凍機の性能を維持するためのメンテナンス　　　—例—

✥ 往復動冷凍機は，往復動圧縮機，凝縮器，蒸発器，膨張弁などで構成されます．

✥ 往復動冷凍機の運転中は，吐出し圧力と吸込み圧力を監視する必要があります．

✥ 水冷凝縮器の冷却管（チューブ）内は，冷却水中の溶解塩類が析出してスケールとなって付着し熱交換能力を低下させるので，これらを除去するために水冷凝縮器の冷却管掃除を実施する必要があります．

● 水冷凝縮器の冷却管掃除の方法には，ブラシ掃除法と化学洗浄法があります．

● **ブラシ掃除法**とは，冷却管内にブラシを差し込み，水圧銃で水圧をかけて，冷却管内を通過させ汚れを除去する方法です．

● **化学洗浄法**とは，冷却管内に腐食抑制剤を添加した酸溶液薬剤を適温で循環させて，化学的作用によって，汚れを除去する方法です．

✥ 冷凍機から不凝縮ガスを排出させる必要があります．

● 冷凍機において，温度と圧力の下で液化しないガスを不凝縮ガス（例：空気）といいます．

● 冷媒ガス中に不凝縮ガスがあると，圧力や温度に影響して，高圧側は圧力が増し，そのため消費電力が増加し，運転効率が低下するので，不凝縮ガスを冷凍機から排出させる必要があります．

● このため，不凝縮ガスを自動的に排出する自動パージャーを設けたものもあります．

✥ 冷凍機の冷凍機油（潤滑油）は，運転時間の経過とともに劣化するので，定期的に交換する必要があります．

● 冷凍機油が劣化する原因には，油温が異常に上昇したとき，水分が入ったとき，油の中に冷媒が溶け込んだときなどがあります．

4. 冷凍機のメンテナンス

22 遠心冷凍機の保守点検

遠心冷凍機の点検項目 —ターボ冷凍機—

	点検項目　　　　　—例—
圧縮機	● 冷媒ガスの吐出し温度 ● 冷媒ガス吸込み温度 ● 潤滑油の冷却器出口温度 ● 潤滑油の圧力 ● 油面レベル ● 吸込み弁の作動状況 ● ホットガスバイパス弁の作動状況 ● 膨張弁モータの作動状況
蒸発器	● 冷水入口温度 ● 冷水出口温度 ● 冷水圧力 ● 冷水流量 ● 冷媒液温度 ● 冷媒蒸発温度

	点検項目　　　　　—例—
凝縮器	● 冷却水入口温度 ● 冷却水出口温度 ● 冷却水流量 ● 凝縮温度 ● 凝縮圧力 ● 凝縮液温度
電動機	● 電流の変動 ● 電圧の変動 ● 軸受温度 ● 温度
その他	● 振動・異音の有無 ● サージング発生の有無 ● ガス漏れの有無 ● 油のにじみなどの有無

遠心冷凍機の性能低下を防ぐため保守点検をする —ターボ冷凍機—

❖ 遠心冷凍機はターボ冷凍機ともいいターボ圧縮機，凝縮器，蒸発器，膨張弁から構成されます．
❖ 遠心冷凍機の圧縮機は，電動機の回転数を歯車を用いて増速し羽根車を高速で回転させて，冷媒ガスを圧縮します．
● そのため圧縮機構成部品は，この回転による加熱，冷却，振動，圧力変動などが繰り返され，機械接触部で摩擦や劣化を生じ，放置すると性能低下だけでなく，最悪は故障に至ります．
❖ 熱交換器の主要部である蒸発器と凝縮器はチューブ(冷却管)内に冷却水や冷温水などの流体が流れます．
● 凝縮器側の冷却水は，一般に冷却塔などを経由する開放型循環水系統で，大気からの有機物や塩類，塵埃が系統に入りスケールなどの汚れが付着し，これによりチューブの熱伝達率が低下し，熱交換性能が悪化するため，圧縮機の高低差圧が増大し，圧縮機の性能が低下します．
❖ 冷凍機の性能低下を防ぐためには，保守点検が必要となります．
● 1年間のある期間のみ運転する冷房用冷凍機では，冷凍機停止期間にシーズンオフ点検，シーズンイン点検を実施し，また，この時に定期自主点検を行うとよいです．
● 日常的には，軸受温度，蒸発器圧力，冷媒温度，凝縮器圧力，冷水出入口温度，冷却水出入口温度，電流，抽気回収装置圧力などを測定し，記録しておくとよいです．
❖ 蒸発器と凝縮器のチューブ内側は，冷水や冷却水などにより汚れが付着します．
● 軟質スケールなどが付着した場合は，ブラシで洗浄するとよいでしょう．
● 硬質スケールの場合は，スケールに適合した薬剤を選定し，薬品洗浄を実施するとよいです．

23 吸収式冷凍機の保守点検

吸収式冷凍機の故障現象とその原因 ―例―

故障現象	故障原因	故障現象	故障原因
始動時に吸収液が結晶化する	・機の内部に不凝縮ガス（空気）が入っている ・抽気装置が正しく機能していない ・冷却水温度が低すぎる	運転中に吸収液が結晶化する	・空気の漏入箇所がある ・抽気装置が正しく機能していない ・冷却水温度が低すぎる ・凝縮冷媒温度が低すぎる ・蒸気圧力が高い ・能力増進剤が不十分である
性能が低下する	・冷却水量が不足している ・冷却水温度が高い ・凝縮器の冷却管（チューブ）が汚れている ・機の内部に不凝縮ガス（空気）が入っている ・抽気装置が正しく機能していない ・蒸気制御弁の設定が正しくない ・溶液温度が低い ・能力増進剤が不十分である	冷凍機が保護装置で停止する	・冷媒低温サーモで停止する ・電動機が過負荷で停止する ・キャンドポンプが過負荷で停止する
		停止中に吸収液が結晶化する	・蒸気制御弁の閉まりが不十分 ・希釈サイクルの時間が短い ・冷却水ポンプのみが運転されている

吸収式冷凍機の運転管理上配慮すべき事項 ―例―

❖吸収式冷凍機は，蒸発器，吸収器，再生器，凝縮器などから構成されています．
・吸収式冷凍機では性能低下を防ぐため，真空の維持と吸収液の結晶化防止，希釈サイクル運転などが，運転管理のうえで大切な事項です．
❖吸収式冷凍機は，水を冷媒としており，蒸発器内を高い真空度にすることにより，水（冷媒）を低い温度で沸騰させ，水（冷媒）が水蒸気に気化するのに要する潜熱で，冷水から熱を奪って温度を下げ，冷房を行っています．
・吸収式冷凍機は，高真空のもとで運転しているので，漏入空気などによる不凝縮ガスが存在すると，機器の腐食が加速し性能が低下します．
・そこで，吸収式冷凍機では，規定の真空度を維持するために抽気装置が設けられています．
❖吸収式冷凍機では，蒸発器で気化した水蒸気（冷媒）を吸収器に送り吸収能力の大きい吸収液（例：リチウムブロマイド水溶液）に吸収させます．
・たとえば，リチウムブロマイド水溶液は，濃度が高く，温度が低いと，熱交換器内で一部が析出し結晶化します．
・結晶化すると，吸収液の流動が悪くなり，冷凍能力が低下します．
・そこで，吸収式冷凍機では，結晶化を防止するため，自動結晶解除装置が設けられています．
❖吸収式冷凍機では，運転を停止すると，配管やポンプ内の吸収液が高濃度のまま冷却され，結晶化して管内を詰まらせポンプを固着します．
・そこで，熱源を止め運転を停止し，冷媒戻し弁を開いて水（冷媒）を溶液側に送り，溶液ポンプの運転を続けて，吸収液濃度を均一に低下させます．
・これにより，冷凍機停止中の結晶化を防ぐ操作を**希釈サイクル運転**といいます．

4. 冷凍機のメンテナンス

24 冷凍機の災害事象には冷媒ガス漏洩事故が多い

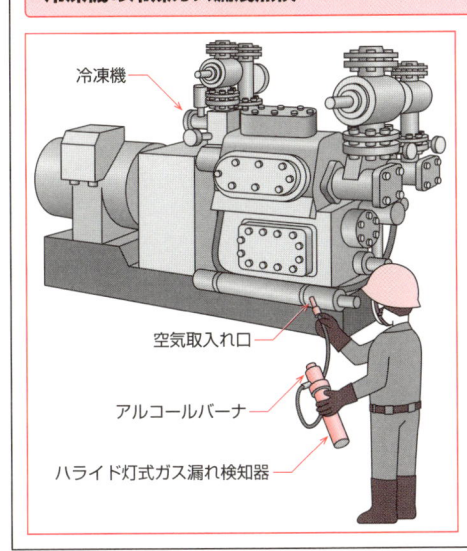

冷凍機の冷媒ガス漏洩点検　—ハライド灯式ガス漏れ検知器による—

- 冷凍機の冷媒ガスがフロン系ガスの場合は，ハライド灯式ガス漏れ検知器で，ガス漏洩箇所をチェックするとよいです。
  - この検知器は，無水アルコールまたは液化石油ガスを燃焼させ，空気取入れ口から漏れ冷媒ガスを吸い込むと，火炎が橙色から緑色，紫色に変色する炎色反応を利用したものです。

ハライド灯の炎の色	フロンの漏れ量
検出不可能	4　g／月
微緑色	24
淡緑色	32
緑色	42
緑紫色	114
紫がかった緑紫色	163
紫の強い緑紫色	500
紫色	1 400

冷凍機の冷媒ガス漏洩事故は保守点検・部品交換により防止する

- 冷凍機の災害事象としては，冷媒ガスの漏洩事故が最も多く発生しています。
- 冷媒ガスの漏洩箇所は配管類，弁類，凝縮器，蒸発器，圧縮機などですが，配管類で最も多く漏洩事故が発生する傾向にあります。
  - また，漏洩事故は冷凍機の運転中に多く発生しています。
- 冷媒配管，継手部分などの配管類からの冷媒ガス漏洩の主な原因としては
  - 経年，断熱材の隙間からの水分浸入による腐食
  - 振動による配管同士の擦れ合いによる摩耗
  - フランジ継手部などの緩み
  - 溶接部，ろう付け部などの疲労

  などがあります。
- 弁類などからの冷媒ガス漏洩の主な原因としては
  - パッキングなどの経年性能低下
  - バルブなどの亀裂，振動による摩耗
  - カバー締付けボルトの腐食

  などがあります。
- 凝縮器，蒸発器，圧縮機の冷媒ガス漏洩の主な原因としては
  - 凝縮器：チューブ(冷却管)の腐食，亀裂
  - 蒸発器：伝熱管の凍結破壊，亀裂
  - 圧縮機：メカニカルシールの摩耗，劣化

  などがあります。
- 運転中の漏洩事故は誤動作もありますが，経年劣化に起因するものが多いといえます。
- 冷凍機の冷媒ガス漏洩事故の主たる原因は，経年劣化による腐食，摩耗，疲労に起因するものが多いので定期的に保守点検を実施して，点検しにくい箇所(例：保温材下の腐食)についても十分確認するとともに定期的な部品交換を行うなどの維持管理をしていくことが大切です。

第2章 ● 空気調和設備のメンテナンス

5 熱搬送設備のメンテナンス

25 熱搬送設備を構成する機器

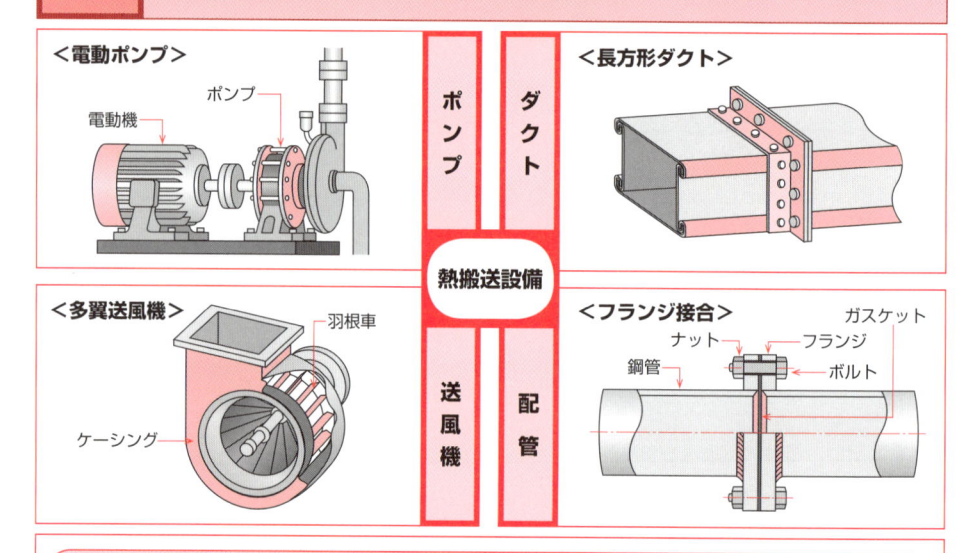

<電動ポンプ>
電動機　ポンプ

<長方形ダクト>

<多翼送風機>
羽根車
ケーシング

<フランジ接合>
ガスケット
ナット　フランジ
鋼管　ボルト

ポンプ　ダクト　熱搬送設備　送風機　配管

熱搬送設備はポンプ・送風機・ダクト・配管よりなる

❖ 空気調和設備における熱搬送設備の主な構成機器は，次のとおりです．
- 冷水・温水(熱媒体)を空調機に送るポンプ
- 冷風・温風(熱媒体)を空調機から部屋に送る送風機(メンテナンス：76頁・77頁参照)
- 冷風・温風(熱媒体)が通るダクト
- 冷水・温水・蒸気(熱媒体)が通る配管

❖ 空気調和設備には次のようなポンプがあります．
- 温水ポンプ：ボイラなどでつくられた温水を空気加熱器へ供給し循環させる．
- 冷水ポンプ：冷凍機などでつくられた冷水を空気冷却器へ供給し循環させる．
- 冷却水ポンプ：冷凍機の凝縮器を冷却するため冷却塔から冷却水を供給し循環させる．

❖ 空気調和設備におけるダクトには，その用途によって給気ダクト，還気ダクト，排気ダクト，外気ダクトなどがあります(92頁参照)．
- ダクト内に粉塵などが堆積するので，清掃する必要があります．

❖ 空気調和設備には次のような配管があります．
- 冷水配管：冷水発生装置から空調機の空気冷却器へ冷水を供給し，用済みの冷水を戻す．
- 温水配管：温水発生装置から空調機の空気加熱器に温水を供給し，温水発生装置へ戻す．
- 蒸気配管：蒸気ボイラから空調機の空気加熱器へ蒸気を供給し放熱後のドレンをボイラに戻す．

26 ポンプは保守点検し機能を維持する

ポンプの異常現象	原因	処置
振動	インペラーアンバランス（異物の付着）	インペラー清掃
	インペラーアンバランス（変形）	インペラー整備，調整，交換
	インペラーの接触	インペラー整備，調整，交換
	ベアリング不良	ベアリング交換
	シャフトの摩耗・曲がり	シャフト修正・交換
	ボルトの緩み	締付け
	キャビテーション（ストレーナー詰まり）	ストレーナー清掃
	キャビテーション（入り側負圧）	供給側配管点検，流入量確保
	架台の剛性不足	剛性検討・補強
	外部からの振動伝達・共振	固定位置検討・補強
	芯の狂い	芯出し調整
異常音	ベアリング不良（ゴミ・剥離・亀裂など）	ベアリング交換
	インペラーの接触	整備・接触部の修正
	ボルトの緩み	締付け
	カップリングゴム摩耗	クッションゴム交換
軸封部漏れ	メカニカルシール不良	メカニカルシール交換
	グランドパッキン不良	グランド締付け調整，不調の場合取替え
流量不足	ウエアリングの摩耗（クリアランス）	ライナーリング調整，取替え
	圧損増大（系内ダクト・機器の汚れ）	清掃・洗浄
	ストレーナー詰まり	フィルター清掃・交換
	ダンパーの絞込みすぎ	ダンパー調整
異常温度上昇	軸受異常（異常音または振動が伴う）	軸受の交換
	回転体アンバランス	振動の項を参照
	グリースの注入過多	除去，適量にする
	締切り運転	流量確保（ミニマムフロー）

出典：オーム社設備と管理「ビル管理技術者のための空調設備 Q&A」

ポンプの日常点検項目の例　　　　―キャビテーション―

- **ポンプ**とは，電動機からの機械エネルギーを利用し，流体に圧力を与えて送り出し，流体を高い所や遠い所へ運ぶ機械をいいます．
- 空調設備には，冷水ポンプ，冷却水ポンプ，温水ポンプなどがあります（90頁参照）．
- ポンプの日常点検項目の例を次に示します．
- ポンプの吸込み側の圧力は正常か，真空計の指針は振れていないか．
  ―振れている場合は，吸込み管が詰まっているか，吸込み管から空気を吸い込んでいる―
- ポンプの吐出し側の圧力は正常か，圧力計の指針は振れていないか．
  ―振れている場合は，吐出し管が詰まっているか，ポンプ内が異物で詰まっている―
- 電流計の指針が規定値を指しているか，指針が振れていないか．
  ―振れている場合は，ポンプ内で片当たりをしているか，異物のかみ込みがある―
- 軸受の温度は正常か．
  ―過熱している場合は，給油量不足，油の劣化，軸継手の芯狂いなどがある―
- 異常な振動・騒音はないか．
  ―振動・騒音が異常な場合は，キャビテーション，軸受の損傷，軸継手の芯狂い，ポンプ内の片当たりなどがある―
- **キャビテーション**とは，ポンプなどで流水方向の変化，流水断面の急変により近傍に空洞ができて圧力が低下し，水が常温で沸騰して気泡をつくったり消えたりして渦を起こす現象をいい**空洞現象**ともいいます．
- キャビテーションを防止するには，ポンプの水量調整を吐出し弁で行う，ストレーナ（ろ過器具）は吐出し側に設ける，ポンプの吸込み側の抵抗損失を少なくするなどがあります．

27 空調ダクトは清掃する

空調ダクト系　―給気ダクト・還気ダクト・排気ダクト・外気ダクト―

（図：冷却塔、外気取入口、外気、排気、排出口、外気ダクト（外気を取り入れる）、排気ダクト（汚染空気を排出する）、還気ダクト（かえり空気）、吸込口、空気調和機、給気ダクト（冷風・温風を部屋に送る）、吹出口（冷風・温風）、部屋）

空調ダクト系の清掃手順　　　―例―

- 一般に，ダクトは次の手順で清掃されます．
- **養生**：作業場所と資材搬入経路の周囲の床，壁，備品などを養生材により汚染を防止する．
- **天井開口**：天井ボードを取り外して内部に入る場合はボード取外し時に破損しないようにする．
- **ダクト開口，チャンバー開口**：開口の切断面をガムテープなどで養生して，切傷を防止する．
- **コンプレッサー設置**：指定された場所にシートを敷いてコンプレッサーを設置する．
  屋内に設置する場合は，排気が室内に充満しないよう仮設排気ダクトを設ける．
- **集塵機設置**：ダクト開口部にカラー，ビニールシートを使って集塵用仮設ダクトを設ける．
  集塵機を指定設置場所に置き，その吸込口に集塵用仮設ダクトを取り付ける．
- **ダクト清掃　―工法例―**
  例1：ダクトに集塵機を取り付け，清掃用具やロボットを使い，その吸引力でダクト内に堆積した粉塵を剥離し搬送して回収する．
  例2：各種の清掃治具や多機能ロボットを使って，空気圧によりダクト内に堆積した粉塵を剥離し，送風機または集塵機の搬送空気により集塵する．
  例3：送風機を運転しないで，ブラシ付きロボットをダクトに挿入して，内蔵されている真空掃除機や各種清掃治具により粉塵を回収する．
- **器具洗浄**：洗い場周辺を必要に応じて養生してから，指定された洗剤により器具を洗浄する．
- **粉塵飛散確認**：ダクト開口部，器具取外し箇所，ダクト内部に残留粉塵がないか確認する．
- **器具取付け**：器具を取り付け，緩みやガタツキがないかを確認する．
- **養生撤去**：養生に使用した材料は，粉塵やゴミをまき散らさないようにして撤去する．

5. 熱搬送設備のメンテナンス

28 配管のフランジ結合部の取外し・取付け

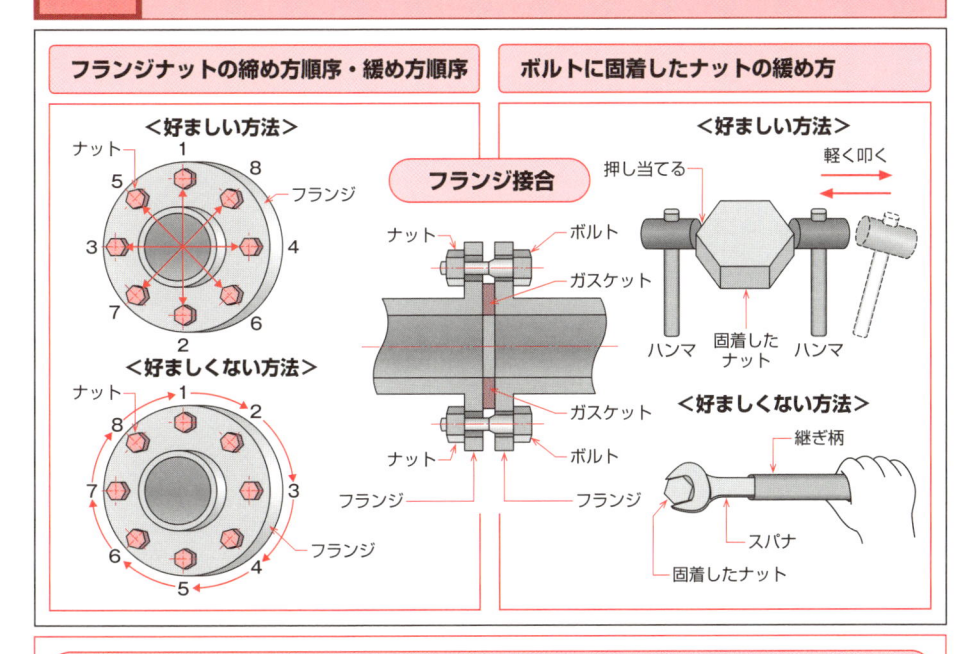

フランジナットの締め方順序・緩め方順序

＜好ましい方法＞

ナット／1／8／5／フランジ／3／4／7／6／2

＜好ましくない方法＞

ナット／1／2／8／3／7／4／6／5／フランジ

フランジ接合

ナット／ボルト／ガスケット／ガスケット／ナット／ボルト／フランジ／フランジ

ボルトに固着したナットの緩め方

＜好ましい方法＞

押し当てる／軽く叩く／ハンマ／固着したナット／ハンマ

＜好ましくない方法＞

継ぎ柄／スパナ／固着したナット

配管のフランジ接合部取外し・取付け時の注意事項 ——例——

- ✥ 空気調和設備の配管系では，機器との接続部，バルブの取付部そして管の所定の長さごとに，保守時に配管を取り外せるように，フランジ接合，ユニオン接合などがされています．
- ● **フランジ接合**とは，相対するフランジの間にガスケットを挟んで面を合わせ，ボルト，ナットで締め付けて接続する方式をいいます．
- ● **ユニオン接合**とは，ユニオンナットおよびユニオンねじで挟んで接続する方式をいいます．
- ✥ フランジ接合において，配管系に異常が生じフランジ接合部を取り外す場合には，次の事項に注意するとよいでしょう．
- ● フランジを締め付けているボルト径に合った工具（例：スパナ，モンキーレンチ）を使用する．
- ● フランジを締め付けているボルトのナットは，対角線上の向かい合ったナットの順に，交互にそして徐々に緩めて外すとよい．

  —隣り合うボルトを順に1本ずつ外すと，ボルトやフランジに無理な応力がかかる—

- ● ナットがボルトに錆などで固着している場合は，ナットの角にハンマを押し当て，対角線側の角を他のハンマで軽く叩くとよい．これをナットの角を変えて行うと固着がほぐれることがある．—スパナ，モンキーレンチに継ぎ柄して行うとボルトが切断することがある—
- ✥ フランジ取付けには次の事項に注意しましょう．
- ● フランジ平面座付きの古いガスケットを取る．
- ● 所定の形状のガスケットを正しく取り付ける．
- ● ねじ部に光明丹などを塗り固着を防止する．
- ● フランジにボルトを差し込み，対角線上の向かい合ったボルトから順に，ナットを交互に徐々に締め付ける．

  —各ボルトを一気に締め付けると片締めとなり，漏れ発生の要因となることがある—

29 バルブには外部漏れと内部漏れがある

バルブの外部漏れ・内部漏れ

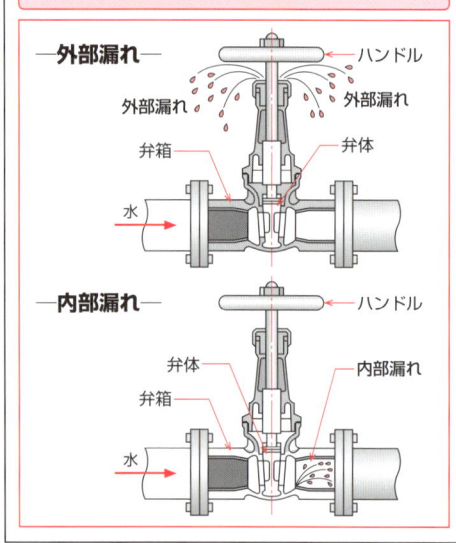

―外部漏れ―
ハンドル
外部漏れ
外部漏れ
弁箱
弁体
水

―内部漏れ―
ハンドル
弁体
弁箱
内部漏れ
水

聴音器によるバルブの内部漏れの検出

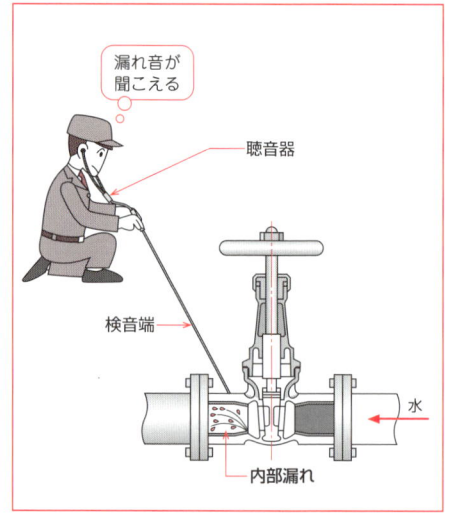

漏れ音が聞こえる
聴音器
検音端
内部漏れ
水

内部漏れが生じたらバルブを分解清掃する　　　―バルブ分解清掃手順―

- バルブ（弁）とは，配管の途中に取り付けて，流体の流れの開閉をしたり，流量を調節したり，また逆流を防いだりする器具をいいます．
- バルブから内部の流体が外部へ漏れる場合（外部漏れ）は，バルブ用パッキン部からの漏れがほとんどといえます．
  - パッキンが摩耗したり，装てんが不完全だと流体が内部から外部へ漏れる要因となります．
  - バルブの外部漏れが生じた場合は，パッキン押さえボルトの2個のナットを交互に徐々に締め付けるとよいです．
    ―漏れが止まらなければパッキンを交換する―
- バルブを締め切っても配管内の流体が完全に停止しない場合（内部漏れ）は，バルブの分解清掃を行うとよいです．
  - バルブの内部漏れは視覚では検出できないので，当該バルブを閉じて，その下流側の配管に聴音器（医者の使用する聴診器）の検音端を当てて漏れる音が聞こえれば内部漏れです．
- バルブの分解清掃手順の例を次に示します．
  - 当該バルブの上流側と下流側のバルブを締める．
  - バルブのハンドルを回し，半開きの状態にする．
    ―蓋部のフランジに合マークを入れる―
  - 蓋ボルトのナットを外し弁体を抜き取る．
  - 弁体を清掃する．
    ―弁体に付着しているスケールなどを取る―
    ―弁体の弁座接触面の腐食，傷を点検する―
  - 管に取り付いている弁箱の内部を清掃する．
    ―弁箱に付着しているスケールなどを取る―
    ―弁座面の腐食，傷を点検する―
  - 腐食，傷がなければ元どおりに組み立てる．
  - 当該バルブを全開し下流側，上流側のバルブを開いてから，当該バルブを締め切り，聴音器で内部漏れ音がないことを確認する．

5. 熱搬送設備のメンテナンス

30 冷却塔は保守点検し冷却水の水質を維持する

機器名	保守点検項目	保守点検期間				交換時期 (年)	耐用年数 (年)
		日常	3ヶ月	6ヶ月	年		
ファン羽根車	キズ,摩耗,変形,劣化,腐食,汚れ,清掃		●				5
ファンケーシング	キズ,変形,腐食,汚れ				●		10
ファンベアリング	異常音,異常振動,グリスアップ	●	●			2	7
プーリ	溝の摩耗,腐食,軸調整				●		7
ベルト	摩耗,張り具合,損傷		●			1	
モータ	異常音,異常振動,腐食,電流値		●		●	2	7
ケーシング外板	キズ,変形,腐食,汚れ				●		10
散水槽	破損,変形,汚れ,散水穴の目詰まり,清掃,腐食	●					10
スプリンクラ	目詰まり,回転の異常,摩耗,清掃		●		●		5
散水ノズル	目詰まり,回転の異常,摩耗,清掃		●		●		5
ルーバ	破損,変形,劣化,汚れ				●		5
充填材	スケール,スライムの付着,変形,目詰まり,清掃				●		7
下部水槽	破損,変形,汚れ,腐食,水漏れ,清掃			●			10
ボールタップ	作動確認,内部ストレーナの清掃,腐食	●	●		●	3	
骨材	腐食				●		10
ストレーナ	変形,目詰まり,破損,清掃	●			●		5
熱交換器(密閉塔)	漏水	●					10
散布水ポンプ(密閉塔)	異常音,異常振動,漏水				●	2	7

出典:日本冷却塔工業会 工業会基準「保守管理基準」(抜粋)
(注意) 1. 上表は冷却塔工業会の指針で,空調用に使用し年間運転をしない場合を示します.
 2. ●印は目視点検を,●印は分解点検を示します.
 3. 各機器は月1回以上清掃してください.
 4. 交換時期及び耐用年数は目安です.
  運転状況・水質・周囲の環境及び保守管理の程度によって異なりますので,その状況に応じて点検してください.

冷却塔の冷却水の水質維持にはブローダウンと化学的方式がある

- ❖ **冷却塔**とは,冷凍機の凝縮器冷却水が吸収した熱を大気中に放出し,冷却水を再び循環させて使用できるようにする装置をいいます.
- 冷却塔は,送風装置,散水装置,充てん材,冷水槽(下部水槽),構造骨材,ケーシングなどから構成されます.
- ❖ 冷却塔は,ビルの屋上という大気中の過酷な条件のもとで使用されるので,冷却水の水質悪化,冷凍機の性能低下,そして腐食,損傷などの異常が起こりやすい傾向にあります.
- 冷却塔は,保守点検(点検項目:上欄参照)を適確に行って,機能を維持する必要があります.
- ❖ 冷却塔での異常発生の例を次に示します.
- 冷却塔内は,日光が当たるため光合成作用により,塔内の下部水槽に藻類が増殖する.
  —これら藻類が,冷却塔の冷却水出口のストレーナ(ろ過器具)を詰まらせる要因となる—
- 冷却塔中に大気中の粉塵などが吸収され,これら粉状固形物が堆積する.
  —粉状固形物が冷却塔の冷却水出口のストレーナ(ろ過器具)を詰まらせる要因となる—
- 冷却水中に病原菌が繁殖する.
  —レジオネラ症の発病の要因となる—
- ❖ 冷却水が良好な水質を維持するには,冷却水のブローダウンと化学的な方式とがあります.
- **ブローダウン**とは,冷却塔の冷却水を常時一定量排水(ブロー)することをいいます.
  —冷却水中の不純物の濃縮を防ぎ,冷却水の蒸発分の補給をする—
- **化学的な方式**とは,所定の薬剤を添加して,冷却水中の有害不純物と化学作用を起こさせることをいいます.
  —化学作用により藻類の生成,細菌の繁殖,スケールの析出などを防止する—

イラストで学ぶ パッケージ形空調機

1

S：あの空調機は何というのですか．ファンコイルユニットと同じく各部屋に配置してありますネ．
O：あれかい，パッケージ形空調機といってネ，これも同じ個別制御式空気調和機の一種なのだヨ．

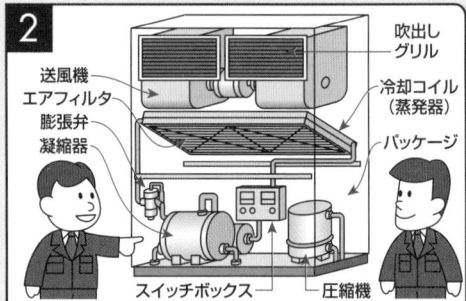

2

S：パッケージ形空調機といいますと．
O：うん，冷凍機，冷却コイル，送風機，エアフィルタなどを一つのパッケージに組み込んだ空調機で，パッケージユニットともいうのだヨ．

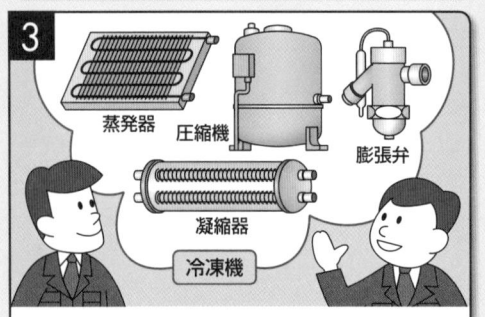

3

S：冷凍機といいますと．
O：そうだナ，冷却コイルである蒸発器と膨張弁，凝縮器，圧縮機をひっくるめて，冷凍機というのだヨ．
S：パッケージ形空調機は，基本的には冷房用ですネ．

4

S：どのようにして，冷房するのですか．
O：冷凍機の冷凍サイクルにて冷媒を冷却コイルで気化させて，室内から熱を運び出すのだヨ．
S：それで，冷媒方式の空調機というのですネ．

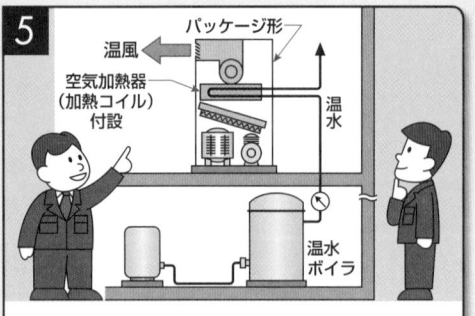

5

S：それでは，暖房はどうするのですか．
O：うん，空気加熱器，加湿器をパッケージ内に付設内蔵させ，これにボイラーなどから温水を供給して，暖房するのだヨ．

6

S：パッケージ形空調機は，個別制御方式といわれましたが，天井に吹出口がありますネ．
O：このように，ダクトや吹出口などを併用して，ゾーン制御方式を行うことができるのだヨ．

第3章
給排水衛生設備の基礎知識

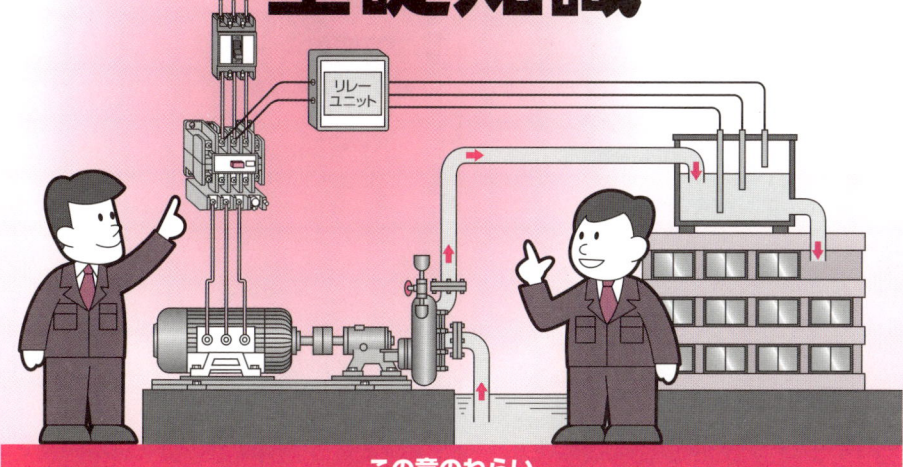

この章のねらい

　この章では，給排水衛生設備についての基礎知識を容易に理解するために，完全図解により示してあります．
（1）給排水衛生設備は，給水設備，給湯設備，衛生器具設備，排水設備・通気設備，排水処理設備から構成されていることを理解しましょう．
（2）給水設備の給水方式には，水道直結方式と受水槽方式があることを知りましょう．
（3）給水制御回路は，動作順序に従って動作番号を付し，その動作により形成される回路を矢印で示し，理解を容易にしてあります．
（4）給湯設備の加熱方式，湯の供給方式にはいろいろあることを知りましょう．
（5）衛生器具設備は，給水器具，水受け器具，排水器具およびこれらの付属品からなることを理解しましょう．
（6）排水設備の排水方式には，排水の種類により合流式と分流式があり，また排水方法により重力式と機械式があることを知りましょう．
（7）排水設備におけるトラップおよび排水の通気設備の機能を理解しましょう．
（8）排水処理に係る微生物とそれを応用した浄化槽のはたらきを知りましょう．

イラストで学ぶ 給排水衛生設備

1
S：よく，給排水衛生設備といいますが，何ですか．
O：うん，給水，給湯，排水・通気，衛生器具，ガス設備など人の生活に必要な水や湯を供給し，使用した水を排除し衛生環境をよくする設備をいうのだヨ．

2 飲料水 / 雑用水
S：給水設備といいますと．
O：飲料水，調理用水などの水道水や水洗便所の洗浄水，掃除用の雑用水など用途に適した水を必要とする衛生器具などへ供給する設備をいうのだヨ．

3 給湯ボイラ
S：給湯設備といいますと．
O：水道水を加熱器で適温に加熱してお湯とし飲料，厨房，洗浄，入浴などの目的のために供給する設備でネ，蛇口をひねるとお湯が出る，あれだヨ．

4 通気 / 通気管 / 排水 / 排水
S：排水設備・通気設備といいますと．
O：厨房や入浴，洗面などの使用後の水や湯，雨水，汚水などを公共下水道またはビル内の浄化槽へ排水するための設備で，通気管が必要なのだヨ．

5 医療器具
S：衛生器具設備といいますと．
O：給水，給湯，排水に使用する厨房機器，洗面器，浴槽，便器など衛生的環境を構成するための設備のことで，病院などの医療器具ではないヨ．

6 ガス湯沸し器
S：ガス設備といいますと．
O：厨房や給湯用の熱源として用いる都市ガスやプロパンガスを使用するための設備をいうのだヨ．
S：厨房用ガスレンジやガス湯沸し器のことですネ．

イラストで学ぶ 給水設備の給水方式

1
S：給水設備といいますが，どういう設備ですか．
O：建物，敷地内で用途に適した水質の水を必要とする衛生器具などへ供給する設備をいうのだヨ．
S：ポンプ，タンク類などの機器や配管などですネ．

2
S：飲料水や調理用水などの上水の設備の方式，つまり給水方式にはどんな種類があるのですか．
O：普通，水道水では水道直結方式，高置水槽方式，圧力水槽方式，ポンプ直送方式などがあるのだヨ．

- 水道直結方式
- 高置水槽方式
- 圧力水槽方式
- ポンプ直送方式

3 水道直結方式
S：水道直結方式といいますと．
O：水道本管の水圧を利用して，建物内の器具や給水栓へ水道水を供給する方式をいうのだヨ．
S：一般の戸建住宅で用いられている方式ですネ．

4 高置水槽方式
S：では，高置水槽方式といいますと．
O：受水槽から水道水をポンプで高置水槽に揚水し，高置水槽と各給水栓との落差で給水する方式で，屋上タンク給水方式ともいうのだヨ．

5 圧力水槽方式
S：それでは，圧力水槽方式といいますと．
O：受水槽内の水道水をポンプで密閉構造の圧力水槽へ送り，圧力水槽内空気を圧縮加圧し，その圧力で給水する方式で圧力給水方式ともいうのだヨ．

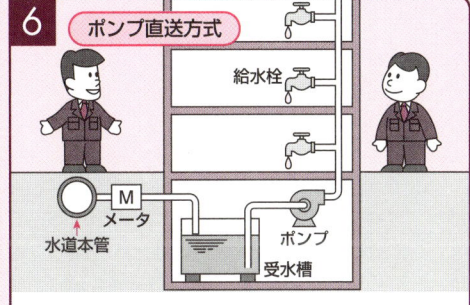

6 ポンプ直送方式
S：最後に，ポンプ直送方式といいますと．
O：受水槽の水道水をポンプの連続運転で加圧して，直結給水する方式で，タンクを必要としないことからタンクレス加圧給水方式ともいうのだヨ．

… 第3章 給排水衛生設備の基礎知識

1 給排水衛生設備とはどのような設備か

1 給排水衛生設備は生命を維持し健康を保持する

給排水衛生設備 ——例 —住宅—

（図：住宅の給排水衛生設備の構成。下水管、上水管、分水栓、止水栓、公設ます、量水器、補助止水栓、境界線、私有地、雨、給水栓、衛生設備、排水ます、給水管、排水管）

給排水衛生設備の役割と構成 ——役割：生命維持・健康保持—

- **給排水衛生設備**は，人の生命維持および健康保持にかかわる衛生的環境を実現することを役割としています．
- 給排水衛生設備は，供給系の給水設備・給湯設備，排出系の排水設備・通気設備，排水処理設備，その間に介在する衛生器具設備が主体ですが，火災時の消火を目的とした消火設備も給水設備の一部の設備といえます．
- **給水設備**は，一般的に水道本管から水道水を建物内に引き込み建物内の必要な各所に適正な水量・水圧で給水する設備です．（106頁参照）
- **給湯設備**は，給水された水を加熱装置で温めて湯として供給する設備です．（118頁参照）
- **衛生器具設備**はトイレ・浴室・湯沸し室などに設置された大小便器・洗面器・掃除流し・浴槽・シャワー・水栓類などです．（124頁参照）
- **排水設備・通気設備**は，衛生器具などで使用された水を速やかに排出するための設備で，排水設備に通気管は不可欠ですので，一体の設備として構成されます．（130頁～147頁参照）
- **排水処理設備**は，そのままでは公共下水道に排出できない水質の排水を処理する設備です．（148頁～159頁参照）
- **消火設備**は，火災が発生した場合，水や各種消火剤を用いて初期消火を行い，火災の延焼を防ぐために設置される設備です．

1. 給排水衛生設備とはどのような設備か

2　ビルの給排水衛生設備

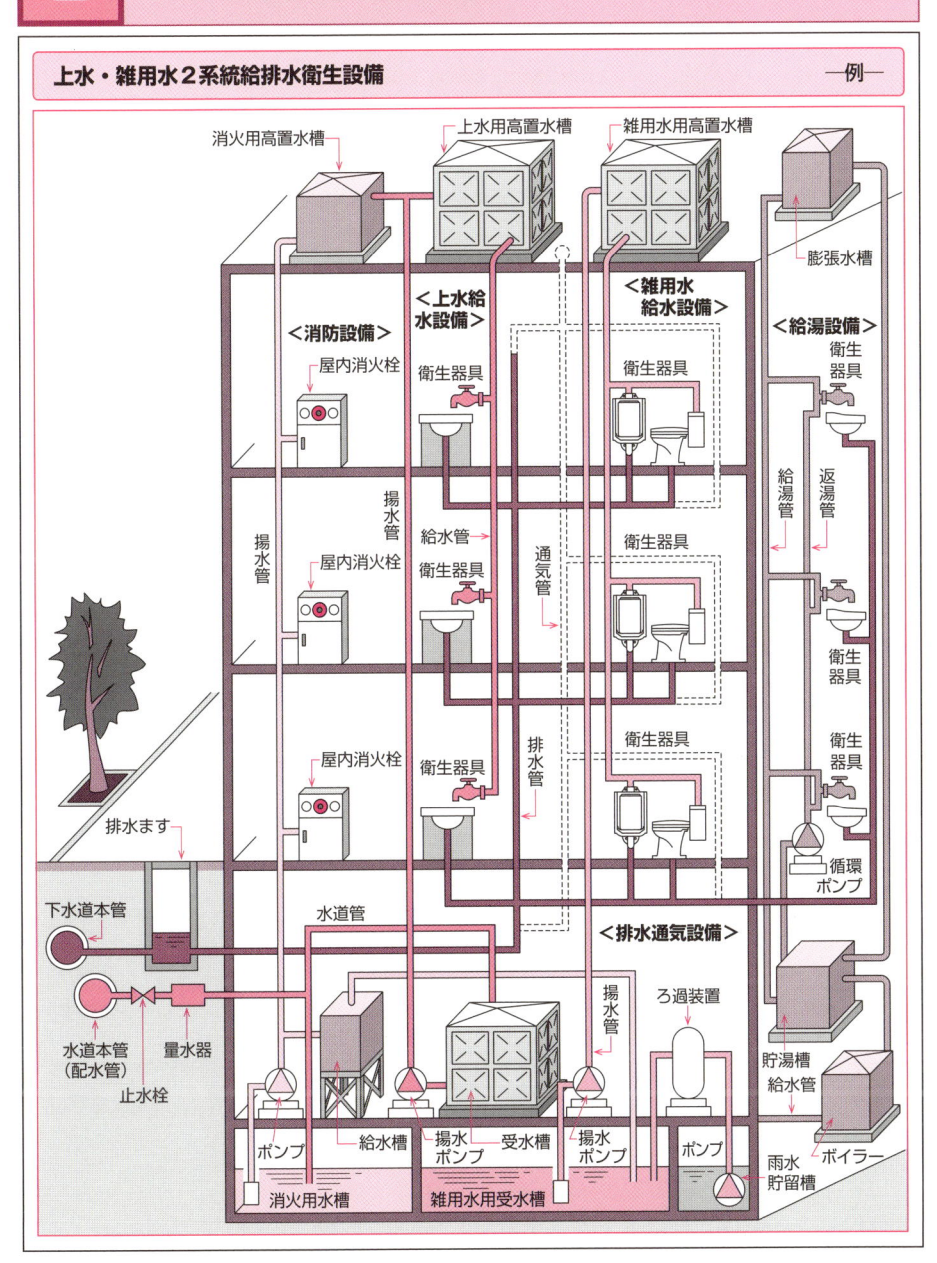

― 上水・雑用水2系統給排水衛生設備 ―例―

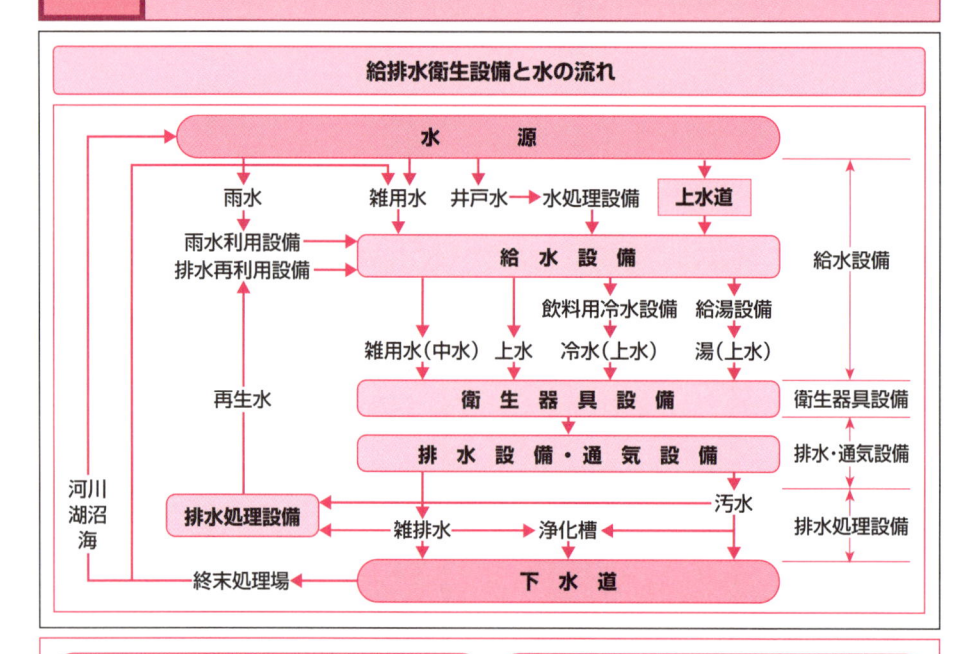

3 上水道より給水を受け下水道に排水する

給排水衛生設備と水の流れ

```
水　源
 ├─ 雨水
 ├─ 雑用水
 ├─ 井戸水 → 水処理設備
 └─ 上水道
       ↓
雨水利用設備 →┐
排水再利用設備→│
           給水設備
           ├─ 飲料用冷水設備
           └─ 給湯設備
  雑用水(中水) 上水 冷水(上水) 湯(上水)
           ↓
         衛生器具設備
           ↓
         排水設備・通気設備
           ↓
再生水　  雑排水 → 浄化槽　汚水
河川・湖沼・海
排水処理設備
終末処理場 ← 下水道
```

給水設備
衛生器具設備
排水・通気設備
排水処理設備

上水道より給水を受け下水道に排水する

- ❖ 建物の給排水衛生設備に水を供給する施設には上水道，簡易水道などがあります．
- **上水道**は，水道法に基づき設置され，衛生上安全な水質の飲用水とし，そのまま利用できます．
- **簡易水道**とは，供給先（給水人口）が限られた小規模の施設をいいます．
- 上水道や簡易水道のない地域では，井戸や湖沼から取水して建物に水を供給する専用供給設備を設けます．
- ❖ 建物の給排水衛生設備における排水の放流先としては，下水道と河川，湖沼や海のような公共水域とがあります．
- 排水の放流先が下水道の場合，公設ますを介して下水道に接続されます．
- 下水道には雨水と排水をまとめて流す合流式と雨水と排水とを分けて流す分流式とがあります．
- 排水は下水道法に適合する水質で放流します．

給排水衛生設備の水の流れ —例：高置水槽方式—

- ❖ 高置水槽方式による給排水衛生設備の水の流れは，次のとおりです．（前頁参照）
- 上水道からの上水（飲料水）は，配水管から止水栓，量水器を経て受水槽に貯水されます．
- 受水槽の水は揚水ポンプにより高置水槽に揚水されます．
- 高置水槽の水は給水管を経て，各種衛生器具に給水されます．
- 高置水槽の水の一部は給水管を経て，給湯設備の熱源機で加熱され衛生器具に給湯されます．
- 各種衛生器具で使用された排水は，それらに接続された器具排水管，排水横枝管，排水立て管，排水横主管などの排水配管，排水ますを経て，下水道に排水されます．
- 下水道の排水は，終末処理場で処理されます．
- 終末処理場で処理された水は，河川・湖沼・海などの公共水域に放流されます．

1. 給排水衛生設備とはどのような設備か

4 給水には使用目的により上水と雑用水がある

| 飲料水 | 調理用水 | 清掃用水 | 散水 |

上 水 ―使用目的の例―

| 洗濯用水 | 洗面水 |

雑用水（中水） ―使用目的の例―

| 洗車用水 | トイレ洗浄用水 |

上水・雑用水の水源と使用目的 ―給水設備

- ❖ **給水設備**とは，人の生命維持および健康保持のための飲用や洗濯用水，風呂，トイレの洗浄水など，さまざまな用途に用いるのに必要な量の水を，適正な水圧で衛生的，安全に安定して供給する設備をいいます．
- 給水設備における水は，その使用目的により，上水と雑用水とがあります．
- ❖ **上水**とは，上水道から供給される水（水道水）をいいます．
- 上水（水道水）は，飲料水，調理用水のほか，洗面，入浴，洗濯，プール用水，空調設備用水などに用いる水をいいます．
  ―空調設備用水としては，加湿設備用水，冷凍機の冷却水，ボイラー・冷凍機補給水などがあります―
- 上水は，水道事業者（厚生労働大臣の認可を受けて水道事業を経営する者）から供給されます．

- ❖ **雑用水**とは，**中水**ともいい，一般に河川水，湖沼水，井戸水，雨水，建物排水処理水，下水処理水などをいいます．
- 雑用水は，清掃用水，散水，洗車用水，トイレ洗浄用水などに用いられます．
- 建物内の排水を浄化処理して雑用水として利用する場合には，トイレからの汚水とその他の排水（雑排水）とを別々に集めて，雑排水のみを浄化処理する方法が一般的といえます．
- ❖ 次のような場合，上水と雑用水の2系統の給水設備を設けることがあります．（101頁参照）
- 大規模な建物で，排水を浄化して再利用したり，雨水を使う雑用水設備を設けた方が，経済的に有利な場合．
- 上水道のある地域でも，上水道の供給能力が，十分でない場合．

5 給水設備は建物で必要とする水を供給する

給水量・貯水量

=給水量=
- 1日当たりの予想給水量 Q
  $Q = NQd + Qe$ 〔L/日〕
- N ：建物の使用人員〔人〕
- Qd：1人1日当たりの使用水量〔L/人日〕
- Qe：設備・機器の1日当たりの使用水量〔L/日〕

=貯水量=
- 受水槽の貯水容量は1日当たりの予想給水量の1/2
- ポンプの揚水量は20〜30分で高置水槽満水
- 高置水槽貯水容量は1日当たり予想給水量の1/8〜1/10

衛生器具の給水圧力 —例—

- 水栓 30kPa
- シャワー 70kPa
- 洗浄弁 70kPa
- 瞬間湯沸器 50kPa

給水設備の給水量・貯水量・給水圧力

<給水量>
- **給水量**とは、**使用水量**ともいい、建物内で使用するために供給される水の量をいいます。
- 給水設備は、建物内で必要とする水量（給水量）を、常に供給することが求められています。
- 給水量は、次の手順で予測することができます。
  (1) 建物の使用人員を計算して求める。
  (2) 1人1日当たりの使用水量と使用人員から、建物で人が使う水量を求める。
  (3) 空調設備その他の機器で使う1日当たりの水量を求める。
  (2)と(3)を加えて、建物の1日当たりの使用水量を求める。

<貯水量>
- 建物内での水使用は時間によって変化し、建物の瞬時最大給水量に等しい水量を水道管から得るのは難しいので、水使用量の多い時は、あらかじめ受水槽に貯水した水を使って、水道管からの供給量の不足を補う方法がとられています。
- 受水槽の貯水容量は、水道管の断水を考慮して、建物の1日当たり予想給水量の1/2程度とする。
- 高置水槽の貯水容量は、1日当たりの予想給水量の1/8〜1/10程度とする。
- 揚水ポンプの揚水量は、高置水槽を20〜30分で満水にできる能力とする。

<給水圧力>
- **給水圧力**とは、給水設備の配管、給水栓、洗浄弁などの給水器具にかかる水圧をいい、給水栓から吐水する放水圧力をいいます。
- 給水圧力が適正に保たれていないと、衛生器具の機能が十分に果たせなかったり、使用できなくなったりします。
- 給水圧力は、一般的に400〜500kPa以下としますが、衛生器具によりそれぞれ異なります。

6 需要家は水質管理を行い水質基準を維持する

水質基準 —健康に関する項目— ●抜粋●

項　目	基準値(以下)
一般細菌	100個/mL
大腸菌	不検出
カドミウム及びその化合物	0.003mg/L
水銀及びその化合物	0.0005mg/L
セレン及びその化合物	0.01mg/L
鉛及びその化合物	0.01mg/L
ヒ素及びその化合物	0.01mg/L
六価クロム化合物	0.05mg/L
シアン化合物及び塩化シアン	0.01mg/L
硝酸態窒素及び亜硝酸態窒素	10mg/L
ふっ素及びその化合物	0.8mg/L
ほう素及びその化合物	1.0mg/L
四塩化炭素	0.002mg/L
ジクロロメタン	0.02mg/L
ホルムアルデヒド	0.08mg/L

水質基準 —水道水の性状に関する項目— ●抜粋●

項　目	基準値(以下)
亜鉛及びその化合物	1.0mg/L
アルミニウム及びその化合物	0.2mg/L
鉄及びその化合物	0.3mg/L
銅及びその化合物	1.0mg/L
ナトリウム及びその化合物	200mg/L
マンガン及びその化合物	0.05mg/L
塩化物イオン	200mg/L
カルシウム，マグネシウム等(硬度)	300mg/L
蒸発残留物	500mg/L
有機物(含有機炭素(TDC)の量)	3mg/L
pH	5.8～8.6
味	異常でない
臭気	異常でない
色度	5度
濁度	2度

水質基準に基づき水質検査を行う　　　　　　　—遊離残留塩素の検査—

- 飲料用，調理用である上水，つまり水道水は，衛生的で人体に無害である必要から，法令で定める**水質基準**(上欄参照)が満たされています．
  注：水道法に基づく水質基準に関する省令
- 水道事業者から水質基準に適合する水質の上水が需要家に供給されますが，需要家の受水槽以後の給水設備における水質の管理は需要家が行うことになっています．
- 需要家の給水設備で，水質を水質基準に維持することを**水質管理**といい，水質基準への適合の可否を調べる検査を**水質検査**といいます．
  <水質管理の維持管理項目>
  飲料水に関する衛生上必要な措置としては
- 水栓における遊離残留塩素が0.1mg/L以上あることを，7日以内ごとに1回検査する．
  —遊離残留塩素が0.1mg/L未満の場合は，塩素消毒を行う—

- 水質検査は，6か月以内に1回行う．
- 貯水槽の清掃は1年以内ごとに1回行う．
  <残留塩素>
- **残留塩素**とは，水道水に殺菌のために投入した塩素が末端の給水栓で検出される塩素の量をいいます．
- **遊離残留塩素**とは，水を塩素処理で消毒したときに，他の成分と結合しないで，次亜塩素酸と次亜塩素酸イオンの形で残留した塩素(消菌力が強い)をいいます．
  <塩素消毒>
- 水道水中の細菌や微生物を殺し，消毒するために塩素を用いることを**塩素消毒**といいます．
- 給水設備で貯水している間に，殺菌効果が弱くなり，水が汚染されるので，需要家は，再度塩素消毒して殺菌効果を維持させます．
- 消毒剤は主に次亜塩素酸ナトリウムを用います．

2 給水設備にはいろいろな給水方式がある

7 給水方式には水道直結方式と受水槽方式がある

給水方式

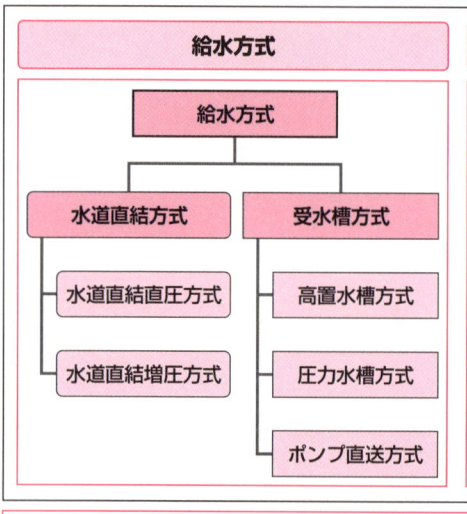

- 給水方式
  - 水道直結方式
    - 水道直結直圧方式
    - 水道直結増圧方式
  - 受水槽方式
    - 高置水槽方式
    - 圧力水槽方式
    - ポンプ直送方式

水道直結直圧方式

- 水道本管の動圧 P〔kPa〕
  $P \geqq P_1 + P_2 + P_3$

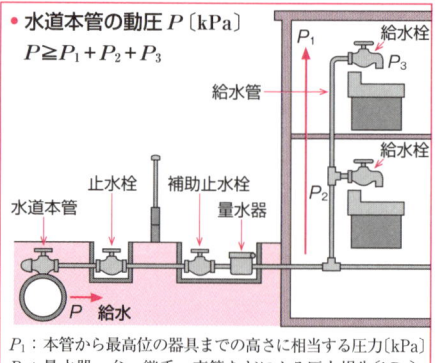

P_1：本管から最高位の器具までの高さに相当する圧力〔kPa〕
P_2：量水器・弁・継手・直管などによる圧力損失〔kPa〕
P_3：最高位の器具の最低必要圧力〔kPa〕

給水方式には次のような種類がある

- 給水設備は，水道事業者の給水本管から上水を受け入れ，建物使用者が必要なときに，衛生的な水を十分に使えるようにするための設備です．
- 給水設備の給水方式には，受水槽・高置水槽・ポンプの有無によって，水道直結方式と受水槽方式があります．
- **水道直結方式**には，水道直結直圧方式と水道直結増圧方式などがあります．
- **受水槽方式**には，高置水槽方式，圧力水槽方式，ポンプ直送方式などがあります．
- 建物の規模，用途，給水本管の条件により，どのような給水方式を採用するかを決めるとよいでしょう．

水道本管から直接給水する水道直結直圧方式

- **水道直結直圧方式**とは，水道事業者の水道本管から直接，水道管を引き込み，その水圧によって，止水栓および量水器を経て，それぞれの水栓器具に給水する方式をいいます．
- この方式は，水道本管の水圧によって給水箇所が限られます．
  ─小規模建物に使われ，一般の戸建住宅では，ほとんどこの方式が使われています─
- 使用箇所まで密閉された管路で水が供給されるので衛生的です．
- 受水槽やポンプなどの設備を設ける必要がないので，他の方式に比べて設備費が安価となります．

2. 給水設備にはいろいろな給水方式がある

8　水道直結増圧方式・ポンプ直送方式

水道直結増圧方式

ポンプ直送方式

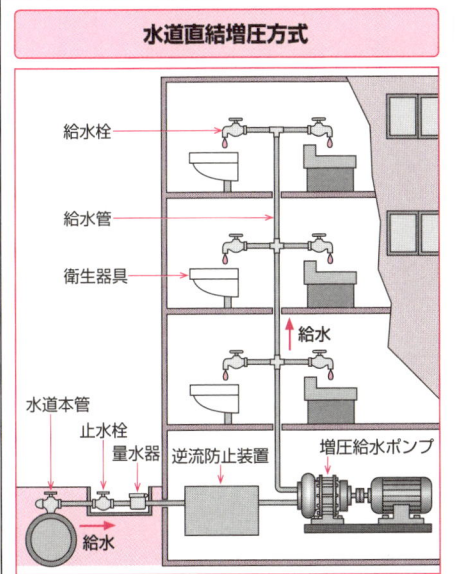

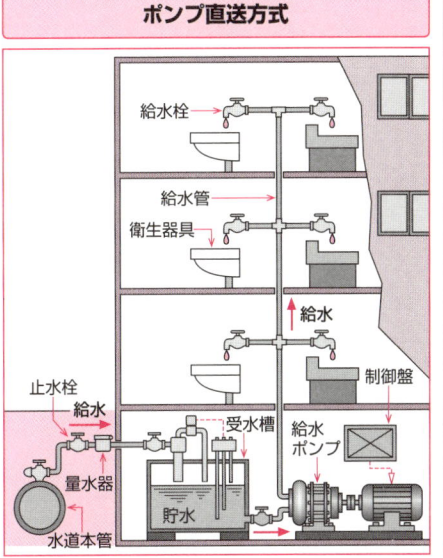

ポンプで増圧して給水する水道直結増圧方式

- **水道直結増圧方式**とは，水道事業者の水道本管から引き込まれた上水を，受水槽を通さず直結給水用増圧装置(増圧給水ポンプ，逆流防止装置など内蔵)を設置して，水道管の水圧では給水できないような高所の水栓・器具類に，直接給水する方式をいいます．
- この方式は，共同住宅，事務所ビルなどの10階程度の建物に主として用いられます．
- 受水槽を必要としないため水が汚染される危険が少なく，水道本管の水圧を利用して給水できるので，省エネルギー性が高いです．
- 建物内の水が水道管に逆流しないように，逆流防止装置を設置する必要があります．
- 水道管の供給能力を超えないことが条件となるため，水道引込み管の管径に制限があります．
- ホテル，病院など断水による影響の大きい施設は，受水槽方式が適当といえます．

ポンプで直接給水するポンプ直送方式

- ポンプ直送方式は，**ポンプ加圧方式**または**タンクレスブースタ方式**ともいいます．
- **ポンプ直送方式**とは，水道事業者の水道本管から引き込まれた上水を，いったん受水槽に貯水し，受水槽の水を給水ポンプの連続運転により加圧し，それぞれの水栓・器具類に，直接給水する方式をいいます．
- この方式は，給水ポンプ出口の圧力または流量を検出し，給水ポンプの回転速度を変化させて送水量を変えたり，複数のポンプの運転台数を変えて，送水量を変えることができます．
- 建物の規模，最大水量・最小水量の変動幅などにより，給水ポンプを5，6台制御するシステムもあります．
- 給水ポンプの運転台数または回転速度を制御することにより安定した給水ができるので，中・大規模建物で多く用いられています．

9 高置水槽方式は重力により給水する

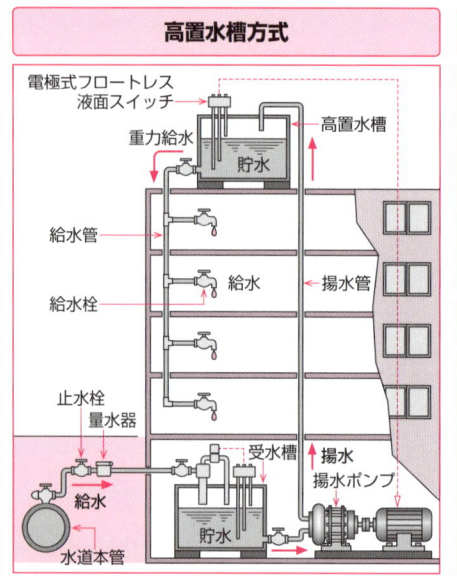

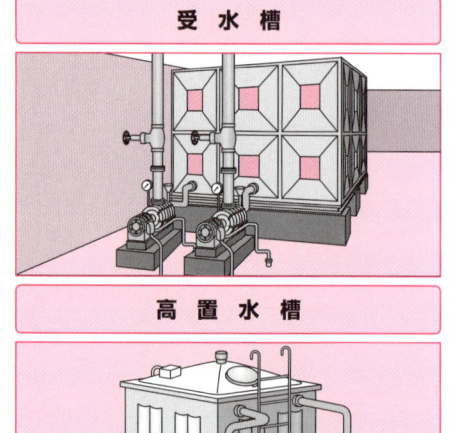

高置水槽方式 ──受水槽・高置水槽──

- **高置水槽方式**は，**重力給水方式**ともいい，水道事業者の水道本管から引き込まれた上水を，いったん受水槽に貯水し，受水槽の水を揚水ポンプにより，屋上など建物最高所または中間階に設置した高置水槽に揚水し，高置水槽から重力によって各給水栓，器具類に給水する方式をいいます．
- この方式は，一定に近い水圧で給水することが可能で，中・高層階の建物に用いられます．
- 断水時でも，受水槽および高置水槽に残っている水量分が利用できるので，病院，ホテルなど，常時水を必要とし，断水による影響が大きい施設に適しています．

＜受水槽＞

- **受水槽**とは，水道事業者の水道本管から，上水を貯水するための水槽です．
- 受水槽を設ける理由は，高置水槽方式で，水道引込み管にポンプを直結すると，揚水時に大量の水が吸引され，付近の水道本管の水圧が低下し，近隣の水の出が悪くなったりするのを阻止するためで，水道水をいったん受水槽に貯水してから，揚水ポンプで揚水，給水するのです．
- 受水槽の容量は，1日使用水量の1/2程度の貯水量をもたせるとよいです．

＜高置水槽＞

- **高置水槽**とは，高置水槽方式に用いられ，建物の屋上または中間階に設置し，各階の水栓，器具類に位置水頭を利用して，重力で給水するための水槽をいいます．
- 高置水槽の容量は，1日使用水量の1/10から1/8程度の貯水量をもたせるとよいです．
- 高置水槽の設置は，建物の最高所にある水栓・器具類で必要とする水圧が得られるような位置にするとよいです．

2. 給水設備にはいろいろな給水方式がある ■

10 圧力水槽方式は圧縮空気圧力により給水する

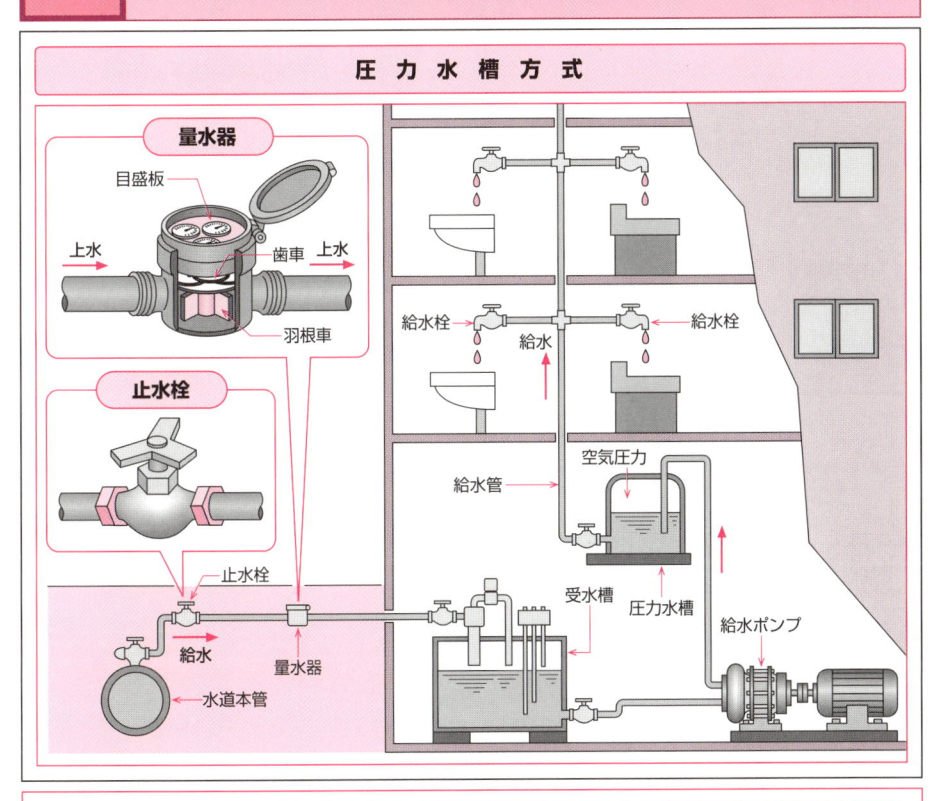

圧 力 水 槽 方 式

圧力水槽方式 —圧力水槽—

- 圧力水槽方式は，**圧力タンク方式**または**圧力給水方式**ともいわれています．
- **圧力水槽方式**とは，水道事業者の水道本管から引き込まれた上水を，いったん受水槽に貯水し，空気を封入した密閉構造の圧力水槽に，受水槽から給水ポンプで水を送って，圧力水槽内の空気を圧縮して圧力を上げ，その圧縮空気圧力で上水を加圧し水栓，器具類に給水する方式をいいます．
- この方式では，水が使用されると，圧力水槽内の空気圧力が低下し圧力スイッチが動作して，給水ポンプが始動し，一定の圧力になると，給水ポンプは停止します．この動作を繰り返すことにより給水が行われます．
- 圧力水槽内の空気は，水に溶けて減少するため空気の補給が必要になります．
- 圧力水槽内の空気と水を隔膜によって区分し，空気と水との接触を断つことによって，空気の溶け込むのを防止する**隔膜式圧力水槽**も使用されています．
- 給水ポンプの始動・停止が繰り返されるため，断続的な騒音が発生します．
- 圧力水槽の圧力がある範囲で変動するため，給水圧力が変動します．

11 高層ビルの給水方式のいろいろ〔1〕

調圧ポンプ給水方式

圧力水槽給水方式

高層ビルをゾーニングして給水する ―調圧ポンプ給水方式・圧力水槽給水方式―

- ❖ 高層ビルでは，建物全体を一つの方式で給水すると，下層階が著しく過大な水圧となり，許容圧力を超えてしまうので，これを防ぐため，ゾーンに分けて給水を行っています。
- ● 高層ビルの**ゾーン**とは，たとえば，高層階，中層階，低層階に分割した各層階のことをいい，水圧が過大にならないように，給水区分を分けることを給水の**ゾーニング**といいます。
- ● 給水のゾーニングは，ポンプ直送方式，圧力水槽方式，高置水槽方式の応用として行われ，調圧ポンプ給水方式，圧力水槽給水方式，中間水槽給水方式，中継水槽給水方式，減圧弁給水方式，組み合わせ給水方式などがあります。
- ❖ 調圧ポンプ給水方式は，ポンプ直送方式の応用です。
- ● **調圧ポンプ給水方式**は，高層ビルをいくつかの上下ゾーンに分け，各ゾーンの最高階に給水圧力を一定に保つ自動制御装置を設け，最下層階にゾーンの数だけの給水ポンプを設置します。
- ● 各ゾーンの自動制御装置の信号により，最下階設置の受水槽から各給水ポンプが，ゾーンごとに揚水量を自動的に調整し，水圧を一定に保ちゾーン各階に給水する方式をいいます。
- ❖ **圧力水槽給水方式**は，圧力水槽方式の応用で，低層階，中層階，高層階にゾーニングし，低層階，中層階は，それぞれ給水ポンプ，圧力水槽を設置し，最下階設置の受水槽からそれぞれの給水ポンプ，圧力水槽により，低層階，中層階の各階に給水する方式をいいます。
- ● 高層階は適切な階に受水槽，圧力水槽および給水ポンプを設置します。高層階受水槽に最下階設置の受水槽から揚水ポンプにより揚水し，高層階受水槽から給水ポンプ，圧力水槽により高層階の各階に給水する方式をいいます。

12　高層ビルの給水方式のいろいろ〔2〕

中間水槽給水方式

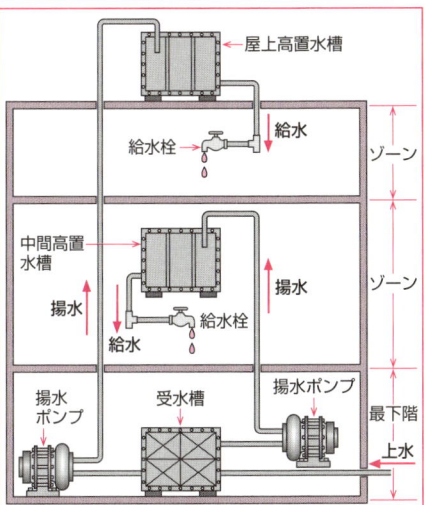

中継水槽給水方式

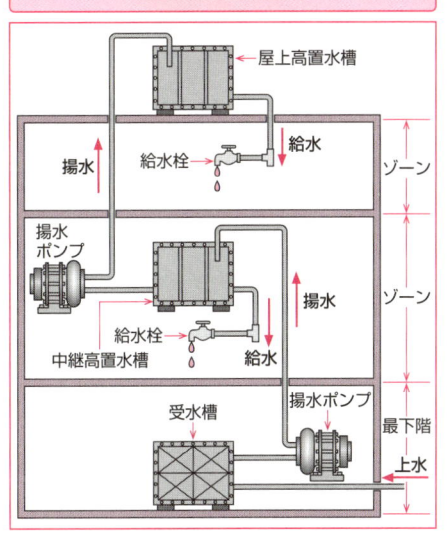

高置水槽方式の応用　――中間水槽給水方式・中継水槽給水方式・減圧弁給水方式――

- 高層ビルの高置水槽方式を応用した給水方式には，中間水槽給水方式，中継水槽給水方式，減圧弁給水方式などがあります．
- **中間水槽給水方式**は，高層ビルをいくつかの上下ゾーンに分け，それぞれのゾーンの最高階に中間高置水槽を，また屋上に高置水槽を設置し，最下階にそれぞれのゾーンおよび屋上用の揚水ポンプを設置します．
  - 最下階設置の受水槽から，それぞれの揚水ポンプにより，各ゾーンの中間高置水槽および屋上高置水槽に揚水します．
  - 屋上および各ゾーンの高置水槽から重力により各ゾーンの各階に給水する方式をいいます．
- **中継水槽給水方式**は，**ステップアップ給水方式**ともいいます．
  - 中継水槽給水方式は，高層ビルをいくつかの上下ゾーンに分け，それぞれのゾーンの最高階に中継高置水槽(屋上高置水槽を含む)および揚水ポンプを設置(最下階設置を含む)します．
  - 最下階設置の受水槽から，その階の揚水ポンプで最初のゾーンの中継高置水槽に揚水し，その中継高置水槽から，そのゾーン設置の揚水ポンプで，次のゾーンの中継高置水槽に揚水します．
  - 最終ゾーンの中継高置水槽から，そのゾーンの揚水ポンプで屋上設置の高置水槽に揚水します．
  - 屋上および各ゾーンの高置水槽から重力により各ゾーンの各階に給水する方式をいいます．
- **減圧弁給水方式**は，最下階に受水槽と揚水ポンプを，屋上に高置水槽を設置します．
  - 受水槽から揚水ポンプで高置水槽に揚水します．
  - 高置水槽から重力で給水する際に，中層階，低層階に生じる過大な水圧を，各階または数階ごとに設置した減圧弁により，許容水圧に減圧する方式をいいます．

3 給水設備の給水制御回路

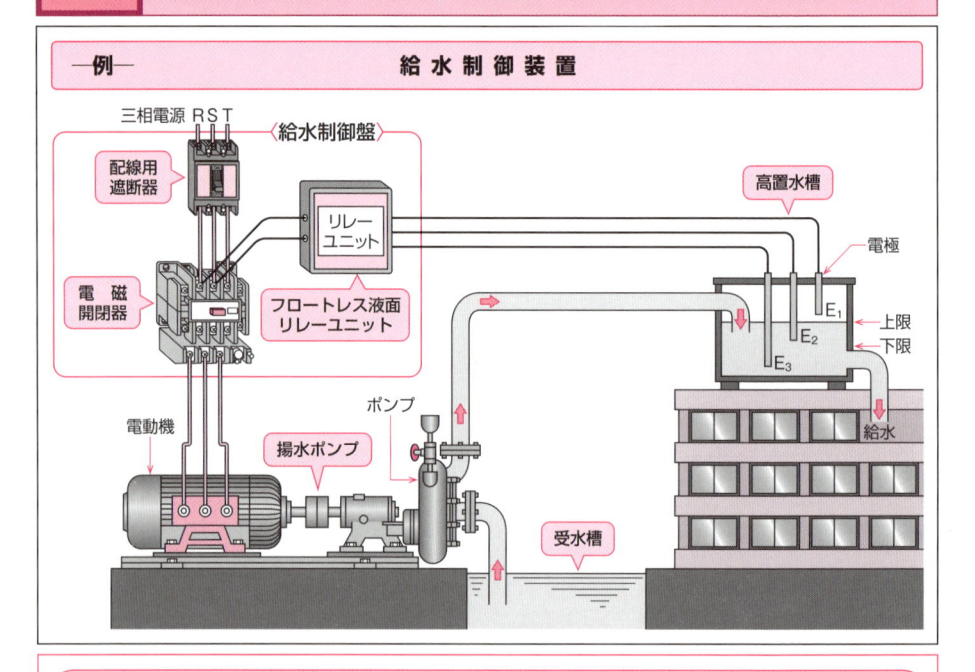

13 高置水槽方式の給水制御とはどういう制御か

―例― 給水制御装置

高置水槽方式の給水制御 ―水位制御―

- 給水設備の給水制御について，高置水槽方式を例として説明します．
- **高置水槽方式**とは，水道事業者の水道本管より上水を一度，受水槽へ貯水した後，建物内の最高位の給水栓を含む衛生器具で必要な水圧が得られる高さに設置した高置水槽へ，揚水ポンプで揚水し，高置水槽から重力により，建物内の必要箇所へ再給水する方式をいいます．
- 高置水槽方式における**給水制御**とは，高置水槽の水位が下限になると，揚水ポンプが自動的に始動，運転して，受水槽から上水を高置水槽へ揚水し汲み上げ，高置水槽の水位が上限に達すると，揚水ポンプは自動的に停止し，そのまま下限水位になるまで，水の汲み上げを止める制御をいいます．
- 高置水槽の水が使用されても，上限および下限の水位を検出して，自動的に高置水槽に給水し，常に，高置水槽に一定量の水を蓄えることができるようにする制御を**水位制御**といいます．

3. 給水設備の給水制御回路

14 高置水槽方式給水制御回路構成機器の機能と動作

❖ 高置水槽方式の給水制御回路を構成する機器および開閉接点に対する動作信号の入り方と，その機能について説明しましょう。

配線用遮断器
電源を開閉します。

電磁接触器主接点
動作すると閉じて，揚水ポンプが運転されます。

サーマルリレーのヒータ
過電流を検出します。

揚水ポンプ
運転すると，高置水槽に，水を汲み上げます。

三相電源 R S T　200V　MCCB　F　F　MC　THR　THR　P　M

電磁接触器コイル
このコイルに電流が流れると動作して，主接点を閉じます。

電磁接触器動作信号接点
この接点が復帰すると閉じて，MCが動作します。

X-b　THR-b　MC

変圧器
高置水槽の電極に印加しても，感電しない低電圧に降圧します。

一次側　200V　24V　8V　二次側

整流器（全波）
交流端子に交流（24V）を印加すると，直流端子に直流が出力します。
● この直流出力は，トランジスタ回路の制御電源となります。

交流端子〜　Rf₁　直流端子　⊕ ⊖　交流端子〜　Rf₂　直流端子　⊖ ⊕　交流端子

整流器（全波）
交流端子に交流（8V）を印加すると，直流端子に直流が出力します。
● この直流出力は，高置水槽の電極の電源となります。

C₁　C₂　R₁　R₂　R₃

水位検出用トランジスタ
このトランジスタは，下限水位で"ON"し，上限水位で"OFF"します。

R₄　Tr₁

電磁リレー動作用トランジスタ
このトランジスタが"ON"すると，コレクタ電流が電磁リレーのコイルに流れ，電磁リレーが動作します。

X　Tr₂　R₅　R₆

水位制御用接点
● 上限水位では，この接点が動作して閉じ，電極がE₁からE₂に長くなったようになります。
● 下限水位では，この接点が復帰して開き，電極がE₂からE₁に短くなったようになります。

X-m

電磁リレーコイル
このコイルに電流が流れると動作し，電磁接触器MC動作信号接点を開きます。

C₃

上限水位
揚水ポンプが停止し，高置水槽に給水しません。

下限水位
揚水ポンプが運転し，高置水槽に給水します。

高置水槽
上限水位
下限水位
E₃　E₂　E₁
共通電極棒　下限水位電極棒　上限水位電極棒

第3章 給排水衛生設備の基礎知識

15 揚水ポンプの運転動作順序

高置水槽下限水位による揚水ポンプの運転動作順序

❖給水設備の高置水槽の水位が，下限水位まで下がると，電極 E_2 と E_3 の間の水による導通がなくなり，電流が流れず，電磁リレー X が復帰し，そのブレーク接点 X-b が閉じ電磁接触器 MC が動作して，揚水ポンプ M-P が運転し，受水槽から水を高置水槽に揚水し汲み上げます。

＜運転動作順序＞ ―次ページの揚水ポンプ運転動作図参照―

順序1 主回路①の配線用遮断器 MCCB のレバーを「ON」にして，投入します。

順序2 配線用遮断器 MCCB を投入すると，変圧器 T の一次側回路③に，電流が流れます。

順序3 高置水槽の水位が，電極 E_2 より下がって，下限水位になると，電極 E_2 と E_3 の間に水がなくなるので，水による導通がないため電流が流れず，変圧器 T の二次側 8 V 回路④に，電流 I_2 が流れなくなります。

順序4 変圧器 T の一次側回路③に電流が流れると，変圧器二次側 24 V 回路⑤に，抵抗 R_2，R_3 の直列回路⑥を通って，電流 I_1 が流れます。

順序5 回路⑥の抵抗 R_3 に電流 I_1 が流れると，抵抗 R_3 に $R_3 I_1$〔V〕の電圧降下が生じ，B_1 点の電位が「H̄」になります。

● 電圧降下 $R_3 I_1$〔V〕を，トランジスタ Tr_1 の動作に必要な電圧以上（電位「H̄」）になるように，設計しておきます。

順序6 B_1 点が「H̄」になると，トランジスタ Tr_1 のベース回路⑦に，ベース電流 I_{B1} が流れます。

順序7 トランジスタ Tr_1 にベース電流 I_{B1} が流れると，コレクタ回路⑧にコレクタ電流 I_{c1} が流れ「ON」して，抵抗 R_6 に電圧降下 $R_6(I_{B1}+I_{C1})$〔V〕が生じ，C_1 点の電位が「L̄」になります。

● 電圧降下 $R_6(I_{B1}+I_{C1})$〔V〕を，トランジスタ Tr_1 の C_1 点が電位「L̄」になるように，設計しておきます。

順序8 C_1 点が「L̄」になると，トランジスタ Tr_2 のベース回路⑨に，ベース電流 I_{B2} が流れません。

順序9 トランジスタ Tr_2 にベース電流 I_{B2} が流れないと，コレクタ回路⑩にコレクタ電流 I_{C2} が流れなくなり「OFF」して，電磁リレー X のコイルに電流が流れず，電磁リレー X は復帰します。

● 電磁リレー X が復帰すると，次の**順序10**，**11**の動作が同時に行われます。

順序10 電磁リレー X が復帰すると，回路④の電極 E_2 に接続してあるメーク接点 X-m が開きます。

順序11 電磁リレー X が復帰すると，回路②のブレーク接点 X-b が閉じます。

順序12 回路②のブレーク接点 X-b が閉じると，電磁接触器 MC のコイルに電流が流れ，電磁接触器 MC が動作します。

順序13 電磁接触器 MC が動作すると，主回路①の主接点 MC が閉じます。

順序14 主回路①の主接点 MC が閉じると，電流が流れるので，揚水ポンプ M-P が始動，運転して，受水槽から高置水槽に水を汲み上げます（上限水位になるまで，運転は継続される）。

16 揚水ポンプの運転動作図

高置水槽下限水位による揚水ポンプの運転動作図

スタート
AC 200V MCCB
三相電源 R S T

順序1 配線用遮断器MCCBを投入する.

順序2 変圧器一次側に電流が流れる.

順序3 高置水槽が下限水位のため,変圧器二次側8V回路4に電流I_2が流れない.

順序4 変圧器二次側24V回路5は,抵抗R_2, R_3の直列回路6を通って電流I_1が流れる.

順序5 抵抗R_3に$I_1 R_3$〔V〕の電圧降下が生じ,B_1点が「H」となる.

順序6 トランジスタTr_1のベース回路7にベース電流I_{B1}が流れる.

順序7 トランジスタTr_1のコレクタ回路8に電流I_{C1}が流れ,「ON」してC_1点が「L」になる.

順序8 トランジスタTr_2のベース回路9にベース電流I_{B2}が流れない.

順序9 トランジスタTr_2のコレクタ回路10に電流I_{C2}が流れず「OFF」して,電磁リレーXが復帰する.

順序10 電磁リレーXが復帰すると,開く.

順序11 電磁リレーXが復帰すると,閉じる.

順序12 電磁接触器MCが動作する.

順序13 電磁接触器MCが動作すると,閉じる.

順序14 揚水ポンプが運転し,高置水槽に水を汲み上げる.

順序3 電流I_2が流れない.

電極 E_1 E_2 E_3
高置水槽
下限水位

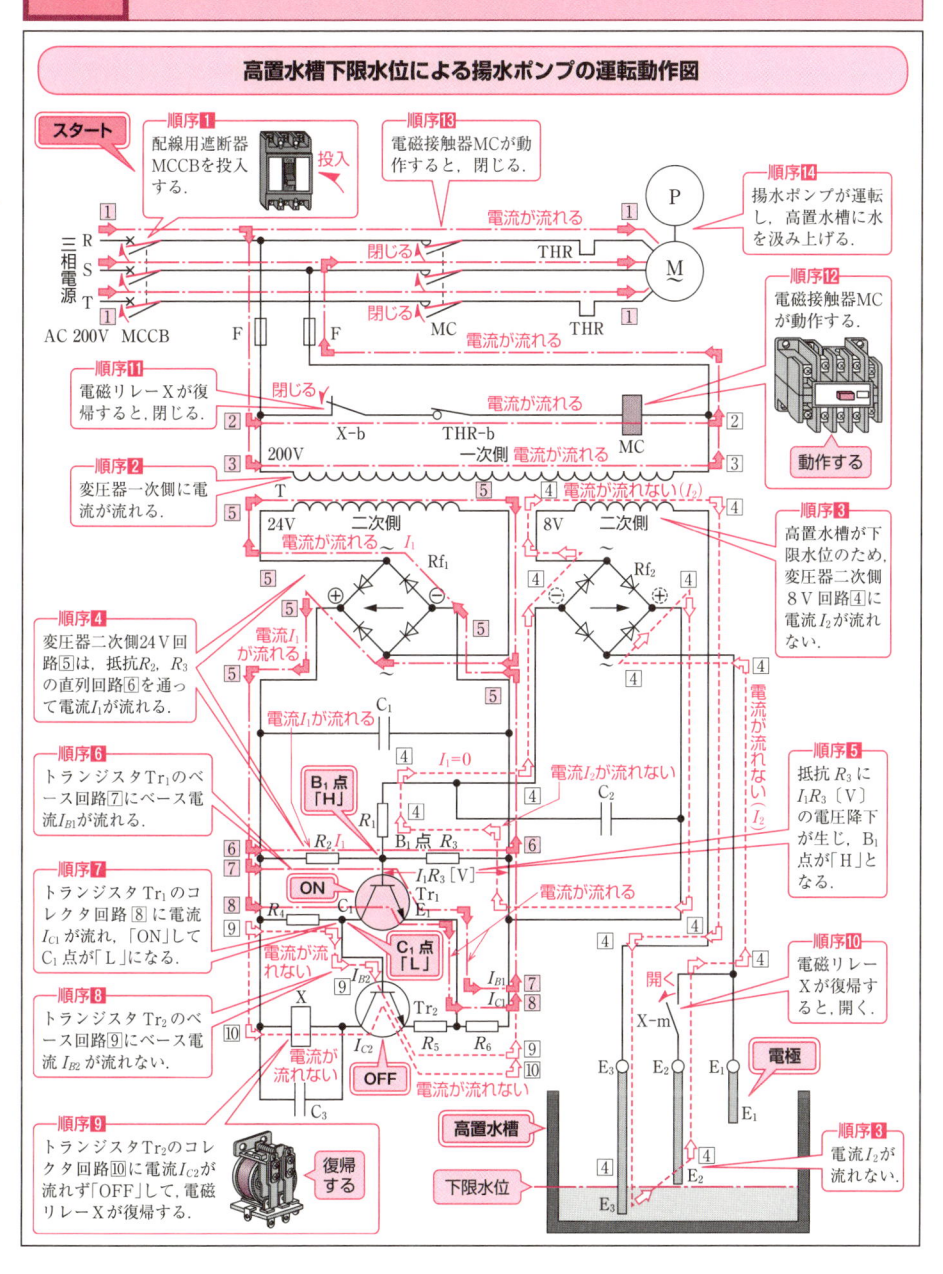

17 揚水ポンプの停止動作順序

高置水槽上限水位による揚水ポンプの停止動作順序

❖給水設備の高置水槽の水位が、上限水位まで上がると、電極 E_1 と E_3 の間が水により導通し、電流が流れ、電磁リレーXが動作し、そのブレーク接点 X-b が開いて、電磁接触器 MC が復帰し、電動ポンプ M-P を停止して、受水槽から水を高置水槽に汲み上げなくなります。

＜停止動作順序＞ ―次ページの揚水ポンプ停止動作図参照―

順序15 高置水槽の水位が、電極 E_1 より上がって、上限水位になると、電極 E_1 と E_3 の間に水が満たされるので、水による導通により電流が流れ、変圧器Tの二次側8V回路 **4** に電流 I_2 が流れます。

順序16 回路 **6** の抵抗 R_3 には、電流 I_1（順序 **4**）が流れており、回路 **4** から逆方向の電流 I_2 が流れるので、抵抗 R_3 には、$R_3(I_1 - I_2)$〔V〕の電圧降下を生じ、B_1 点の電位が「$\overset{ロー}{L}$」になります。

● 電圧降下 $R_3(I_1 - I_2)$〔V〕を、トランジスタ Tr_1 の動作に必要な電圧以下（電位「$\overset{ロー}{L}$」）になるように、設計しておきます。

順序17 B_1 点が「$\overset{ロー}{L}$」になると、トランジスタ Tr_1 のベース回路 **7** にベース電流 I_{B1} が流れなくなります。

順序18 トランジスタ Tr_1 にベース電流 I_{B1} が流れないと、回路 **8** のコレクタ電流 I_{C1} が流れないため、コレクタ C_1 とエミッタ E_1 間の導通がなくなるので、「OFF」して、C_1 点の電位が「$\overset{ハイ}{H}$」になります。

● トランジスタ Tr_1 が「OFF」のとき、コレクタ C_1 の電位が、「$\overset{ハイ}{H}$」になるように、設計しておきます。

順序19 C_1 点が「$\overset{ハイ}{H}$」になると、トランジスタ Tr_2 のベース B_2 に動作電圧が印加されるので、ベース回路 **9** にベース電流 I_{B2} が流れます。

順序20 トランジスタ Tr_2 にベース電流 I_{B2} が流れと、コレクタ回路 **10** にコレクタ電流 I_{C2} が流れ「ON」して、電磁リレーのコイルXに電流が流れ、電磁リレーXは動作します。

● 電磁リレーXが動作すると、次の **順序21**、**22** の動作が同時に行われます。

順序21 電磁リレーXが動作すると、回路 **4** の電極 E_2 に接続してあるメーク接点 X-m が閉じます。

順序22 電磁リレーXが動作すると、回路 **2** のブレーク接点 X-b が開きます。

順序23 回路 **2** の電磁リレーのブレーク接点 X-b が開くと、電磁接触器のコイル MC に電流が流れず、電磁接触器 MC は復帰します。

順序24 電磁接触器 MC が復帰すると、主回路 **1** の主接点 MC が開きます。

順序25 主回路 **1** の電磁接触器の主接点 MC が開くと、電流が流れなくなり、揚水ポンプ M-P が停止し、受水槽から高置水槽に水を汲み上げなくなります。

● 揚水ポンプの停止は、高置水槽の水位が下限になるまで継続し、下限水位を下回ると、揚水ポンプは運転し（114頁・115頁参照）、以後これを繰り返します。

3. 給水設備の給水制御回路

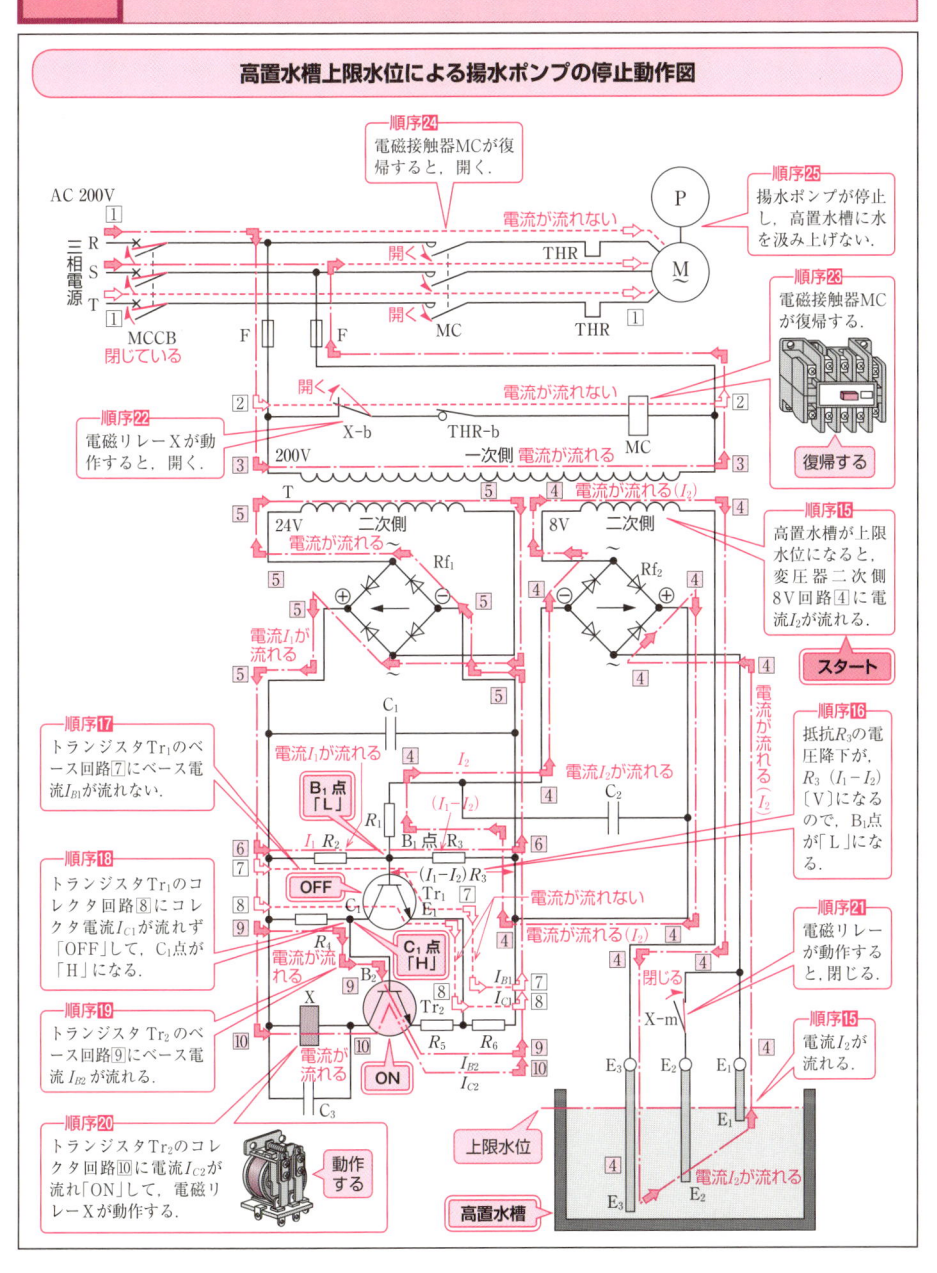

18 揚水ポンプの停止動作図

高置水槽上限水位による揚水ポンプの停止動作図

順序24 電磁接触器MCが復帰すると、開く。

順序25 揚水ポンプが停止し、高置水槽に水を汲み上げない。

順序23 電磁接触器MCが復帰する。

復帰する

順序22 電磁リレーXが動作すると、開く。

順序15 高置水槽が上限水位になると、変圧器二次側8V回路4に電流I_2が流れる。

スタート

順序17 トランジスタTr_1のベース回路7にベース電流I_{B1}が流れない。

順序16 抵抗R_3の電圧降下が、$R_3(I_1-I_2)$〔V〕になるので、B_1点が「L」になる。

順序18 トランジスタTr_1のコレクタ回路8にコレクタ電流I_{C1}が流れず「OFF」して、C_1点が「H」になる。

順序21 電磁リレーが動作すると、閉じる。

順序19 トランジスタTr_2のベース回路9にベース電流I_{B2}が流れる。

順序15 電流I_2が流れる。

順序20 トランジスタTr_2のコレクタ回路10に電流I_{C2}が流れ「ON」して、電磁リレーXが動作する。

117

第3章 給排水衛生設備の基礎知識

4 給湯設備は湯を供給する

19 給湯設備にはどのような方式があるのか

給湯設備の加熱方式

直接加熱給湯方式 — 局所給湯方式

間接加熱給湯方式 — 中央給湯方式

給湯設備の湯の供給方式

給湯設備には直接加熱給湯方式・間接加熱給湯方式と局所給湯方式・中央給湯方式がある

- **給湯設備**とは，上水を加熱器により適温に加熱し，"湯"として供給する設備をいいます．
- 湯を供給する目的は，飲料・調理用と洗面・洗浄・洗濯・入浴用などの二つに分けられます．
- **給湯設備**は，加熱方式により直接加熱給湯方式と間接加熱給湯方式があります．
- **直接加熱給湯方式**とは，燃料の燃焼による熱エネルギーまたは電気エネルギーの発熱作用（電熱）によって，上水を直接加熱して湯（温水）をつくり給湯する方式をいいます．
- 直接加熱給湯方式には，温水ボイラーで湯をつくる油だき温水ボイラー方式，瞬間ガス湯沸し器・貯湯式ガス湯沸し器によるガス加熱器方式，

そして，電気湯沸し器による電気加熱器方式などがあります．
- **間接加熱給湯方式**とは，ボイラーなどで暖房用につくられた温水や蒸気を熱源とし，貯湯槽内の熱交換器で温水として給湯する方式をいいます．
- **給湯設備**は，湯の供給方式により局所給湯方式と中央給湯方式があります．
- **局所給湯方式**とは，湯を必要とする所ごとに，小型のガス湯沸し器や電気湯沸し器を設置し，直接加熱して湯とし，給湯する方式をいいます．
- **中央給湯方式**とは，1か所にボイラーと貯湯槽を設置して，ここから建物全体の湯を必要とする所に給湯する方式をいいます．

20 局所式直接加熱給湯方式

ガス瞬間湯沸し器利用局所式直接加熱給湯方式

太陽熱利用局所式直接加熱給湯方式

＜重力を利用して給湯する方式＞

＜強制的に循環させて給湯する方式＞

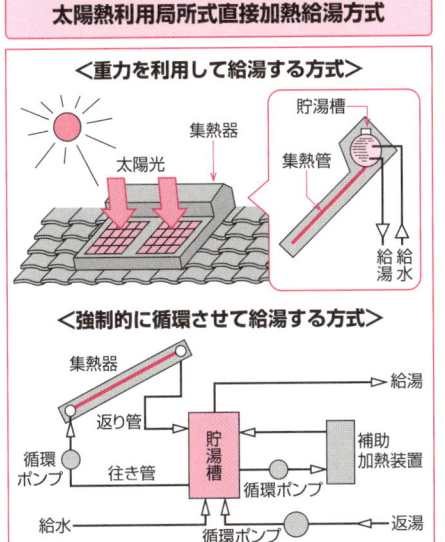

局所式直接加熱給湯方式は必要箇所に加熱器を設置し上水を直接加熱して給湯する

- 一般住宅や小規模事務所ビルの給湯設備では、湯の供給方式は局所給湯方式とし、加熱方式は直接加熱方式とする局所式直接加熱給湯方式が多く用いられています。
- **局所式直接加熱給湯方式**とは、必要な箇所に瞬間的に温めて湯をつくるガス瞬間湯沸し器や電気温水器といった加熱器を設置して上水を直接加熱して湯をつくり給湯する方式をいいます。
- たとえば、**ガス湯沸し器利用局所式直接加熱給湯方式**は、湯の使用箇所である洗面器、流し台、浴槽などの給湯栓にガス湯沸し器から直接給湯する方式をいい、必要な温度の湯を比較的容易に給湯することができます。
- 局所式直接加熱給湯方式では、一般に配管方式として、コストが安い**単管式配管方式**が用いられています。
- 単管式配管方式は、一方通行的な給湯方式なので、給湯源では適温に加熱されていても、給湯管の途中で管内の湯が冷却されて水となります。そのため、給湯栓を開いても、その水が全部出てからでないと湯が出ないので、湯が出るまでに時間がかかり、湯が出てくるまでの水が無駄になるという欠点があります。
- **太陽熱利用局所式直接加熱給湯方式**とは、日光の当たる場所に設置した太陽熱温水器に給水栓から上水を給水し、集熱器で集めた太陽エネルギーを熱エネルギーにして、上水を温めて湯とし、必要箇所に供給する方式をいいます。
- 太陽熱温水器の給湯方式には、湯を重力で落下させる方式と循環ポンプで強制的に湯を循環させる方式があります。
- 太陽熱利用の加熱装置は、天候が悪いと集熱できないので、バックアップ用の加熱装置が必要となります。

119

21 中央式間接加熱給湯方式

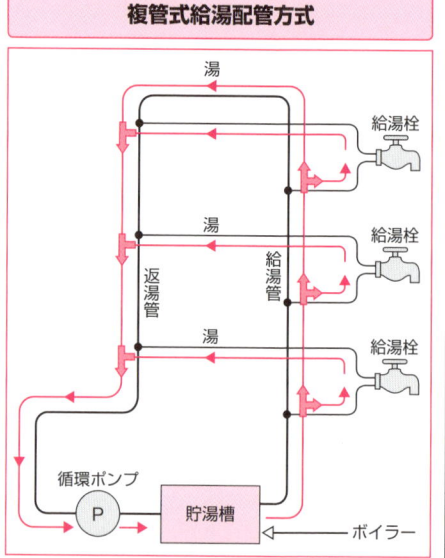

中央式間接加熱給湯方式は特定場所に加熱器を設置し上水を間接加熱し給湯する

- **中央式間接加熱給湯方式**とは，湯の供給方式は中央給湯方式とし，加熱方式は間接加熱方式とする給湯設備をいいます．
- 中央式間接加熱給湯方式は，ホテルや病院など湯の供給箇所が多い建物，多量の湯を必要とする大規模な事務所ビルなどに多く用いられています．
- これらの建物では，給湯箇所が多いので使用箇所ごとに加熱器を設置する局所式給湯方式は不経済であり維持管理も難しくなります．
- そこで，建物の特定の場所にボイラーまたは温水発生器を設置して，つくられた湯を必要とする箇所に循環ポンプで給湯する**中央給湯方式**が用いられるのです．
- また，多量の湯をつくるには，ボイラーまたは温水発生器を必要としますが，これらで直接つくった温水（例：ボイラー水）を，そのまま給湯するのは，衛生上好ましくありません．
- そこで，これら温水や蒸気を熱源として，熱交換器で上水を加熱し，衛生的な湯として給湯する**間接加熱給湯方式**が用いられるのです．
- ホテル，病院などで用いる中央式間接加熱給湯方式の給湯配管を単管式配管方式として湯を供給すると，給湯栓を開いてもすぐに適温の湯が得られず不便ですので，これを防ぐために，複管式給湯配管方式が用いられています．
- **複管式給湯配管方式**とは，貯湯槽より各給湯栓へ給湯管という送り管で湯を供給し，給湯栓で使用されなかった湯を返湯管という返り管によって貯湯槽に戻し，ここで再度適温に加熱して給湯管で給湯し循環させ，給湯栓を開いたら適温の湯がすぐに得られる方式をいいます．
- 湯の循環は，一般に循環ポンプによる**強制循環方式**が用いられています．

4. 給湯設備は湯を供給する

22 ボイラー利用中央式間接加熱給湯方式

ボイラー利用中央式間接加熱給湯方式 ―間接加熱式貯湯槽―

（図：膨張水槽、逃し管、給湯、給湯栓、返湯、返湯管、給湯管、蒸気、循環ポンプ、貯湯槽、加熱コイル、給水管、ボイラー）

ボイラー利用中央式間接加熱給湯方式の構成

- ボイラー利用中央式間接加熱給湯方式の給湯設備は，ボイラー，貯湯槽，膨張水槽，循環ポンプと，これらをつなぐ給湯配管などから構成されます．
- **貯湯槽**とは，密閉された容器内に使用量に見合った量の湯を保有し，常時一定温度に加熱して給湯するための装置をいいます．
- 間接加熱式貯湯槽では，密閉された容器内にU字型に曲げた加熱コイルを設けて熱交換器とし，加熱コイル内にボイラーからの蒸気（蒸気ボイラー）または温水（温水ボイラー）を通して熱源とし，容器内の上水・湯（返湯）を加熱します．
- 貯湯槽は，常時相当量の湯を貯えていますので，湯の消費量が急増しても，その変動の影響を直接ボイラーに及ぼさずにすみます．
- 貯湯槽は，給湯温度の制御が容易であることから，効率よく給湯できるのが特徴といえます．

給湯設備の安全装置 ―膨張水槽―

- 水は，4℃のときに単位重量当たりの体積（比体積）が最小で，熱せられるとその比体積が大きくなり膨張する性質があります．
- 水は，ほとんど非圧縮性ですから，密閉した容器や配管内の水を加熱すると，圧力が異常に上昇し容器や配管を破壊する危険があります．
- このため給湯設備の加熱装置には，水の温度による膨張量を吸収することを目的として，**膨張水槽**が安全のため設けられています．
- 貯湯槽の水が加熱により，異常膨張した分の湯（膨張水）を膨張水槽へ放出するための逃し管を設け，自動的に給湯設備の外に排水します．給湯用補給水槽を兼ねる場合は貯湯槽へ戻します．
- 給湯設備の配管内の水温の変化に伴い，給湯配管も膨張・収縮します．
- 配管の伸縮による応力を吸収するために直線部分には伸縮管継手や伸縮曲管を使用します．

23 給湯設備の加熱機器にはいろいろある

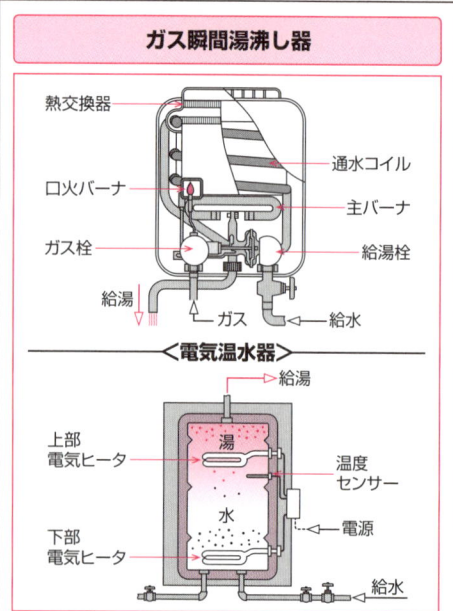

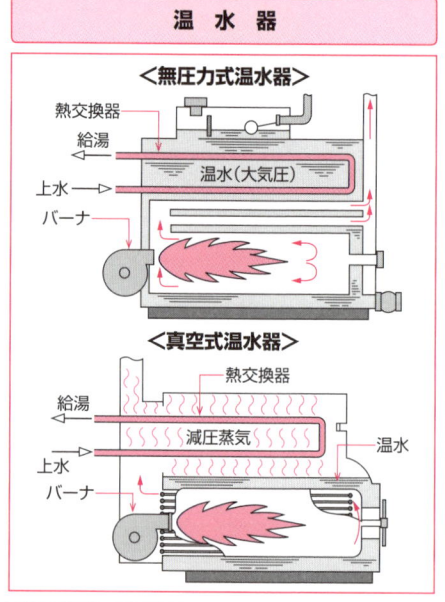

給湯設備の加熱機器　　　　　　　　―ボイラー・湯沸し器・温水器―

- 給湯設備の加熱機器とはボイラー，湯沸し器，温水器などの水を加熱する機器の総称をいいます。
- ボイラーは，密閉した容器内の水を重油などの燃焼熱により加熱し，大気圧を超える圧力の蒸気または温水を発生し，これを他に供給します。
- ガス瞬間湯沸し器は，給湯栓を開くと，自動的に熱源であるガスが点火して，上水が連続的に加熱されて湯となり給湯される機器をいいます。
- ガス瞬間湯沸し器は，湯を断続的に少量使用する場合に適しており，構造上，元止め式と先止め式があります。
- 元止め式ガス瞬間湯沸し器は，湯沸し器の給湯栓により，湯を出したり，止めたりします。
- この方式は，湯沸し器自体の給湯栓でしか給湯できず，配管して給湯することもできません。
- 先止め式ガス瞬間湯沸し器は，一般に屋外などに設置し，そこで沸かした湯を配管により，各所（例：台所・洗面，浴室）の給湯栓に給湯し，その開閉により湯を出したり止めたりします。
- 温水器は，温水ヒータともいい，発生する蒸気圧力を大気圧以下にして温水をつくる装置をいい，無圧力式，真空式，電気式があります。
- 無圧力式温水器は，容器内を大気圧として，水（熱源水）を満水にし，バーナの燃焼ガスで水を加熱した温水で容器内の熱交換器中を通過する上水を加熱して湯として貯湯槽に供給します。
- 真空式温水器は，容器内を真空ポンプで大気圧以下に減圧して，内部の水（熱源水）を蒸発させ，この減圧蒸気で容器内の熱交換器中を通過する上水を加熱して湯として貯湯槽に供給します。
- 電気温水器は，容器に上水を留め，深夜電力などを利用した電気ヒータで沸かし保温します。

4. 給湯設備は湯を供給する

24 給湯配管の考慮すべき事項

給湯配管に適した配管材料

区分	材質	品名
金属管	銅管	銅管
	鋼管	耐熱性硬質塩化ビニルライニング鋼管
		ステンレス鋼管
非金属管	プラスチック管	架橋ポリエチレン管
		耐熱性硬質ビニル管

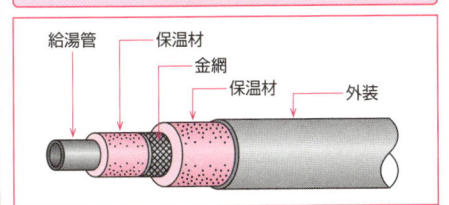

給湯配管の伸縮管継手と伸縮曲管

〈伸縮管継手〉
● ベローズ形伸縮管継手　● スリーブ形伸縮管継手

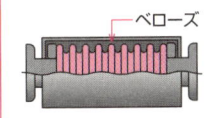

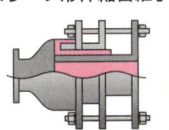

〈伸縮曲管〉

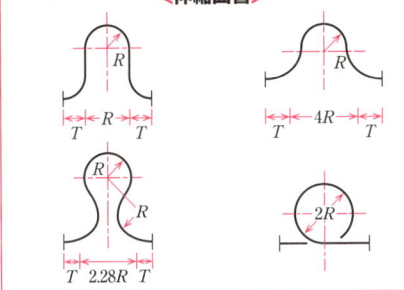

給湯管の保温

給湯配管の電気化学的腐食・湯温変化による伸縮・保温

＜給湯設備に適した配管材料＞
- 給湯配管材料は，供給する湯の温度に十分耐え衛生的でなくてはならないので，銅管，耐熱性硬質ビニル管，耐熱性硬質塩化ビニルライニング鋼管，架橋ポリエチレン管，ステンレス鋼管などが用いられます。
- これらの管は，単一に用いられることは少なく，必要箇所に応じて組み合わせて配管されます。

＜給湯配管施工に関する考慮事項＞
- 空気が容易に抜けるように配管勾配を設ける。
- 鋼管使用時には電気化学的腐食防止策を講じる。
- 温湯による配管膨張に関する対応策を講じる。
- 湯の滞留部分をなくす。
- 循環ポンプは返湯管に設ける。

＜電気化学的腐食に関する考慮事項＞
- 給湯配管において銅管と鋼管を接続すると，異種金属接合による電気化学的腐食が生じ，鋼管が腐食するので，これを防ぐため接続部に防食管継手を用いる必要があります。

＜配管材の伸縮に関する考慮事項＞
- 給湯配管内の湯温の変化による管の伸縮で生ずる応力をやわらげ，配管の損傷，湯漏れを防ぐため伸縮管継手や伸縮曲管が用いられます。
- 伸縮管継手には，ベローズ形，スリーブ形などがあります。

＜給湯配管の保温に関する考慮事項＞
- 給湯配管のように，湯や蒸気といった高温流体の配管は，内部流体温度とその周囲温度との差が大きいため，高温から低温へ熱が移動するという原理により，高温流体の保有する熱量が大気中へ放出され熱エネルギーの損失が生じます。
- これを防ぐため，給湯配管の表面を熱伝導率の極めて小さい物質（保温材）で覆って，大気への熱放出を少なくすることを**保温**といいます。

第3章 給排水衛生設備の基礎知識

5 衛生器具は給排水を必要とする箇所に設ける

25 衛生器具とはどういう器具か

衛生器具 —例—

- 給水器具
  - 給水栓
  - 給湯栓
  - 止水栓
  - ボールタップ

- 水受け容器
  - 大便器
  - 小便器
  - 洗面器
  - 浴槽

- 排水器具
  - 排水金具
  - トラップ
  - 床排水口

- 付属品
  - 洗面所の鏡
  - 石けん入れ
  - トイレの紙巻き

衛生器具は給水器具・水受け容器・排水器具・付属品をいう

- **衛生器具**とは，建築物の給水・給湯，排水を必要とする箇所に設ける給水器具，水受け容器，排水器具およびこれらの付属品の総称です．
- **給水器具**には，水受け容器に給水・給湯するための器具で給水栓，給湯栓，止水栓，ボールタップなどがあります．
- **水受け容器**には，使用する水・湯や使用した水・湯もしくは洗浄されるべき汚物を一時貯留またはこれらを排水系統に導くために用いられる器具・容器で，大便器，小便器，洗面器，手洗い器，浴槽などがあります．
- **排水器具**は，水受け容器と排水管の接続器具の総称で排水金具，トラップや床排水口などがあります．—第3章6節参照—
- **付属品**は，一般にアクセサリーと総称され，洗面所の鏡，石けん入れ，トイレの紙巻き，便座などで，水は使用しませんが，衛生器具の一部として，必ず用いられるものをいいます．
- 衛生器具のうち陶製のものを**衛生陶器**といいます．
- 陶製の衛生器具は複雑な形状のものをつくりやすく，また吸水性が少ないのが特徴です．
- 衛生器具をトイレ，台所，浴室などで組み合わせて設置し，衛生環境を構成，維持するための設備を**衛生器具設備**といいます．

5. 衛生器具は給排水を必要とする箇所に設ける

26 大便器の形式とその給水方式—水受け容器—

洋風大便器（例）

―洗浄タンク方式―
← 洗浄タンク
← 洋風大便器

―洗浄弁方式―
← 洗浄弁
← 洋風大便器

和風大便器（例）

―洗浄タンク方式―
（洗い出し式）
← 洗浄タンク
← 和風大便器

大便器の形式には和風・洋風があり，給水方式には洗浄弁方式・洗浄タンク方式がある

- ❖ 大便器に要求される性能は，臭気の発生が少なく，使用時に汚れが付着しにくく，また便鉢内にたまった水面，つまり留水面が広く，汚物などを円滑に排出することです。
- ● 大便器の種類は，形式，給水方式，洗浄方式により分類されます。
- ❖ **大便器の形式**には和風大便器と洋風大便器があります。
- ❖ **和風大便器**は，**しゃがみ式大便器**ともいい，しゃがんだスタイルで使用する大便器のことです。
- ● 和風大便器では，洗い出し式が一般的で，水深のごく浅い便鉢に汚物を一時ためて，洗浄水でトラップ内に押し流す方式の大便器です。
- ❖ **洋風大便器**は，**腰かけ式大便器**ともいい，便座に腰かけたスタイルで使用する大便器です。
- ● 洋風大便器は，排水配管がしやすいことなどから普及し，今日に至っています。

- ❖ 大便器の汚物を洗浄，排出するためには，短時間に勢いよく多量の水を流す必要があり，その洗浄水の**給水方式**には，洗浄弁方式と洗浄タンク方式があります。
- ❖ **洗浄弁方式**は，**フラッシュバルブ方式**ともいい，大便器の洗浄に用いる弁（洗浄弁）を給水管に取り付け，弁の操作によって，給水管の圧力を利用して洗浄水を大便器に流し，汚物を洗い流す方式をいい，連続使用が可能です。
- ● 洗浄弁の操作は，ハンドル式，ボタン式，足踏み式，自動感知式などがあります。
- ❖ **洗浄タンク方式**は，**ロータンク方式**ともいい，大便器よりやや高い位置にタンク（水槽），いわゆるロータンクを設け，ここに一定量の水をため，この水を大便器に供給し，汚物を流す方式をいい，タンクを満水にするのに時間がかかるため，連続使用はできません。

27 大便器の洗浄方式―水受け容器―

大便器の洗浄方式の種類

洗い出し式大便器 ／ 洗い落し式大便器 ／ ブローアウト式大便器

サイホン式大便器 ／ サイホンゼット式大便器 ／ サイホンボルテックス式大便器

大便器にはいろいろな機能をもつ洗浄方式がある

- 大便器の洗浄方式には，洗い出し式，洗い落し式，ブローアウト式，サイホン式，サイホンゼット式，サイホンボルテックス式があります。
- 洗い出し式大便器とは，便鉢に汚物をためておき，洗浄時の水勢によってトラップ側に汚物を運び，器外に排出する方式をいいます。
  - 水たまり部が，他の方式に比べ浅いので，水の跳ね返りはありませんが，臭気が発散しやすく，主に和風大便器に使われます。
- 洗い落し式大便器とは，漏斗形の便鉢底部にトラップを設けて，洗浄時にトラップ部の溜水面が上昇し，その落差によって，汚物を器外に排出する方式をいいます。
- ブローアウト式大便器とは，便鉢の排水底部に設けた噴射口(ゼット穴)から洗浄水を強く噴出させ，その作用で溜水を排水管のほうに誘い出し，汚物を吹き飛ばし，器外に排出させる方式をいいます。
- サイホン式大便器とは，トラップ排水路を屈曲させて，洗浄のとき排水路内を満水にし，洗浄水で自己サイホン作用を起こさせることによって汚物を吸収し，器外に排出する方式をいいます。
- サイホンゼット式大便器とは，トラップ内に噴射口(ゼット穴)を設け，噴射口から勢いよく水を噴出させて，強制的にサイホン作用を起こさせ汚物の排出力を強力にした方式をいいます。
- サイホンボルテックス式大便器とは，タンク部より便器内へ洗浄水を短時間に吐出させることにより，水位差をつくり出し，洗浄水に回転運動を与える渦巻作用とともに，サイホン作用を発生させ汚物を器外へ排出する方式をいいます。
  - 溜水面が広く臭気の発散や汚れが少なく，空気の混入も少ないので，排水音も静かです。

5. 衛生器具は給排水を必要とする箇所に設ける ■

28　小便器の形式と洗浄方式 ─水受け容器─

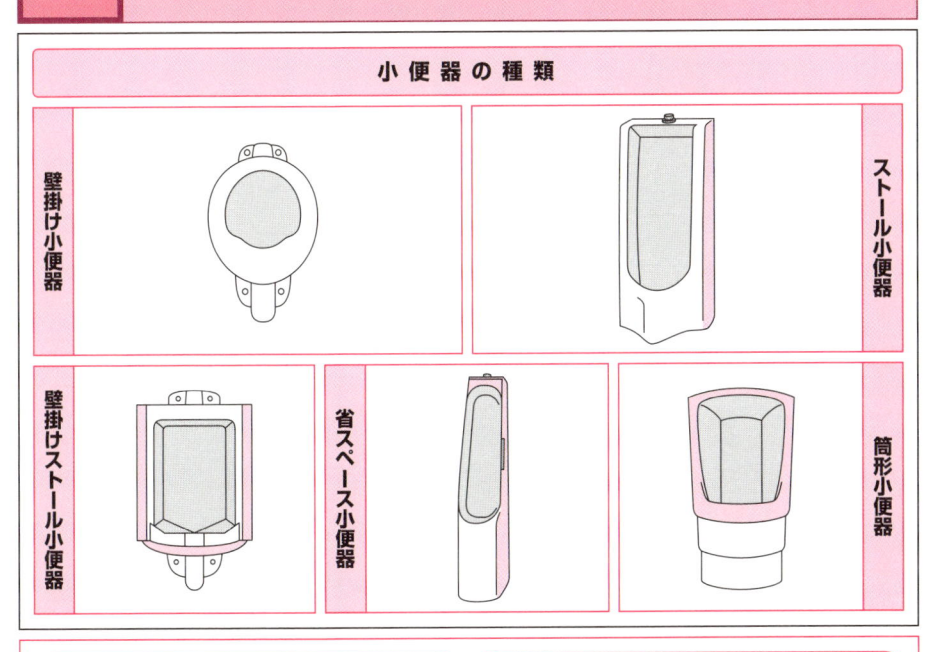

小便器の種類

壁掛け小便器

ストール小便器

壁掛けストール小便器

省スペース小便器

筒形小便器

小便器の形式にはいろいろある

- ❖小便器は，主として男性の小便用に使用される水受け容器をいいます．
- ●小便器の種類は，形式と洗浄方式により分類されます．
- ❖小便器の形式には壁掛け形，ストール形，壁掛けストール形，省スペース形，筒形があります．
- ●壁掛け小便器とは，壁面に取り付ける漏斗形をした小便器をいい，取付け高さによって子供には使いにくいことがあります．
- ●ストール小便器とは，床に据え付ける方式の小便器で，大人にも子供にも使えます．
- ●壁掛けストール小便器とは，ストール小便器の高さを縮めて壁掛け形にした小便器をいいます．
- ●省スペース小便器は，限られた空間でも取り付けられるので，住宅などで用いられています．
- ●筒形小便器は，筒状の形をした小便器で，和風の店舗などに馴染みます．

小便器の洗浄方式にはいろいろある

- ❖小便器の洗浄は，洗い落し式で，その洗浄方式には，感知自動洗浄方式，自動サイホン方式，手動洗浄弁方式などがあります．
- ●感知自動洗浄方式とは，小便器ごとに赤外線感知装置を内蔵した感知洗浄弁を設け，赤外線センサにより，小便器の前に立った人を感知し，立ち去ると，洗浄弁を開いて最適な水量によって洗浄する方式をいい多く使用されています．
- ●自動サイホン方式とは，所定の高さに取り付けたハイタンクへ常に一定量の水を給水し，タンク内の水位が一定位置に達すると，内部のサイホン作用によって，タンク内の水が一気に洗浄管を通って小便器に放出される方式をいいます．
- ●手動洗浄弁方式とは，大便器の洗浄弁と同じ考えによるもので，小便器洗浄弁の押しボタンを押すと，一定時間内に一定量の水が流出して，洗浄した後自動的に弁が閉じる方式をいいます．

29 洗面器の形状と取付け方式 —水受け容器—

洗面器の形状

- 角形洗面器（給水器）
- 丸形洗面器（オーバーフロー／給水器）
- 袖付き形洗面器（給水器）

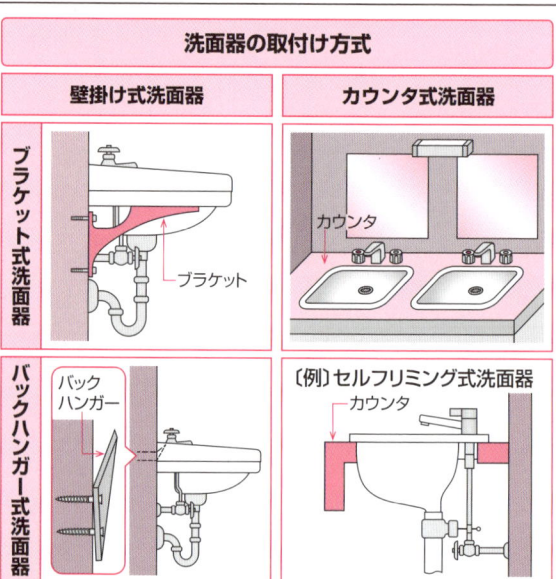

洗面器の取付け方式

壁掛け式洗面器
- ブラケット式洗面器（ブラケット）
- バックハンガー式洗面器（バックハンガー）

カウンタ式洗面器
- カウンタ
- 〔例〕セルフリミング式洗面器（カウンタ）

洗面器の取付け方式には壁掛け式とカウンタ式がある

- **洗面器**とは，器内に水や湯をためて，顔や手を洗うことを目的とする水受け容器をいいます．
- 洗面器には，トラップの流入側にオーバーフロー装置が設けられています．
- **洗面器の形状**には，角形，丸形，袖付き形などがあります．
- **洗面器の取付け方式**には，壁掛け式とカウンタ式があります．
- **壁掛け式洗面器**は，壁面に直接取り付ける方式で，ブラケット式とバックハンガー式があります．
- **ブラケット式洗面器**とは，壁面にブラケットを取り付け，これに洗面器を載せて固定する方式をいいます．
- **バックハンガー式洗面器**とは，壁面にバックハンガーを取り付け，洗面器の後部をバックハンガーに固定する方式をいいます．
- **カウンタ式洗面器**は，はめ込み式洗面器ともいい，細長い台であるカウンタにはめ込んで取付ける方式をいい，フレーム式，セルフリミング式，アンダーカウンタ式があります．
- **フレーム式洗面器**とは，フレームと吊り金具，支持金具により，洗面器とカウンタの上面を揃えて固定する方式をいいます．
- **セルフリミング式洗面器**とは，カウンタの切り込みに洗面器をはめ込み，洗面器のリムをカウンタの切り込み穴の縁に載せ，カウンタの上に固定する方式をいいます．
- **アンダーカウンタ式洗面器**とは，洗面器をブラケットなどで，カウンタの下面に固定する方式をいいます．
- **手洗器**とは，洗面器の小形のもので，手を洗うことを目的とし，オーバーフロー装置のないものをいいます．

5. 衛生器具は給排水を必要とする箇所に設ける ■

30 浴槽と給水栓の種類

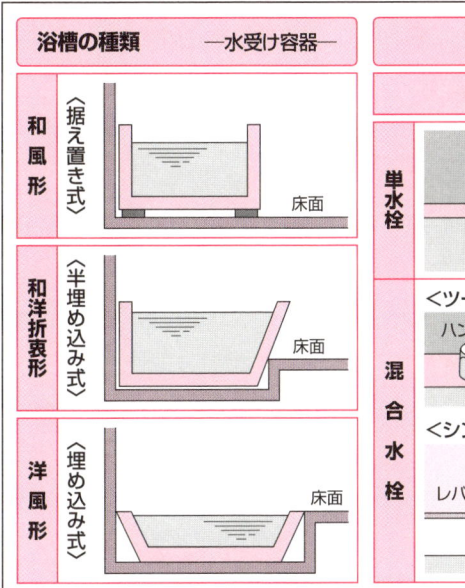

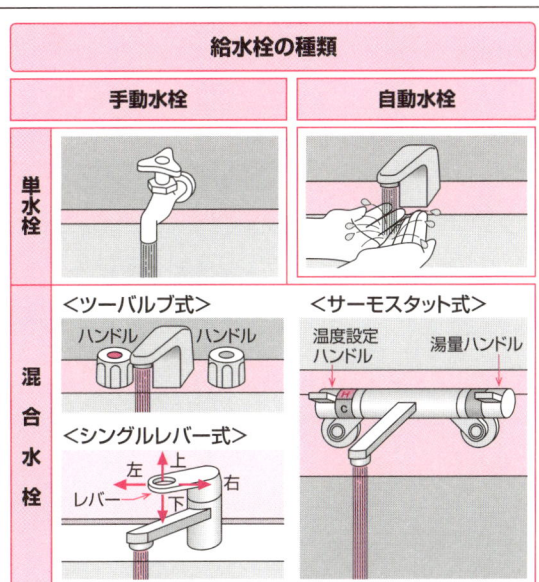

浴槽の種類 —水受け容器—

和風形 〈据え置き式〉 床面
和洋折衷形 〈半埋め込み式〉 床面
洋風形 〈埋め込み式〉 床面

給水栓の種類

手動水栓 / **自動水栓**

単水栓

混合水栓
- 〈ツーバルブ式〉 ハンドル ハンドル
- 〈サーモスタット式〉 温度設定ハンドル 湯量ハンドル
- 〈シングルレバー式〉 上 左 右 下 レバー

和風形・洋風形・和洋折衷形浴槽

- ❖ 浴槽には，和風形，洋風形，和洋折衷形があります．
- ● **和風形浴槽**は，深さがあるので，ひざを折って入り肩まで湯につかって温まることができます．
- ● **洋風形浴槽**は，深さがない代わり長いので，足を伸ばし寝た姿勢で湯につかることができます．
- ● **和洋折衷形浴槽**は，和風と洋風の中間で，深さがあるので肩までつかることができ，楽な姿勢で湯につかって温まることができます．
- ❖ 浴槽の設置方式には，埋め込み式，半埋め込み式，据え置き式があります．
- ● **埋め込み式浴槽**とは，浴槽を床面と同じ高さに埋め込んで設置する方式をいいます．
- ● **半埋め込み式浴槽**とは，床面に対して浴槽を3分の1程度埋め込んで設置する方式をいいます．
- ● **据え置き式浴槽**とは，浴槽を床面に直接置いて設置する方式をいいます．

自動水栓・手動水栓，単水栓・混合水栓

- ❖ **給水栓**（蛇口）とは，水受け容器へ給水・給湯するための器具をいいます．
- ❖ 給水栓には，手で開閉する手動水栓と自動水栓があります．
- ● **自動水栓**は，器具に触れず手を出せば吐水し，手を引っ込めると自動的に吐水が止まります．
- ❖ 給水栓には，水・湯のみを供給する**単水栓**と水・湯を混合し，適温にして供給する**混合水栓**があります．
- ● 混合水栓には，二つのハンドルを設け，水と湯の量をそれぞれのハンドルで適温にする**ツーバルブ式**，レバーの上下で水と湯の量を調整し，レバーを左右に回転することで湯の温度を調整して適温にする**シングルレバー式**，温度設定ハンドルで希望する温度に設定しておいて，量を調節するハンドルを回せば，自動的に適温の湯が出る**サーモスタット式**があります．

129

6 排水設備は排水を処理する

31 排水にはこんな種類がある

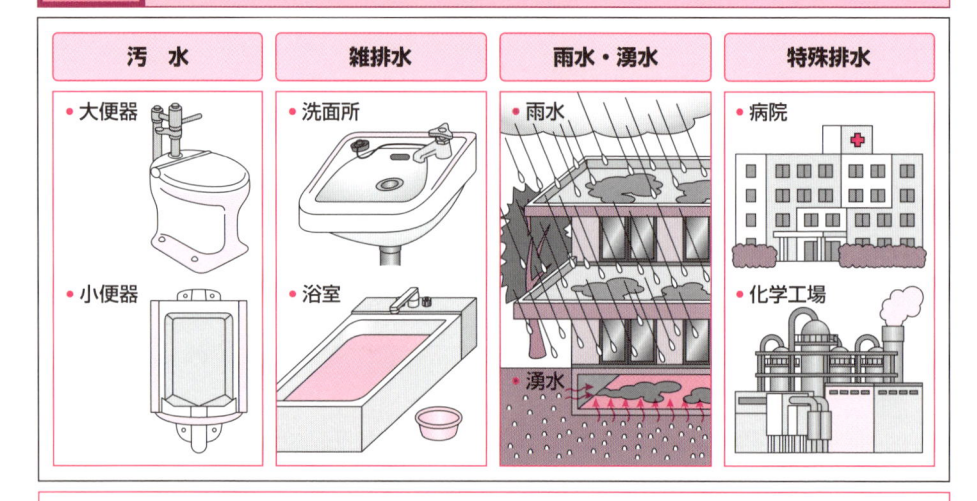

汚水	雑排水	雨水・湧水	特殊排水
・大便器 ・小便器	・洗面所 ・浴室	雨水 湧水	・病院 ・化学工場

排水には汚水・雑排水・雨水・湧水・特殊排水がある

- **排水**とは，建物およびその敷地内で生じる汚水，雑排水，雨水，湧水，特殊排水などの捨て水のすべてをいいます．
- **汚水**とは，人体からの排せつ物，特にし尿を含む排水，すなわち，大小便器およびこれに類する汚物流しなどの器具から排出する排せつ物，紙などの固形物を含む排水をいいます．
- **雑排水**とは，汚水，雨水，湧水，特殊排水を除いた一般的な排水をいいます．たとえば，台所，浴室，洗面所などからの排水です．
- **雨水**とは，屋根および敷地に対する降雨水をいいます．
- **湧水**とは，建物の地下外壁または床からの浸透水をいいます．
- **特殊排水**とは，病院，研究所，工場などからの特殊な薬液，危険性のある細菌，放射能などを含んだ排水をいいます．
- 特殊排水は，その事業所などにおいて，浄化処置をした後でなければ，公共下水道に放流することはできません．
- 建物内での生活および事業もしくは敷地内で生ずる汚水，雑排水，雨水，湧水そして浄化処理した特殊排水を総称して**下水**といいます．
- 下水を排除するために設けられた施設を**下水道**といいます．
- 飲料水としての上水を供給する施設を**上水道**といい，これに対し排水を浄化して河川や海に放流する施設を下水道といいます．

6. 排水設備は排水を処理する

32 排水の種類による排水方式

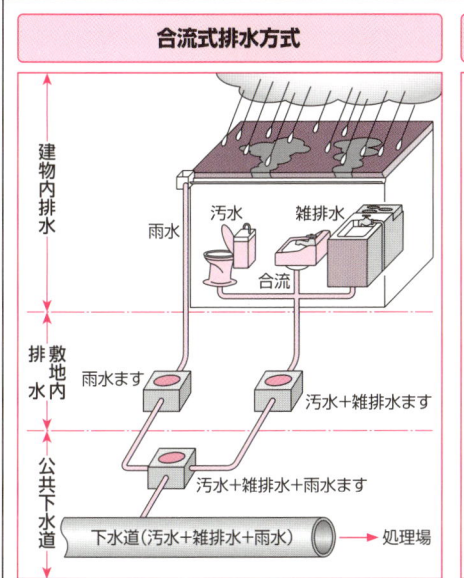

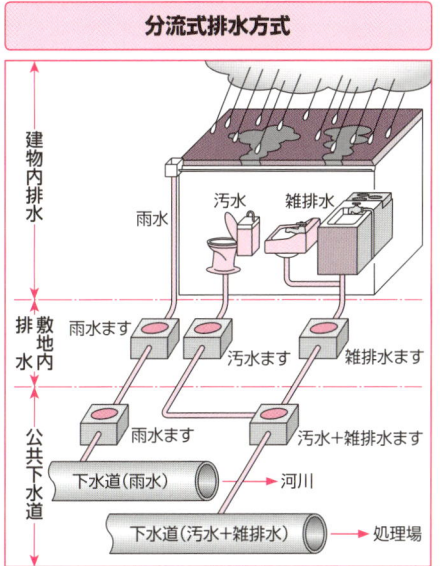

合流式排水方式

(図: 建物内排水では汚水・雑排水・雨水が合流し、敷地内では雨水ますと汚水+雑排水ますを経て、公共下水道で汚水+雑排水+雨水として処理場へ)

分流式排水方式

(図: 建物内排水で汚水・雑排水・雨水を別々に、敷地内で雨水ます・汚水ます・雑排水ますを経て、雨水は下水道(雨水)から河川へ、汚水+雑排水は下水道(汚水+雑排水)から処理場へ)

排水方式には排水の種類により合流式と分流式がある　　　─排水設備─

- 建物およびその敷地内で生じる汚水，雑排水，雨水，特殊排水などを公共下水道に排出するための設備を**排水設備**といいます．
- 排水管，そしてこれらを接続するために必要な継手類，バルブ，各種付属品を含むすべての系統を**排水系統**といいます．
- 排水系統には，汚水を導く**汚水系統**，雑排水を導く**雑排水系統**，雨水をまとめて導く**雨水系統**，そして下水道に直接放流できない特殊排水を導く**特殊排水系統**があります．
- **排水方式**には，排水の種類による系統区分として，**合流式**と**分流式**があります．
- 合流式と分流式は，建物内排水，敷地内排水そして公共下水道の状況によって異なります．
- 建物内排水系統では，汚水と雑排水を一緒にして同一配管にする方式を合流式といい，汚水と雑排水を別配管とする方式を分流式といいます．

- 敷地内排水系統では，汚水と雑排水を一緒にするか分けるかによって合流式と分流式に区分されます．
- 敷地内において，汚水と雑排水を一緒にして同一配管とし，雨水を別配管とする方式を合流式といい，汚水と雑排水，そして雨水をそれぞれ別配管とする方式を分流式といいます．
- 最近では，排水再利用の目的で，水質が割合に良好な雑排水を原水とするために，分流式とする場合が多くなっています．
- 公共下水道では，敷地から排水される汚水と雑排水をすべて汚水(汚水+雑排水)とし，これら汚水と雨水を同一管きょに流す方式を**合流式下水道**といい，これら汚水と雨水をそれぞれ別管きょに流す方式を**分流式下水道**といいます．
- 一般の建物では，特殊排水系統は必要ないので，ここでは省略します．

131

33 排水方法による排水方式

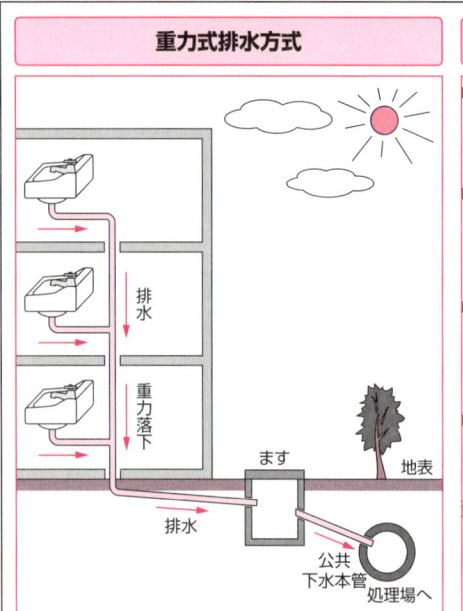

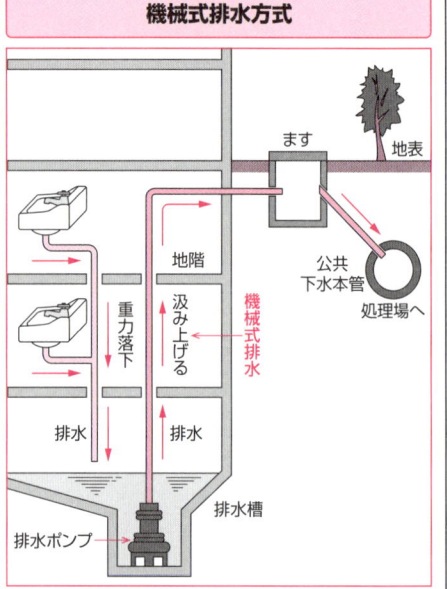

重力式排水方式

機械式排水方式

重力により排水する重力式排水方式

- ❖排水方式は，排水方法により重力式排水方式と機械式排水方式とに分けられます．
- ❖重力式排水方式とは，水が高いところから低いところに重力作用によって流れる自然流下によって排水を流す方式をいいます．
- 重力式排水方式は，排水位置が公共下水道本管などの放流先よりも高い位置の排水に用いられています．
- 一般の排水は，多くがこの重力式排水方式によって行われています．
- 排水は，衛生器具から器具排水管，排水横枝管，排水立て管，排水横主管，敷地排水管，公共下水道本管へと流れます(133頁参照)．
- 自然流下のため，水平方向に排水する横引き管には，必ず勾配を付けて落差を設け，排水を流れやすくする必要があります．

排水ポンプにより排水する機械式排水方式

- ❖機械式排水方式は，排水位置が公共下水本管などの放流先よりも低い位置の排水，または公共下水本管の収容能力や有害物質を含んでいる排水など，なんらかの理由で制限があって，直接公共下水本管に流せない排水などに用いられています．
- これらの排水は，いったん排水槽に貯留してから，時間をずらしたり，処理したりした後に，排水ポンプで屋外のます(桝)に排水されるので，これを機械式排水方式といいます(135頁参照)．
- 機械式排水方式は**圧送式排水方式**ともいいます．
- 排水ポンプの形式には，立て型・横型・水中型などがありますが，現在では床上に設置スペースを必要としない水中型が多く採用されています．

6. 排水設備は排水を処理する

34　重力式排水方式による排水配管

重力式排水方式による排水配管系統　　　—通気配管系統省略—

排水配管系統は器具排水管・排水横枝管・排水立て主管・排水横主管からなる

- 建物内の重力式排水方式による排水配管系統における排水は、各階の各衛生器具などの下部に設けるトラップより始まり、器具排水管、排水横枝管を経て、排水立て主管を流下し、1階の排水横主管に入り、建物外にある汚水ますを経て、屋外排水管そして公共下水道へと放流されます。
- 排水と通気は、切っても切れない関係にありますが、通気については、改めて142頁で説明します。
- **器具排水管**とは、衛生器具に付属または内蔵するトラップ（第3章7節参照）に接続する管で、トラップから他の排水管までの間の配管をいいます。
- **排水横枝管**とは、器具排水管からの排水を排水立て主管に導く配管をいいます。
- 重力式排水方式による排水横枝管には、排水およびそれに含まれる固形物を速やかに洗い流すのに必要な勾配を付けるようにします。
- **排水立て主管**とは、排水横枝管からの排水を垂直方向に流し、排水横主管まで導く排水管をいいます。
- 排水立て主管に流れ込んだ排水は、重力により加速し落下しますが、無限に加速するのではなく、管内壁および管内空気による摩擦損失とバランスしたところで流速はほぼ一定となり、これを**終局流速**といい、終局流速になるまでの流下長さを**終局長さ**といいます。
- **排水横主管**とは、排水立て主管から接続される水平配管で、1階に配管され、建物外に設置される汚水ますに接続されます。
- 排水横主管も排水横枝管と同じく、適切な流れを得るために、配管に勾配を付けるようにします。

133

35 排水配管施工の留意事項

排水立て主管のオフセット

＜オフセットの角度45度以下＞
- 排水横枝管
- 排水立て主管
- 600mm以上
- 管径は立て主管として決める
- オフセット
- 45°以下
- 600mm以上
- 排水横枝管

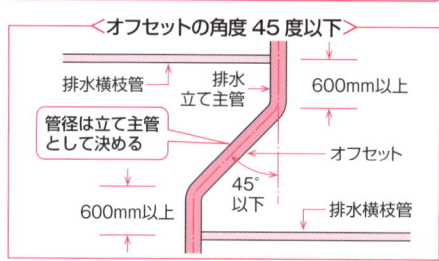

＜オフセットの角度45度超える＞
- 排水横枝管
- 600mm以上
- 管径は横主管として決める
- オフセット
- 45°超え
- 600mm以上
- 排水立て主管
- 排水横枝管

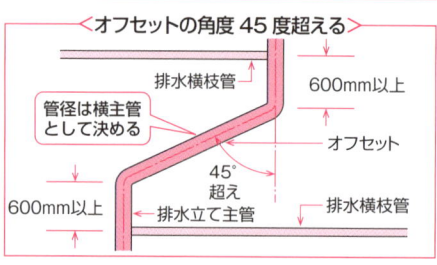

排水横管の勾配

管径〔mm〕	勾配（最小）
65以下	1/50
75，100	1/100
125	1/150
150以上	1/200

配管の勾配

- 配管の勾配は排水横管の中心線と水平線とのなす角度をいい，一般には横管の一定水平長さに対する垂直長さをいいます。
- 配管の勾配＝$\dfrac{配管の両端の高さの差}{配管の両端の水平距離}$
- 配管の勾配は何分の一（例：1/50）のように示されます。

排水立て主管オフセットの決まり

＜排水配管の管径縮小禁止＞
- 排水管は，立て管，横管のいずれの場合でも排水の流下方向に管径を縮小しないようにします。

＜排水立て主管のオフセット＞
- 排水立て主管は，上から下まですべて垂直なのが理想的ですが，建物の構造上などの理由で，止むを得ず途中で横に移動しなければならない場合があり，この横に移動する部分を"排水立て主管のオフセット"といいます。
- このオフセットの角度は，排水の流下と空気の圧力に大きな影響を及ぼすので，傾斜は45度以内とするのが，よいとされています。
- 排水立て主管にオフセットを設ける場合は，オフセットの上下600mm以上離れた位置に排水横枝管を接続するようにします。
- 排水立て主管に45度を超えるオフセットを設ける場合の管径は排水横主管として決定します。

排水横管には勾配を付ける

＜排水横管の勾配＞
- 重力式排水方式の排水横管の勾配が緩すぎると，流速が遅くなって，固形物などが流れにくくなり，逆に勾配が急すぎると，流速が速くなって，水だけが流れて固形物が残されることになります。
- そこで最小流速0.6m/s，最大流速1.5m/sに納まる勾配が推奨されています。

＜最下階の排水横枝管＞
- 最下階の排水横枝管は，原則として直接その立て主管に接続せずに単独に排水ますまで配管するか，立て主管から十分な距離をとって排水横主管に接続します。
- これは，排水立て主管の基部付近に排水時に大きな正圧が生じ，最下階排水横枝管を排水立て主管に接続すると，トラップ封水の跳ね出しによる破封の危険があるからです。

6. 排水設備は排水を処理する

36　機械式排水方式の排水制御回路

機械式排水方式の排水槽〔例〕

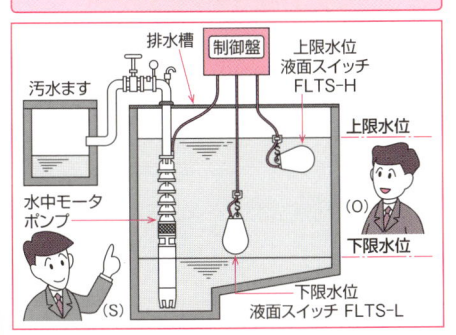

水中ポンプモータの制御回路〔例〕

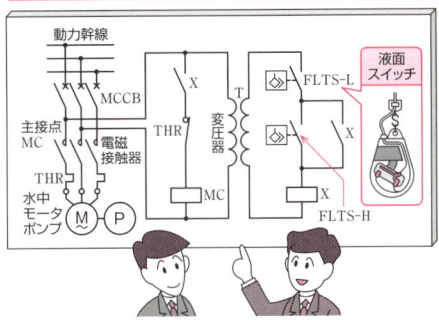

排水槽が上限水位の動作図〔例〕

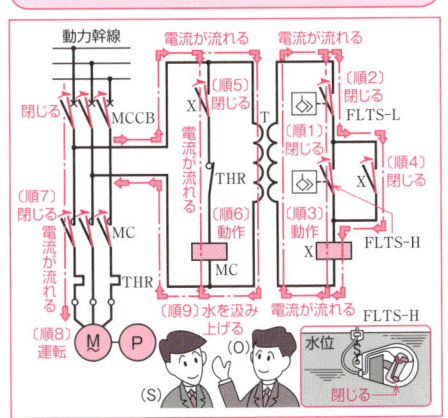

排水槽が下限水位の動作図〔例〕

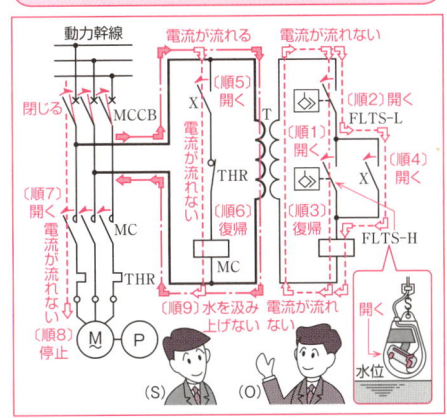

S：排水槽が上限水位になると，どうなりますか．
O：上限水位では水位が上限用と下限用の液面スイッチの上になるから，それぞれの液面スイッチのメーク接点 FLTS-H，FLTS-L が閉じて，電極リレーXが動作するのだよ．
S：ということは，電磁リレーのメーク接点Xが閉じますね．
O：メーク接点Xが閉じると電磁接触器のコイルMCに電流が流れ，主接点MCが閉じるよ．
S：それで水中モータポンプが運転して，排水を汚水ますに放流することになりますね．

S：排水が汲み上げられて，上限用液面スイッチより下になると，どうなりますか．
O：うん，上限液面スイッチのメーク接点 FLTS-H は開くが，自己保持接点Xを通って電流が流れるから，そのまま排水を汲み上げ続けることになるね．
S：下限水位になると，下限用液面スイッチのメーク接点 FLTS-L が開きますね．
O：それで電磁リレーXが復帰してメーク接点Xが開き，電磁接触器 MC を復帰させるから，水中モータポンプも停止することになるね．

135

7 排水設備にはいろいろな機能がある

37 直接排水と間接排水

直接排水 ─例：洗面器─

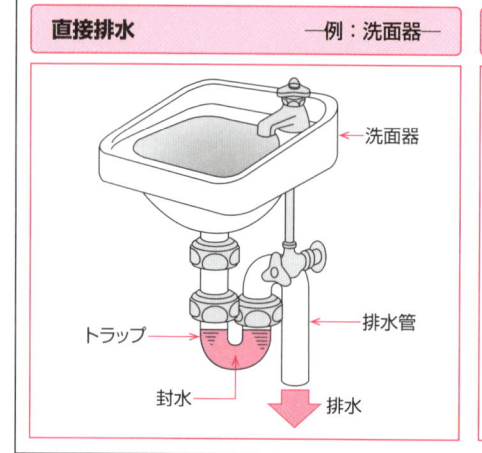

洗面器／トラップ／封水／排水管／排水

間接排水の排水口空間

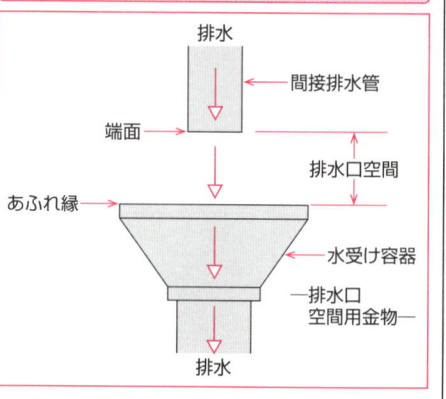

排水／間接排水管／端面／あふれ縁／排水口空間／水受け容器／排水口空間用金物／排水

汚水などの逆流による汚染を防ぐ間接排水

- 浴槽や洗面器などの器具配管を直接，排水管に接続して排水する方式を**直接排水**といいます．
- 直接排水では，器具のトラップの封水が破封（140頁参照）したり，排水管が詰まったりすると，排水管の汚水や下水ガスなどが，その器具の中に逆流し，汚染することがあります．
- 直接排水によるこのようなトラブルを防止するために，排水管の一部に開放部分を設けることによって，汚水などが開放部分より先に逆流しないようにする方式を**間接排水**といいます．
- 間接排水では，排水系統は器具から下水管までつながっているのではなく，いったん大気に開口し，そこから排水系統に直結している水受け容器に排水するようになっています．

─直接排水─

- この汚水などの逆流を防ぐために，設けられている空間を**排水口空間**といいます．
- 排水口空間は，排水系統に直結している器具，水受け容器のあふれ縁，または排水を受ける床面と間接排水管端の垂直空間をいいます．
- 間接排水に必要とする排水管に取り付ける金物を**排水口空間用金物**といい，一般に漏斗のような形状をしており**水受け容器**といわれています．
- 飲食物を扱う器具類や医療用機器などの排水は直接排水では，汚水が逆流することがあり，保健衛生上危険を生ずるので，間接排水とします．
〔例〕冷蔵庫　水飲器　食器洗浄器　洗濯機　　　　給水ポンプ　給水タンクの水抜き管　　　　消毒器　滅菌器

38 排水設備にトラップはなぜ必要なのか

トラップの機能・形状・用途による分類

機能分類	形状分類	
サイホン式トラップ	管トラップ	Sトラップ
		Pトラップ
		Uトラップ
非サイホン式トラップ	隔壁トラップ	わんトラップ
		ドラムトラップ
用途分類	衛生器具付近設置	器具トラップ
		造付けトラップ
	排水経路中途設置	床排水トラップ
		トラップます

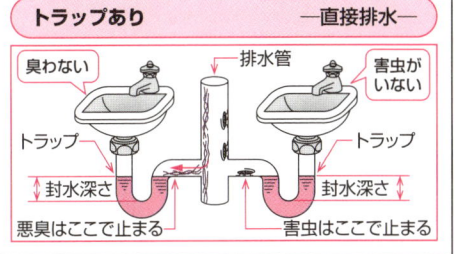

トラップは衛生器具排水口からの悪臭・衛生害虫の侵入を防ぐ

- 排水管内の排水中には，さまざまな汚物が混入しており，これら汚物は排水管あるいは排水ピットなどの内壁に付着して腐敗し，悪臭をもつ有害なガスや衛生害虫などを発生させます．
- 重力式排水方式では，排水管内を流れる汚水などは，重力による自然流下なので，排水されていないときは，排水管内は空になります．
- したがって，直接排水方式では，排水管が下水道管に接続されているので，下水道管内や排水管内に発生した下水ガスや悪臭が逆流して，衛生器具などの排水口から建物内部に侵入し，また衛生害虫なども同じく侵入して，室内が不衛生状態になります．
- そのため，排水設備には，居住空間にこのような弊害が発生するのを防ぐ目的で，**トラップ**が設けられています．
- **トラップ**とは，排水管路の一部に水が溜まる部分を設けて，悪臭や衛生害虫の侵入を防ぐもので，この溜まり水を**封水**といいます．
- 一般のトラップの封水深さは 50mm 以上 100mm 以下としています．
- これは封水深さが浅いと，破封現象が起きやすくなり，また深すぎると自掃作用が弱まって，トラップ底面に汚物などが堆積しやすくなるからです．
- トラップの満たすべき，機能・性能に関する条件は，次のとおりです．
- 下水道管内，排水管内の悪臭・衛生害虫の侵入を防ぐ構造である．
- 汚物などが付着または沈殿しない構造である．（阻集器を兼ねたものを除く）
- 掃除が容易にできる構造である．
- 流水面は平滑で汚物が停滞せず，流水によって洗い流されるような自浄作用がある．

39 管トラップはサイホン式トラップに属する

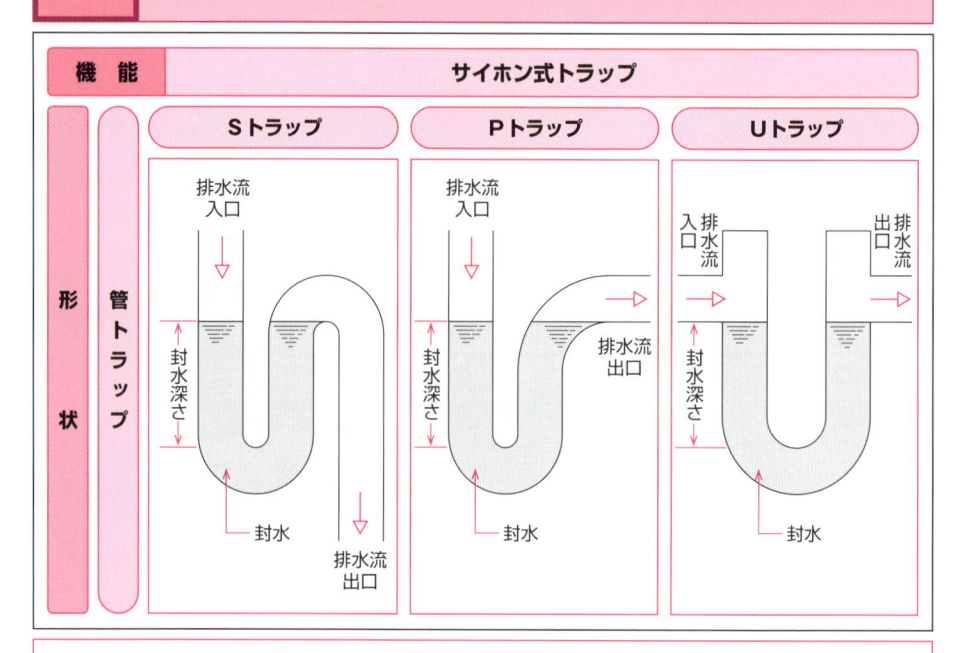

機能	サイホン式トラップ		
形状	Sトラップ	Pトラップ	Uトラップ
管トラップ	排水流入口／封水深さ／封水／排水流出口	排水流入口／封水深さ／封水／排水流出口	入口排水流／出口排水流／封水深さ／封水

管トラップにはSトラップ・Pトラップ・Uトラップがある

- トラップの種類は，機能・形状・用途により，分類することができます（前頁上欄参照）．
- 機能としては，サイホン式トラップと非サイホン式トラップに大別されます．
- 形状は，管トラップと隔壁トラップに分けられます．
- 用途としては，衛生器具付近に設置する器種と排水経路の中途に設置する器種があります．
- サイホン式トラップは，排水が排水通路を満水状態で通過することによって，サイホン作用を起こす自己洗浄作用を有し，排水の流下水勢によってトラップの封水部に沈積・付着しようとする汚物を押し流す長所がありますが，比較的封水が破られやすいという欠点もあります．
- 非サイホン式トラップは，容器内に水をためて封水部としており，サイホン作用を起こさないように，排水を通過させるもので，もしサイホン現象で封水部の一部の水がなくなっても，封水をつくるのに必要な水が残るので，封水が破られることがないのが長所です（次頁参照）．
- サイホン式トラップは，管を曲げて封水部を形成していることから，形状分類としては，管トラップに属します．
- 管トラップは，Sトラップ・Pトラップ・Uトラップに分かれており，これらは形状が英語のアルファベットに似ていることから名付けられています．
- Sトラップ・Pトラップは，洗面器や手洗い器などに用いられていますが，Sトラップは自己サイホン作用（140頁参照）を起こしやすいところがあります．
- Uトラップは排水配管の途中に設けられ，ランニングトラップともいいますが，流れを阻害するおそれがあるので排水口を設けるとよいです．

7. 排水設備にはいろいろな機能がある

40 隔壁トラップは非サイホン式トラップに属する

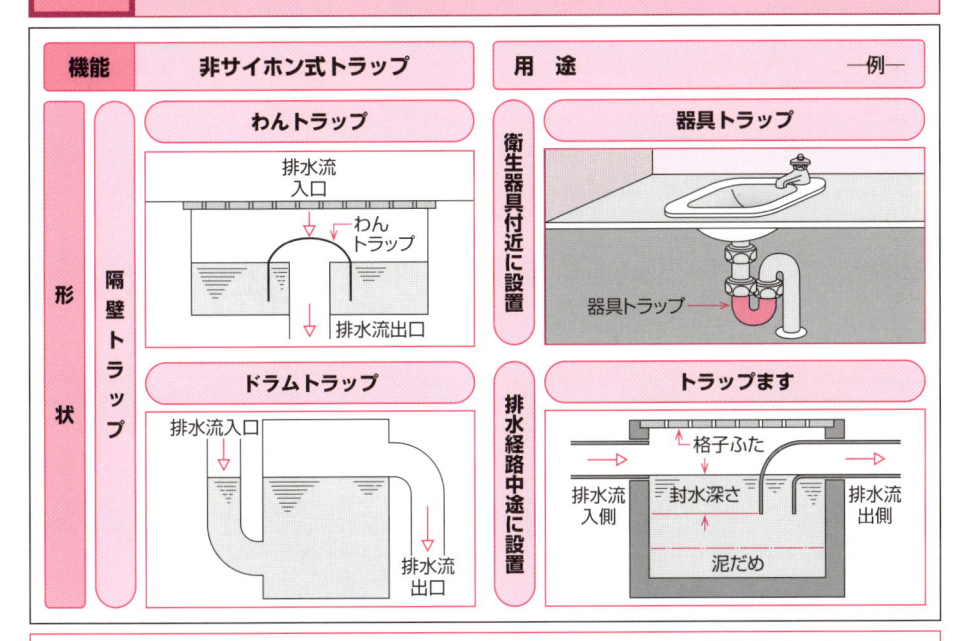

| 機能 | 非サイホン式トラップ | 用途 | ——例—— |

形状
隔壁トラップ
- わんトラップ（排水流入口／わんトラップ／排水流出口）
- ドラムトラップ（排水流入口／排水流出口）

衛生器具付近に設置
- 器具トラップ

排水経路中途に設置
- トラップます（格子ふた／封水深さ／排水流入側／排水流出側／泥だめ）

隔壁トラップの種類

- 非サイホン式トラップでは，封水部が隔板や隔壁で構成されているので，形状分類としては，隔壁トラップに属します。
- **隔壁トラップ**には，わんトラップ，ドラムトラップなどがあります。
- **わんトラップ**は，封水を構成している部分がわん(椀)の形をしており，またベルの形にも似ていることから，**ベルトラップ**ともいいます。
- **わんトラップ**は，台所流しや浴室床排水などに使用されています。
- **わんトラップ**は，わんの部分が取り外し可能ですが，もし取り外してしまうとまったくトラップ機能を失ってしまうので注意が必要です。
- **ドラムトラップ**は，封水部の形状が胴状(ドラム状)をしているので，こう呼ばれています。
- **ドラムトラップ**は，汚物をトラップ底部に堆積させ，清掃できるような構造になっています。

トラップの用途による分類

- 用途による分類としては，衛生器具付近に設置する器具トラップ，造付けトラップ，そして排水経路の中途に設置する床排水トラップ，トラップますなどがあります。
- **器具トラップ**は，各衛生器具に適応した形状，構造をもたせ付属させるようにつくられたトラップで，洗面器や手洗器などの下部の器具排水管に設けられています。
- **造付けトラップ**は，衛生器具，たとえば大便器や小便器のように内蔵されたトラップをいいます。
- **床排水トラップ**は，床排水口にトラップ機能を内蔵したトラップです。
- **トラップます**は，雨水用排水トラップとして用いられ，排水ますの底部に水溜め部を設け，排水の流出側を水没させ，封水深さを設けて，トラップ構造としたトラップをいいます。

41 トラップはこのような原因で破封する

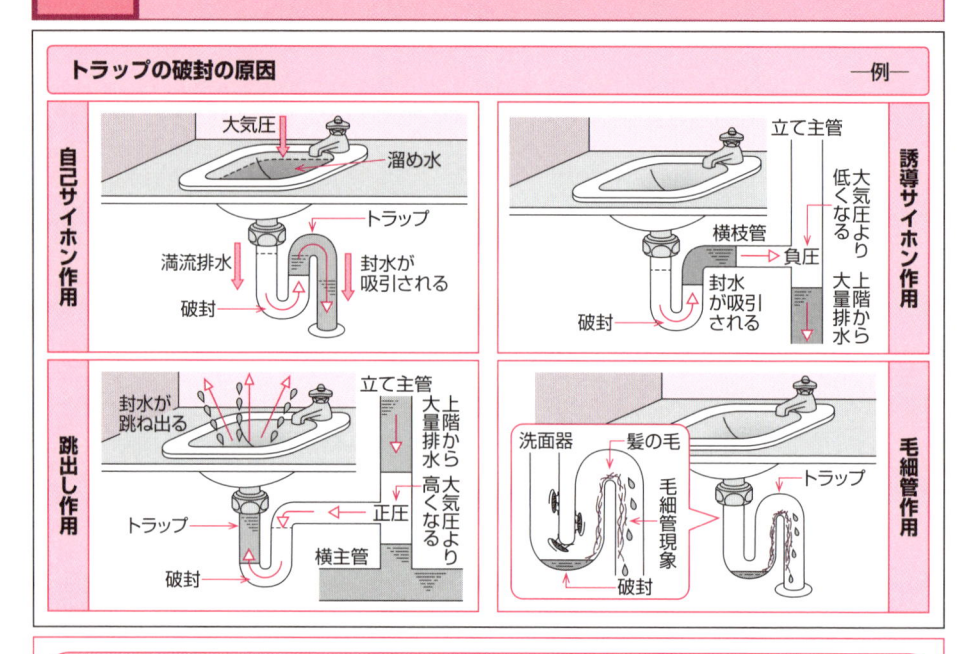

トラップの破封の原因 —例—

自己サイホン作用: 大気圧／溜め水／トラップ／満流排水／封水が吸引される／破封

誘導サイホン作用: 立て主管／横枝管／負圧／大気圧より低くなる／上階から大量排水／封水が吸引される／破封

跳出し作用: 封水が跳ね出る／立て主管／上階から大量排水／大気圧より高くなる／トラップ／正圧／横主管／破封

毛細管作用: 洗面器／髪の毛／毛細管現象／トラップ／破封

トラップの封水がなくなると破封する

❖ トラップが機能するには，封水が維持されていることが必要です．
● トラップの封水が減少してなくなって，封水面がディップ（くぼみ）より下がり，排水管から悪臭や害虫が上ってくる現象を**破封**といいます．
❖ トラップの破封の原因には，次のようなことがあります．

＜自己サイホン作用＞
● 洗面器の溜め洗いなどで排水を一気に流すと，トラップと器具排水管内の空気がなくなって，排水が満水状態で流れ，その流水のサイホン力（引張り力）によって，排水の終了時にトラップの封水も排水管側に吸引され，破封する現象をいいます．

＜誘導サイホン作用＞
● 排水立て主管に近接して衛生器具を設置した場合立て主管の上部から一気に多量の排水が落下してくると，立て主管と横枝管との接続部付近の圧力が大気圧より低くなりトラップの封水が立て主管の方へ吸引され破封する現象をいいます．

＜跳出し作用＞
● 衛生器具から多量の排水がされ，立て主管から横主管に移るときに急激に流速が減少し，一時的に満水状態になり，そのとき立て主管上部から多量の排水が落下してくると，立て主管内の空気が圧縮され圧力が上昇して，封水が跳ね出して破封する現象をいいます．

＜毛細管作用＞
● トラップのあふれ部に布糸くずや毛髪などが引っかかっていると，管内壁面との間で毛細管現象が起こり徐々に封水が吸い出され破封します．

＜蒸発作用＞
● 衛生器具を長期間使用しないと，封水が自然蒸発により減少してなくなると破封します．

7. 排水設備にはいろいろな機能がある

42 阻集器は排水中の有害物質の流下を阻止する

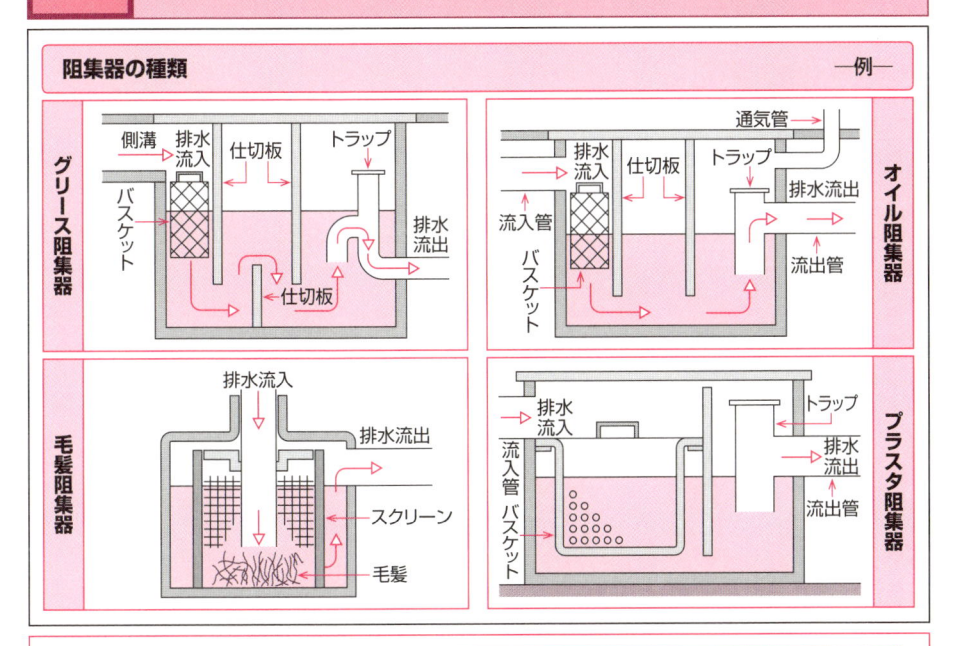

阻集器の種類 —例—

グリース阻集器: 側溝／排水流入／仕切板／トラップ／バスケット／排水流出／仕切板

オイル阻集器: 通気管／排水流入／仕切板／トラップ／排水流出／流入管／バスケット／流出管

毛髪阻集器: 排水流入／排水流出／スクリーン／毛髪

プラスタ阻集器: 排水流入／トラップ／排水流出／流入管／バスケット／流出管

阻集器には排水中の阻止すべき物質によりいろいろな種類がある

- ❖ **阻集器**とは，排水とともに流出すると，排水管を詰まらせる原因となる有害・危険な物質，または再利用できる物質の流下を阻止し，分離・回収して，残りの排水のみを自然流下させる機能をもつ装置をいいます．
- ● 阻集器には，その用途によりグリース阻集器，オイル阻集器，毛髪阻集器，プラスタ阻集器などがあります．

＜グリース阻集器＞
- ❖ **グリース阻集器**は，営業用調理場などの厨房排水に含まれる油脂類を除去するために設けます．
- ● 厨房排水に含まれる油脂類は，排水管内を流下する途中で冷えて固まり，排水管の管壁に付着し堆積して，排水の流出を妨げます．
- ● 阻集器内に仕切板を設け，流入してくる厨房排水の流速を落とし，油脂類を分離・浮上させ，これらの排水管への流出を阻止します．

＜オイル阻集器＞
- ❖ **オイル阻集器**は，給油所・洗車場・駐車場・修理工場などからの排水中のガソリン・油類が，排水管中に流入して，爆発・引火などの事故を起こすことを防止するために設けられます．
- ● オイル阻集器は，ガソリン・油類を比重差により阻集器の水面に浮上させて回収し，それらが排水管に流入するのを防ぎます．

＜毛髪阻集器＞
- ❖ **毛髪阻集器**は，美容院・理髪店などの洗面器・洗髪器からの排水中に含まれる毛髪をスクリーンによって分離・収集し，排水管に流入するのを防止します．

＜プラスタ阻集器＞
- ❖ **プラスタ阻集器**は，歯科技工室・外科ギプス室などからの排水中に含まれる石こう（プラスタ）・貴金属を回収し，排水管への流入を防止します．

141

8 排水の通気設備は排水の流れを円滑にする

43 排水の通気設備とはどういう設備か

通気管を設けない —トラップ破封の可能性—

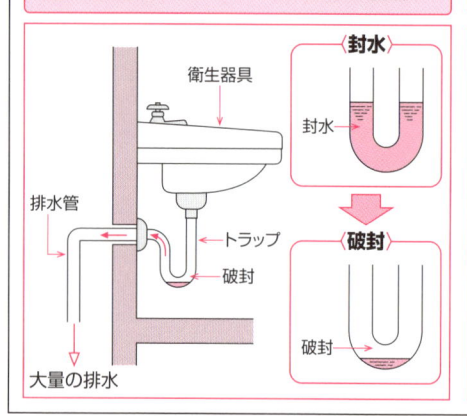

通気管を設ける —トラップの破封防止—

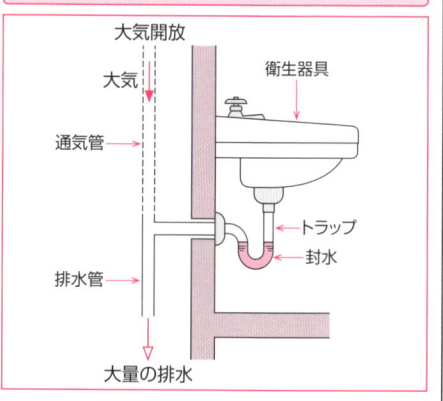

通気管は排水管内の気圧変動を抑える　　　　　　—例：トラップの破封を防ぐ—

- 一般に，排水設備では，地球の重力（引力）作用による重力式排水方式が採用されています．
- 重力式排水方式における排水は，各階の衛生器具などのトラップより，器具排水管，排水横枝管，排水立て主管を流下し，排水横主管に入り，屋外排水管から下水道に流れます．
- 排水が排水管内を流れるとき，管内の空気は水流により圧縮あるいは吸引され，管内の気圧が正圧（大気圧より高い）または負圧（大気圧より低い）に変動します．（143頁参照）
- 排水管内の気圧の変動幅が，ある限度を超えると，トラップの封水が破封し，排水管内の悪臭や衛生害虫が室内に侵入し，トラップの機能を果たさなくなります．

- トラップの封水の維持は，排水設備では衛生上重要ですので，トラップの破封を防止するため排水管内の要所を大気に開放して圧力を逃がしたり，また空気を補給して，排水管内の圧力を，常に大気圧近くに維持する必要があります．
- 重力式排水方式において，排水管と大気とを連絡し，排水管内に空気を送り管内の圧力を大気圧近くとして，排水管内の排水の流れを円滑にする管を**通気管**といいます．
- 重力式排水方式では，通気管は排水管と同じくらいの重要性をもっています．
- 重力式排水方式による排水設備において，円滑に排水するための通気設備を**排水の通気設備**といいます．

8. 排水の通気設備は排水の流れを円滑にする ▪

44　なぜ排水管内の気圧は変動するのか

排水管内の空気の流れ　―通気管なし―

排気管内の空気の流れ　―通気管あり―
<伸頂通気方式>

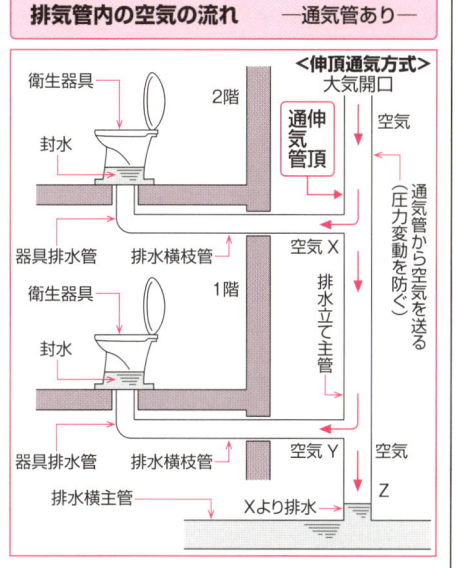

次のような現象が起こり排水管内の気圧は変動する　　　　―通気管の役割―

- 例えば、建物の1階と2階に衛生器具があり、排水管で接続されているとします。
- 2階の衛生器具での排水は、器具排水管を通って、排水横枝管からXの位置で排水立て主管に流入します。（上図左参照）
- 比較的排水流量が少ないときは、排水は排水管内壁に沿って水輪状を形成して流れ、その中に空気の核ができる状態で空気と共に流れます。
- 排水流量が多くなると、空気の核の部分に水滴が含まれた状態で落下し、空気は逃げ場を求めて、1階のYの方へ移動し、1階の衛生器具のトラップの封水を排水側から押し上げます。
- さらに排水がZの方へ移動すると、排水立て主管下部で立て主管から排水横主管へ排水の流れが変わる所で、流速が急激に減速し流れが盛り上がって排水管断面を満水にするほどになります。
- このため、X、Y部の排水管内は大気圧より低く（負圧）なります。空気を入れようとしても2階・1階の衛生器具のトラップに封水があるので、空気の入りようがなく、トラップの封水が排水側に吸い出され破封します。（上図左参照）
- 重力式排水方式では、排水管内へ自由に空気の出入りができないので、排水管内の気圧が変動し円滑な排水ができません。
- そこで、排水管内の空気が自由に出入りでき、常に大気圧近くになるようにするため**通気管**（伸頂通気管）を設けます。（上図右参照）
- 通気管は、排水の流れに伴う気圧変動によるトラップの破封を防止するのが、主な役割です。
- 通気管は、その目的上、大気に通じる末端部は必ず開口しておく必要があります。
- 通気管は、排水管内に新鮮な外気を送り込むことにより、管内での菌類やぬめりの発生を防止し、清浄にする働きもあります。

45 通気方式にはどのような種類があるのか

衛生器具ごとに通気する各個通気方式

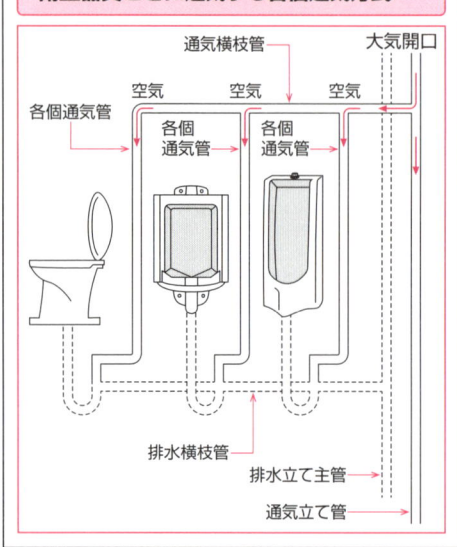

（図：各個通気管、通気横枝管、空気、大気開口、排水横枝管、排水立て主管、通気立て管）

衛生器具を一括通気するループ通気方式

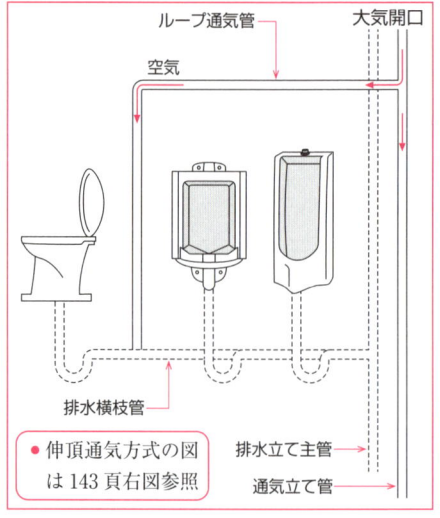

（図：ループ通気管、空気、大気開口、排水横枝管、排水立て主管、通気立て管）

●伸頂通気方式の図は143頁右図参照

通気方式には伸頂通気方式・各個通気方式・ループ通気方式がある

- 通気管は，排水系統の配管内の末端に至るまで十分に空気の流通が行われるように設け，大気に通じる管末は開口しておく必要があります．
- 通気方式には，伸頂通気方式と通気立て管を設ける方式があります．
- **伸頂通気方式**は，排水立て主管の上部を延長して末端を大気に開放し，この部分を伸頂通気管とする方式で，**1管式通気方式**ともいいます．
- 伸頂通気管は，排水立て主管上部が負圧になると，通気開口部から空気を吸引して，排水立て主管内の気圧を緩和します．（143頁右図参照）
- 伸頂通気方式は，排水立て主管に近接して衛生器具が設けられ，排水横枝管が短く衛生器具の数が少ない場合に用いられます．
- **通気立て管を設ける方式**には，各個通気方式とループ通気方式があり，いずれの方式も排水立て主管と通気立て管があるので**2管式通気方式**ともいいます．
- **各個通気方式**は，衛生器具のトラップごとに通気するための通気管をトラップ下流から取り出し，その衛生器具より上方で通気系統に接続するか，または大気中に開口するように通気配管する方式をいいます．
- 各個通気方式は，自己サイホン作用によるトラップ破封を防止するのに適しています．
- **ループ通気方式**は，排水横枝管に複数個設置された衛生器具群のトラップを一括して通気する方式をいいます．
- ループ通気方式では，通気管を排水横枝管の最終衛生器具の1個手前から立ち上げて，通気立て管に接続し，排水横枝管に発生した気圧変動を抑えるのに適しています．
- 封水維持では各個通気方式が優りますが，経済性・施工性からループ方式が主に用いられます．

8. 排水の通気設備は排水の流れを円滑にする

46 通気系統は種々な機能をもつ通気管よりなる

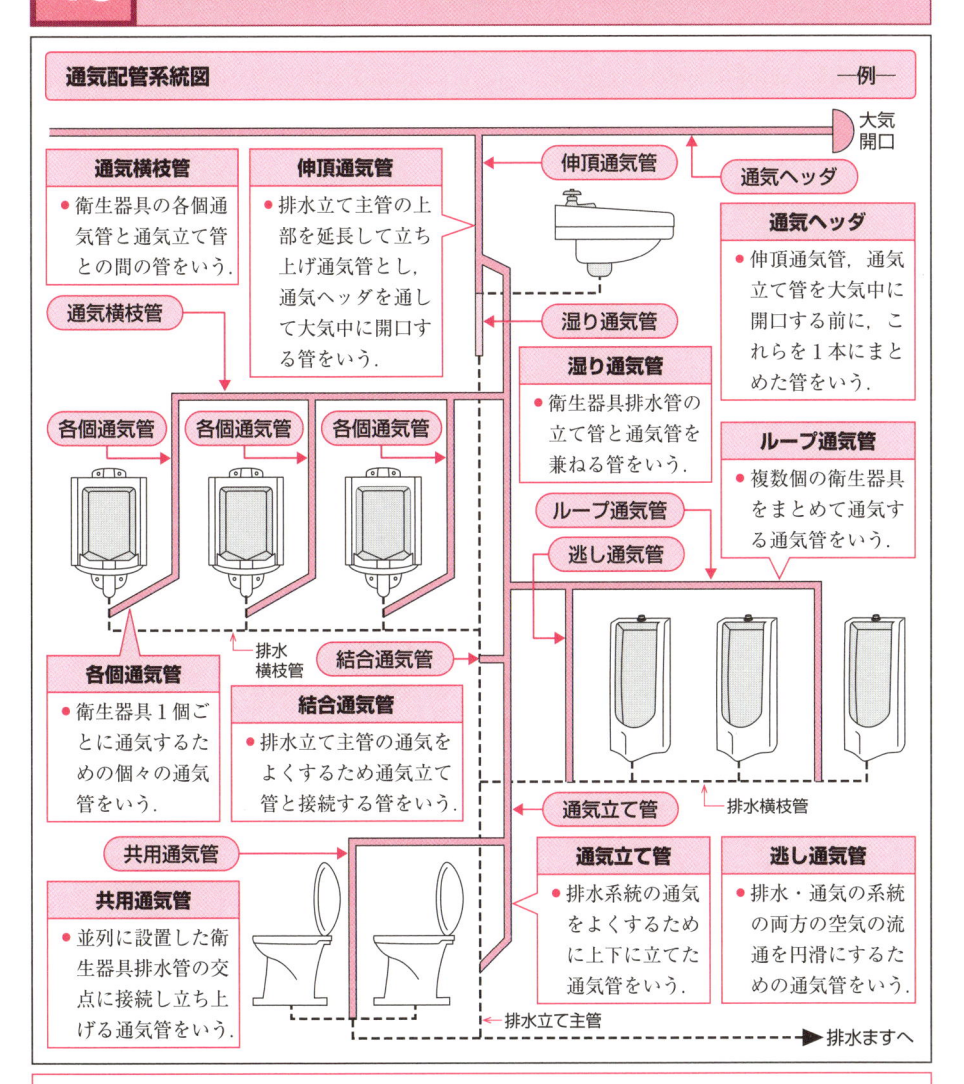

通気配管系統図　―例―

通気横枝管
- 衛生器具の各個通気管と通気立て管との間の管をいう.

伸頂通気管
- 排水立て主管の上部を延長して立ち上げ通気管とし，通気ヘッダを通して大気中に開口する管をいう.

通気ヘッダ
- 伸頂通気管，通気立て管を大気中に開口する前に，これらを1本にまとめた管をいう.

湿り通気管
- 衛生器具排水管の立て管と通気管を兼ねる管をいう.

ループ通気管
- 複数個の衛生器具をまとめて通気する通気管をいう.

各個通気管
- 衛生器具1個ごとに通気するための個々の通気管をいう.

結合通気管
- 排水立て主管の通気をよくするため通気立て管と接続する管をいう.

通気立て管
- 排水系統の通気をよくするために上下に立てた通気管をいう.

逃し通気管
- 排水・通気の系統の両方の空気の流通を円滑にするための通気管をいう.

共用通気管
- 並列に設置した衛生器具排水管の交点に接続し立ち上げる通気管をいう.

- 一般ビルにおいて，通気方式をループ通気方式または各個通気方式とするときは，通気立て管や通気横枝管を設けます.
- 通気立て管の下部は，排水立て主管の下部と接続し，排水立て主管の気圧上昇を緩和します.
- 通気系統を構成する通気管には，これまでに説明した伸頂通気管，各個通気管，ループ通気管，通気立て管，通気横枝管のほかに，湿り通気管，結合通気管，逃し通気管，共用通気管，通気ヘッダなどがあります.

145

第3章 給排水衛生設備の基礎知識

47 排水配管・通気配管系統はどうなっているか

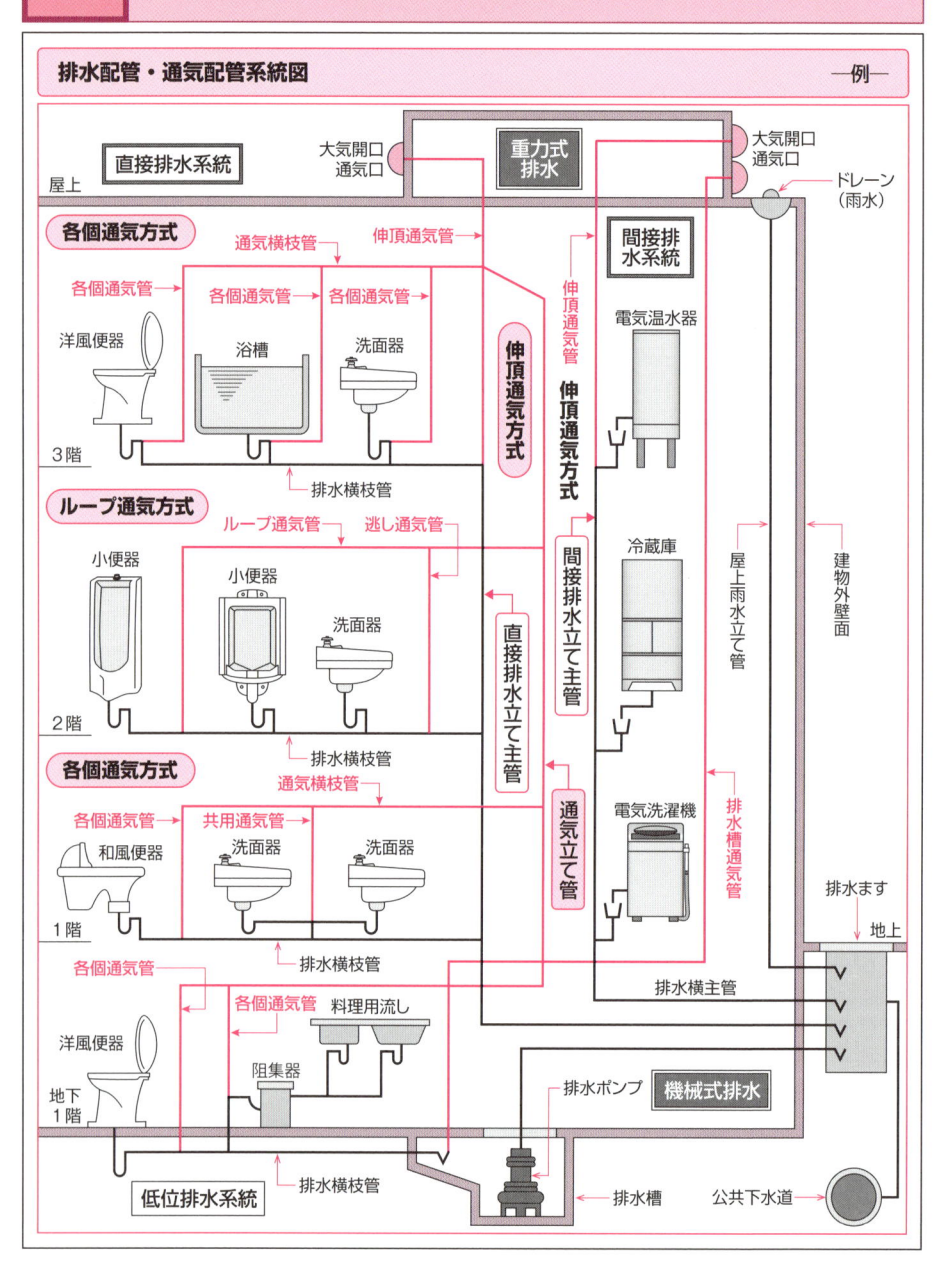

48 地下階での排水は排水槽に貯留する

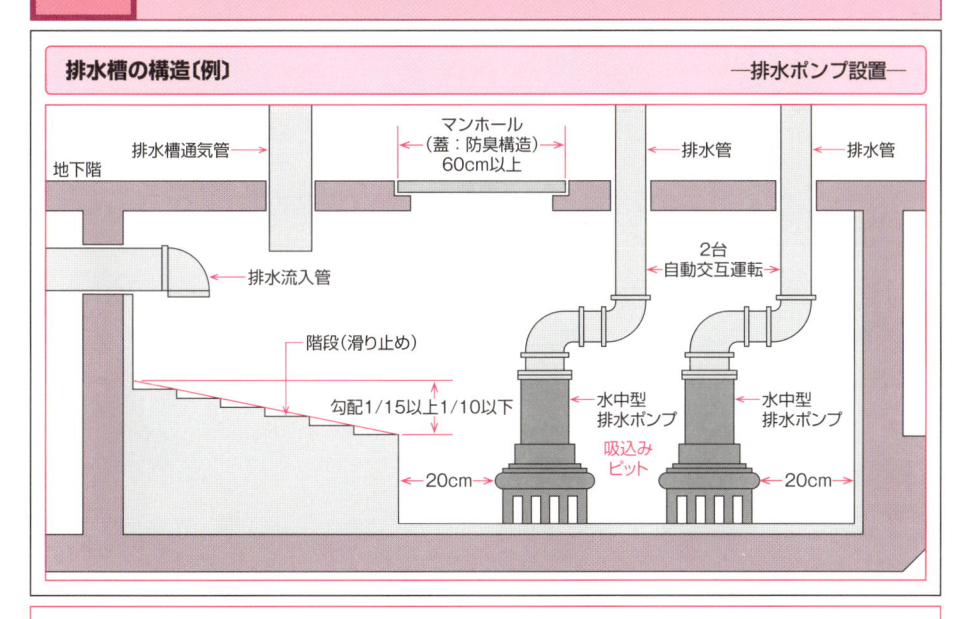

排水槽の構造〔例〕 ―排水ポンプ設置―

(図：地下階の排水槽構造。排水槽通気管、マンホール（蓋：防臭構造）60cm以上、排水管、排水流入管、階段（滑り止め）勾配1/15以上1/10以下、2台自動交互運転、水中型排水ポンプ、吸込みピット、20cm)

排水槽の排水は排水ポンプで屋外の排水ますに排出する ―機械式排水方式―

- ❖ 自然流下によって排出することのできない地下階での排水は、地階のさらに下にある排水槽にいったん貯留し、排水ポンプで屋外の排水ますに送ります。（機械排水方式：132頁参照）
- ● 排水槽の種類は、その貯留する排水の種類によって、汚水槽、雑排水槽、特殊排水槽、雨水槽湧水槽などに区分されます。
- ● 排水槽は、槽中の有機物の腐敗による悪臭が発生しないように、排水をできるだけ速やかに排出することが必要です。
- ❖ 排水槽の構造に関しては、次の事項が求められています。
- ● 排水槽の底部には、堆積する汚泥などを排水ポンプによって排出するための吸込みピットを設け、ピットに設置する排水ポンプの周囲に20cm以上の間隔がとれる大きさとします。
- ● 排水槽の底は、汚泥が吸込みピットに集積するように、ピットに向かって1/15以上1/10以下の勾配を設け、清掃時の滑り止めとして、一部を階段状とします。
- ● 排水槽には、人が内部の清掃・点検に入れるように内径60cm以上の大きさのマンホールを設け、蓋は防臭構造とします。
- ● 排水槽には、排水の流入時、排水ポンプによる排出時に空気を排出、流入させるため、また排水槽の臭気を排気するために、直接外気に開放する単独の通気管を設けます。
- ● 排水ポンプは、排出する排水や固形物の大きさなどから汚水ポンプ、雑排水ポンプ、汚物ポンプなどに区分されます。
- ● 排水ポンプの型式は、現在では、ほとんど水中型が用いられています。
- ● 一般に排水ポンプは、過大な流入や故障時の対応のため2台設置し自動交互運転をします。
- ● 排水槽は、建築物衛生法で半年に1回以上の定期清掃を実施するよう規定されています。

9 排水処理は河川などの水質汚濁を防ぐ

49 排水を河川などに放流すると水質汚濁を生じる

生活排水は排水処理をし河川などに放流する ―例：合併処理方式―

排水を河川などに放流する場合は施設内で排水処理をし浄化する

- 生活あるいは事業場・工場で使用される水は汚れて排水されるので，これら排水を直接河川などに放流すると，その水質は汚濁されます．
- 都市部のように人口密集地においては，生活様式が多様化している生活雑排水には，さまざまな物質が含まれるようになり，そのため水質汚濁の原因がより複雑化しています．
- 事業場群および工場群から排水される産業排水には，いろいろな有害物質が含まれています．
- 有害物質を含む産業排水が直接河川などに放流されると水質悪化をもたらし，悪臭の発生や河川内の魚介類などの生態関係を悪化させることになります．
- 生活雑排水には基本的に有害物質が含まれていないとはいえ，洗剤などにもみられる溶剤の放流が，永年の蓄積により河川などの汚濁の原因となっています．
- 汚水，生活雑排水，産業排水が河川などの水質を汚濁し，河川の悪臭の発生原因となります．
- 汚水，生活雑排水，産業排水を河川などの公共用水域へ直接放流することによる水質汚濁を防止するために，施設内で汚水，生活雑排水，産業排水を処理し，衛生上支障のない水質まで浄化して放流する排水処理設備が必要な場合があります．
- また，公共下水道に排水する場合においても，排水する水質によっては，浄化するための排水処理設備の必要性がある場合があります．

50 公共用水域への排水基準

排水基準

有害物質の種類	許容限度
カドミウム及びその化合物	0.1mg/L
シアン化合物	1mg/L
有機燐化合物（パラチオン，メチルパラチオン，メチルジメトン及びEPNに限る．）	1mg/L
鉛及びその化合物	0.1mg/L
六価クロム化合物	0.5mg/L
砒素及びその化合物	0.1mg/L
水銀及びアルキル水銀その他の水銀化合物	0.005mg/L
アルキル水銀化合物	検出されないこと
ポリ塩化ビフェニル	0.003mg/L
トリクロロエチレン	0.3mg/L
テトラクロロエチレン	0.1mg/L
ジクロロメタン	0.2mg/L
四塩化炭素	0.02mg/L
1,2-ジクロロエタン	0.04mg/L
1,1-ジクロロエチレン	1mg/L
シス-1,2-ジクロロエチレン	0.4mg/L
1,1,1-トリクロロエタン	3mg/L
1,1,2-トリクロロエタン	0.06mg/L
1,3-ジクロロプロペン	0.02mg/L
チウラム	0.06mg/L
シマジン	0.03mg/L
チオベンカルブ	0.2mg/L
ベンゼン	0.1mg/L
セレン及びその化合物	0.1mg/L

有害物質の種類	許容限度
ほう素及びその化合物	海域以外10mg/L 海域230mg/L
ふっ素及びその化合物	海域以外8mg/L 海域15mg/L
アンモニア，アンモニウム化合物，亜硝酸化合物及び硝酸化合物	100mg/L
1,4-ジオキサン	0.5mg/L

項目	許容限度
水素イオン濃度（pH）	海域以外5.8〜8.6 海域5.0〜9.0
生物化学的酸素要求量（BOD）	160mg/L（日間平均120mg/L）
化学的酸素要求量（COD）	160mg/L（日間平均120mg/L）
浮遊物質量（SS）	200mg/L（日間平均150mg/L）
ノルマンヘキサン抽出物質含有量（鉱油類含有量）	5mg/L
ノルマンヘキサン抽出物質含有量（動植物油脂類含有量）	30mg/L
フェノール類含有量	5mg/L
銅含有量	3mg/L
亜鉛含有量	2mg/L
溶解性鉄含有量	10mg/L
溶解性マンガン含有量	10mg/L
クロム含有量	2mg/L
大腸菌群数	日間平均 3 000個/cm^3
窒素含有量	120mg/L（日間平均60mg/L）
燐含有量	16mg/L（日間平均8mg/L）

水質汚濁防止法に公共用水域への排水基準が規定されている

❖ 公共用水域における水質の汚濁に関しては「水質汚濁防止法」により規制されています。

<水質汚濁防止法の目的>

● この法律は工場および事業場から公共用水域に排出される水の排出および地下に浸透する水の浸透を規制するとともに，生活排水対策の実施を推進すること等によって，公共用水域および地下水の水質の汚濁の防止を図り，もって国民の健康を保護するとともに生活環境を保全し，ならびに工場および事業場から排出される汚水および廃液に関して，人の健康に係る被害が生じた場合における事業者の損害賠償の責任について定めることにより，被害者の保護を図ることを目的としています。

<排水基準>

● 水質汚濁防止法に，排水基準は排出水の汚染状態について定めるように規定されています。

● 排水基準には，有害物質による汚染状態にあっては，排出水に含まれる有害物質の量について，有害物質の種類ごとに定める許容限度が示され，その他の排出水の汚染状態にあっては，項目ごとに定める許容限度が示されています。

51 排水の汚染度を示す指標項目〔1〕

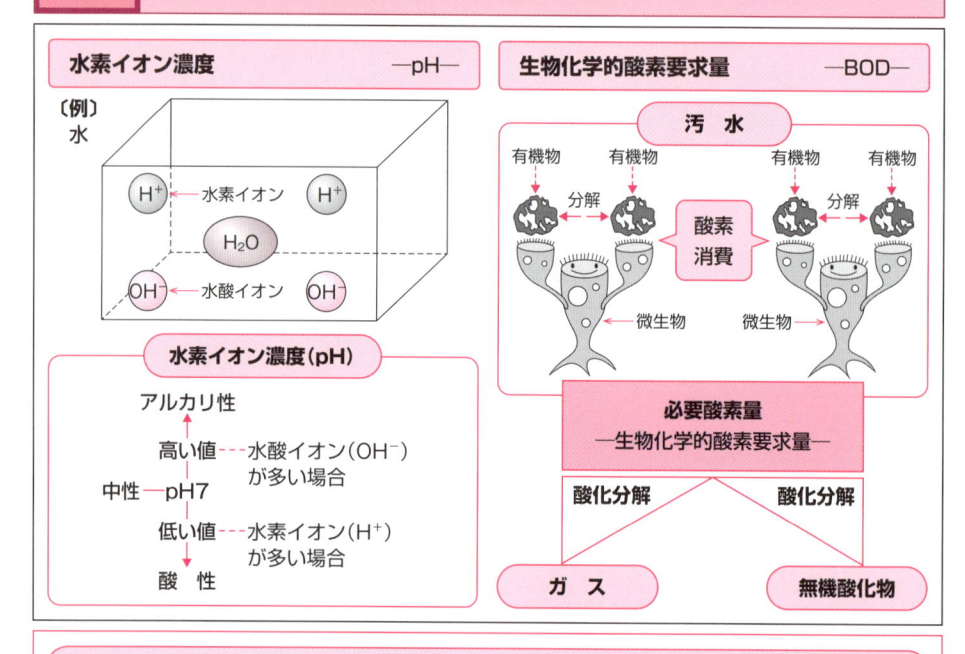

水素イオン濃度 ―pH―

〔例〕水

（図：水分子 H_2O、水素イオン H^+、水酸イオン OH^-）

水素イオン濃度（pH）

- アルカリ性
- 高い値 --- 水酸イオン（OH^-）が多い場合
- 中性 --- pH7
- 低い値 --- 水素イオン（H^+）が多い場合
- 酸性

生物化学的酸素要求量 ―BOD―

汚水 → 有機物 → 分解 → 微生物（酸素消費）

必要酸素量 ―生物化学的酸素要求量―
酸化分解 → ガス／無機酸化物

水素イオン濃度・生物化学的酸素要求量 ―排水汚染度指標―

排水が，どの程度汚れているかを示す指標の主な項目を次に示します．

＜水素イオン濃度＞

- **水素イオン濃度**は，**水素イオン指数**ともいい，水溶液にどれだけの割合で，水素イオンが含まれているかを表し，水溶液の酸性・アルカリ性の度合いを示す物理量をいいます．
- 水素イオン濃度は，pHの記号で表され，これはPotential Hydrogenの略です．
- 水溶液には，いろいろな塩類や遊離炭酸あるいは有機酸などが含まれており，これらの要因の割合によって酸性，アルカリ性に分かれます．
- 一般に，水素イオン濃度pHが7のときを中性，これより高い値の場合をアルカリ性，低い値の場合を酸性といいます．
- 汚水を生物学的方法で処理する場合，生物の多くは中性付近のpH6.5～7.5の間が，増殖に最適の水素イオン濃度pHといわれています．

＜生物化学的酸素要求量＞

- 生物化学的酸素要求量は，**BOD**の記号で表され，これはBiochemical Oxygen Demandの略です．
- **生物化学的酸素要求量**は，汚水中の分解可能な有機物（腐敗性物質）が溶存酸素の存在の下で微生物によって酸化分解され，ガスや無機物質（有機物質以外の物質）に変わって行く際に消費する酸素量を表します．
- 水中の腐敗性有機物が，微生物によってガスと無機酸化物に分解されて安定化する際に，水中の酸素は吸収され消費されます．
- このときに消費される必要酸素量が，生物化学的酸素要求量であり，この必要酸素量が多いほど水中の腐敗性有機物が多いことになり，その水質は汚染度が高いといえます．

9. 排水処理は河川などの水質汚濁を防ぐ

52 排水の汚染度を示す指標項目〔2〕

化学的酸素要求量 —COD—

汚水　＋　酸化剤
(有機物)　(例：過マンガン酸カリウム)
＝
汚水が酸化分解に要する酸素量
—化学的酸素要求量—

浮遊物質 —SS—

粒径2mm以下の物質

ノルマルヘキサン抽出物質 —n-Hex—

排水(試料)にヘキサンを加える

↓

ヘキサンを揮発させる

↓

不揮発性物質の総量
—ノルマルヘキサン抽出物質—

- ノルマルヘキサン抽出物質とは，排水(試料)にヘキサンを加え，混合させた後，ヘキサンを揮発させたとき，抽出される不揮発性物質の総量をいう．

〔ヘキサンとは，炭素数6個のメタン系炭化水素で，無色透明の液体をいう〕

化学的酸素要求量・浮遊物質・ノルマルヘキサン抽出物質　　—排水汚染度指標—

＜化学的酸素要求量＞
- 化学的酸素要求量は，**COD** の記号で表され，これは Chemical Oxygen Demand の略です．
- **化学的酸素要求量**は，汚濁水中の被酸化性物質を酸化剤(例：過マンガン酸カリウム)により化学的に酸化し，その際に使用される酸化剤の量から，酸化に必要な酸素量を算出した値です．
- これは，水中に含まれる被酸化性物質である有機物および無機物(例：亜硝酸塩)の両方に必要な酸素量を示しています．
- 生物化学的酸素要求量が，水中の生物分解性有機物のみの酸素要求量であることと異なります．

＜浮遊物質＞
- 浮遊物質は，**SS** の記号で表され，これは Suspended Solid の略です．
- **浮遊物質**とは，粒径2mm以下の水に溶けない懸濁性の物質をいい，水の汚濁度を視覚的に判断する指標として使用されます．
- 浮遊物質は，蒸発残留物から溶解性物質を除いたもので，無機性のものは再腐敗を起こすことが少ないので，生物化学的酸素要求量としての問題は少ないですが，屎尿系に含まれる浮遊物質は，主として有機性のものがあり，影響も大きいといえます．

＜ノルマルヘキサン抽出物質＞
- ノルマルヘキサン抽出物質は，水中で魚介類の死滅や油膜・油臭の原因となる油汚染の指標として用いられます．
- **ノルマルヘキサン抽出物質**とは，排水中に含まれる鉱油類，動植物油脂類などの油分のほかに，界面活性剤や石鹸，アミン酸，農薬，染料，フェノール類などが該当します．

53 汚水処理に係わる微生物

汚水を浄化する微生物の食物連鎖

有機物質
- 汚水中の腐敗性有機物

↓食べる

細菌
- 好気性細菌
- 嫌気性細菌

↓食べる

原生動物
- 鞭毛虫類（ミドリムシ）
- 肉質虫類（アメーバ）
- 繊毛虫類（ゾウリムシ）

ばっ気槽の汚泥の状態と原生動物の発生

- ばっ気槽とは排水処理において酸素を供給することで有機物質の分解を促進する槽をいいます.

〈鞭毛虫類〉
- 鞭毛虫類は溶存酸素が低くなり，ばっ気槽内に多量の有機物質が残留すると発生する.

〈肉質虫類〉
- ばっ気槽のばっ気が過剰になると，肉質虫類で細胞の大きさが $50\mu m$ 以下の無殻アメーバが発生する.

〈繊毛虫類〉
- 繊毛虫類は活性汚泥が良好なときに発生する.

〈ワムシ類〉
- ワムシ類は流入水濃度が低くなると発生する.

細菌・菌類・原生動物 —汚水処理に係わる微生物—

- 汚水処理に係わる微生物には細菌，菌類，原生動物などがあります．

〈細菌〉
- 細菌は最も小さい微生物で，その生物体はきわめて単純な構造であり，大きさは直径 $0.5～2.0\mu m$ 程度の下等な単細胞生物です．
- 細菌は，いろいろな形で酸素を利用していますが，その利用のしかたにより，好気性細菌と嫌気性細菌があります．

—好気性細菌—
- 好気性細菌は，酸素に基づく代謝機構を備え，酸素呼吸に対する呼吸系をもっています．
- 好気性細菌は，空気または水中に存在する溶存酸素から酸素を吸収する有気呼吸によって，有機物質を分解する好気性分解を行います．
  —溶存酸素とは，水中に溶解している酸素をいう—

—嫌気性細菌—
- 嫌気性細菌には，偏性嫌気性細菌と通性嫌気性細菌があります．
- 偏性嫌気性細菌は，水中に溶存酸素が存在しない場合，有機物質中の結合酸素を利用して有機物質を分解する嫌気性分解を行います．
- 通性嫌気性細菌は，好気性と嫌気性のいずれの条件でも生育できる細菌で，酸生成菌，大腸菌などが該当します．

〈菌類〉
- 菌類は，真菌ともいい，カビ，キノコ，酵母などの生物の総称で，汚水処理では細菌の繁殖ができない環境下でも増えることがあります．

〈原生動物〉
- 原生動物は，単細胞性の最も下等な動物で，環境条件によって，その発生種類が異なるので汚水処理の浄化の良否の判定指標に利用されます．

9. 排水処理は河川などの水質汚濁を防ぐ

54 大腸菌群と残留塩素による消毒効果判定

残留塩素測定の手順 —比色法—

順序1 試料採取
- 残留塩素検査を行う放流水から試料を採取し試験管に入れる.

順序2 セット
- 測定器の定められた位置に試料を入れた試験管をセットする.

順序3 試薬投入
- 試薬ビンからスポイトで試薬を取って試験管に数滴入れる.

順序4 比色
- 試料が発色したら測定器の標準比色から同色を選び記載数値が含有率である.

大腸菌群は病原性細菌も共存している

- **大腸菌群**とは,次の条件を満たす細菌の総称をいいます.
  ①好気性または通性嫌気性の短桿菌である
  ②乳糖を分解してガスと酸を生成する菌である
  ③芽胞という一種の殻を形成しない菌である
- 大腸菌群には,人や動物によるふん便性の大腸菌と,非ふん便性の大腸菌とがあります.
- 人のし尿 1 mL 中には,数百万個の大腸菌群が含まれているため,水中に大腸菌群が存在することは,し尿によって汚染されている可能性があることを示し,病原菌が含まれていることが推定できます.
- 大腸菌群は,病原性細菌も共存しているので,大腸菌群を病原性細菌による汚染の程度を示す指標としています.
- また水中に含まれる大腸菌群を数値化した値を**大腸菌群数**といい水質汚濁の指標にしています.

放流水の消毒効果は残留塩素測定で判定する

- 水質汚濁防止法では,放流水の大腸菌群数は 1 cm^3 当たり 3 000 個以下と規定されていることから,衛生上の安全を確保するために,浄化槽の処理水は塩素による消毒を行います.
- 消毒の効果は,遊離残留塩素と結合残留塩素を合わせた残留塩素の測定により判定します.
- 塩素と水が反応して次亜塩素酸(遊離残留塩素という)が発生し,次亜塩素酸と水中のアンモニアとが反応してクロラミン(結合残留塩素という)が生じます.
- 遊離残留塩素・結合残留塩素は,その強い酸化力で大腸菌群を含む病原性細菌の細胞膜や細胞壁を破壊して殺菌し,消毒の効果を発揮します.
- 一般に,残留塩素の測定は,残留塩素を含む試料に,塩素と結合すると発色する試薬を加え,その発色状態を標準比色と比較して,残留塩素含有率を判定します.

10 浄化槽は汚水・生活雑排水を浄化する

55 単独処理浄化槽と合併処理浄化槽がある

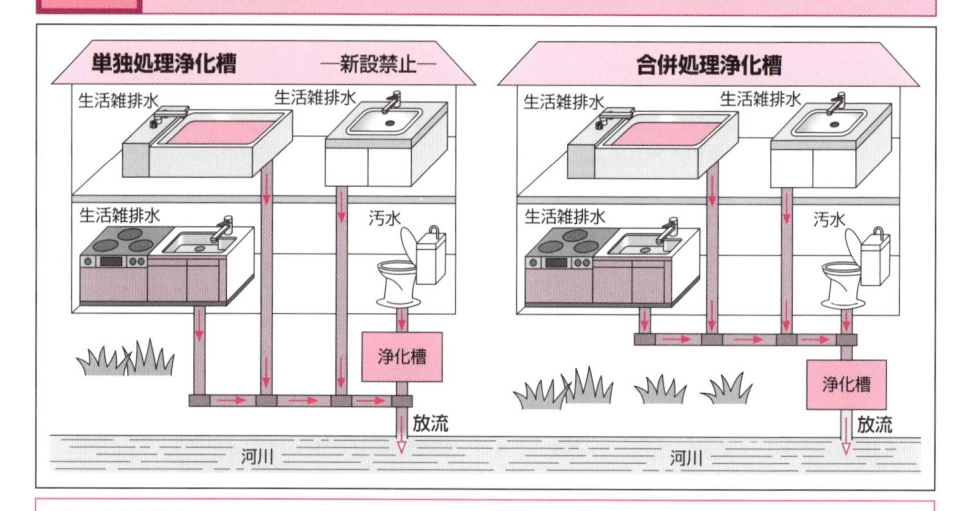

浄化槽は汚水・生活雑排水を浄化し公共用水域に放流する

- 私たちは，毎日の生活の中でたくさんの水を使用しています．その水の多くは最終的に汚れた水として河川・湖沼，海へと流れていきます．
- 汚れた水が，そのままの状態でこれら公共用水域に放流されると，水の汚濁が進み，自然環境が破壊されますので，汚れた水を処理して，きれいな水に戻すのが，浄化槽です．
- **浄化槽**とは，水洗トイレと連結してし尿（汚水）または屎尿と併せて生活雑排水を処理し公共下水道以外に放流するための設備をいいます．
  ―**生活雑排水**とは，生活に伴って発生する台所，洗面，浴室などからの排水をいう―
- 浄化槽は，汚水・生活雑排水中のいろいろな物質を取り除くことを目的としています．
- 汚水・生活雑排水中の物質には，固形物質と水中に溶け込んでいる溶解物質とがあります．
- これらの処理方法としては，固形物質で比重の大きいものは沈殿させて除去し，比重の軽いものは浮上させて除去し，また溶解物質は微生物を利用して除去します．
- 浄化槽の処理方式には，水洗トイレからのし尿のみを処理する**単独処理浄化槽**（みなし浄化槽という）と，水洗トイレのし尿と生活雑排水を一緒に処理する**合併処理浄化槽**とがあります．
- 現在では，生活雑排水の汚れが激しくなっており，単独処理浄化槽ではそうした生活雑排水を公共用水域に放流することになるので，単独処理浄化槽の新たな設置は認められていません．

56 浄化槽は生物化学的処理により浄化する

浄化槽を構成する槽の役割 —小規模合併処理浄化槽の一例—

＜浄化槽＞

汚水・生活雑排水 → 分離槽（スカム／上澄み水（有機物を含む）／汚泥）→ 曝（ばっ）気槽（有機性物質 分解／微生物 分解 有機性物質）→ 沈殿槽（上澄み水／汚泥（微生物））→ 消毒槽（塩素剤／衛生的に安全な水）→ 放流

- **分離槽**: スカム（水表面浮上物），上澄み水（有機物を含む），汚泥（沈殿）に分離する．
- **曝（ばっ）気槽**: 分離槽からの有機物を微生物の生物化学的処理により分解し，浄化する．
- **沈殿槽**: 有機物を分解した微生物が汚泥として沈殿する．
- **消毒槽**: 沈殿槽からの上澄み水を塩素剤により消毒し，浄化槽外に放流する．

浄化槽は分離槽・曝（ばっ）気槽・沈殿槽・消毒槽から構成される —例—

- 小規模合併処理浄化槽の排水処理として，合併処理浄化槽は分離槽，曝（ばっ）気槽，沈殿槽，消毒槽で構成される例について説明します．

  ＜分離槽＞
- 分離槽に入った汚水・生活雑排水中の固形物質で比重の重いものは槽の下層に沈殿（汚泥）し，比重の軽いものは浮上（スカム）し，溶解物質（主に有機性物質）を含む上澄み水に分離されます．
- スカムは汚水・雑排水中の有機物が腐敗・発酵することにより汚水・雑排水中の懸濁物質，繊維質，油脂質，細菌が浮上して水表面にできるスポンジ質の厚い膜状の浮きかすをいいます．
- 沈殿槽の上澄み水は曝（ばっ）気槽に送ります．

  ＜曝（ばっ）気槽＞
- 曝（ばっ）気槽は，分離槽から送られてきた上澄み水中の有機物を餌（分解）にしている微生物を繁殖させ，その働きにより処理（生物化学的処理）し浄化して，沈殿槽に送ります．
- 曝（ばっ）気とは，水と空気を接触させて酸素を供給することをいいます．
- 曝（ばっ）気槽における生物化学的処理には，好気性処理，嫌気性処理などによるいろいろな方式があります．（156頁参照）

  ＜沈殿槽＞
- 沈殿槽では，曝（ばっ）気槽で有機性物質を分解しながら増え続けた微生物を汚泥として沈殿させ，その上澄み水を消毒槽に送ります．
  —汚水・生活雑排水が浄化されるとは，汚れの成分が水から取り除かれ汚泥として，浄化槽の中にたまることである—

  ＜消毒槽＞
- 消毒槽では，沈殿槽からの上澄み水を塩素を発生させる薬剤（塩素剤）で滅菌消毒し，衛生的に安全な水にして，放流します．

57 生物学的処理には好気性処理と嫌気性処理がある

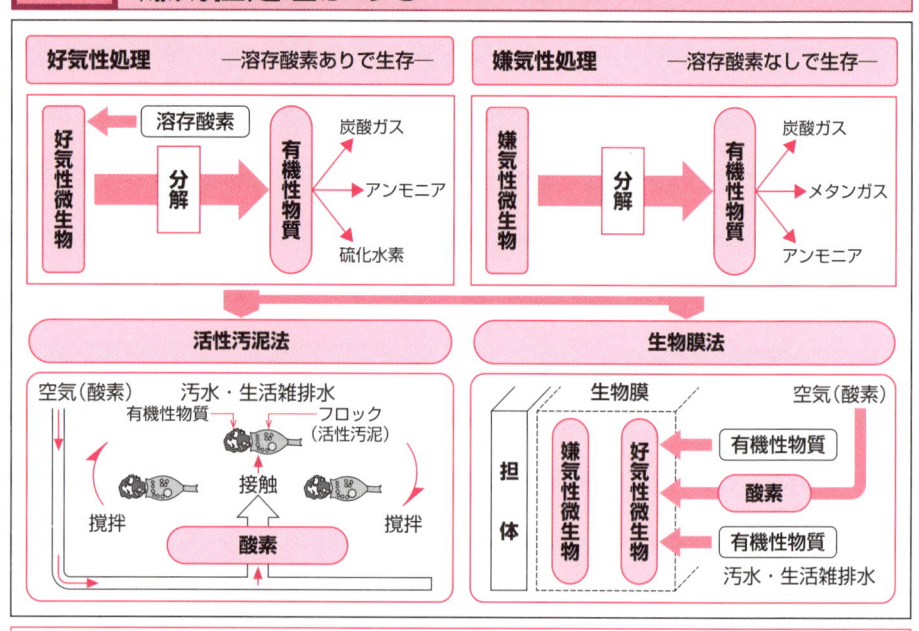

好気性処理 —溶存酸素ありで生存—

好気性微生物 ← 溶存酸素
好気性微生物 →(分解)→ 有機性物質 → 炭酸ガス／アンモニア／硫化水素

嫌気性処理 —溶存酸素なしで生存—

嫌気性微生物 →(分解)→ 有機性物質 → 炭酸ガス／メタンガス／アンモニア

活性汚泥法

空気(酸素)　汚水・生活雑排水
有機性物質　フロック(活性汚泥)
接触／撹拌／酸素

生物膜法

生物膜（嫌気性微生物／好気性微生物）
担体 ← 有機性物質／酸素／有機性物質
空気(酸素)／汚水・生活雑排水

好気性処理には活性汚泥法と生物膜法がある —生物学的処理—

- 浄化槽における微生物を用いる生物学的処理には，好気性処理と嫌気性処理があります．

  ＜好気性処理＞

- 汚水・生活雑排水中の溶存酸素の存在するところで生存する好気性微生物によって汚水・生活雑排水中の有機性物質などを炭酸ガス，アンモニア，硫化水素などに分解することを**好気性分解**といい，この好気性分解を利用した汚水処理を**好気性処理**といいます．

- 好気性処理は，有機物質の分解速度が速く，臭気の発生が少ないので，浄化槽の主たる生物化学的処理として用いられています．

- 好気性処理を大別すると，曝気によって生物フロックを浮遊させた状態で有機性物質を酸化分解する方法と，担体に微生物を付着増殖させて生物膜を形成し，これを汚水・生活雑排水に接触させて酸化分解する方法があります．

- 前者の代表が**活性汚泥法**であり，後者が**生物膜法**です．

  —フロックとは，正常な活性汚泥で微生物の集合体が数mm程度の綿くず状となり，水中を漂う現象をいう—

  —担体とは微生物を付着させるろ材をいう—

- 浄化槽における活性汚泥法・生物膜法には，いろいろな方式(157頁・158頁参照)があります．

  ＜嫌気性処理＞

- 溶存酸素が存在しないところで生存する嫌気性微生物によって汚水・生活雑排水中の有機性物質をメタンガス，炭酸ガス，アンモニア，硫化水素などに分解することを**嫌気性分解**といい，この嫌気性分解を利用した汚水処理を**嫌気性処理**といいます．

- 嫌気性処理は，主に好気性処理の前処理のほか汚泥の硝化などに用いられています．

58　生物膜法は担体に微生物を繁殖させ分解する

いろいろな生物膜法　―例―

回転板接触方式: 汚水・生活雑排水 流入 → 回転円板（回転）・空気・生物膜・担体 → 処理水 流出／汚水・生活雑排水

接触曝気方式: 空気・流入 → 生物膜（撹拌）・生物膜－接触材－担体・生物膜（撹拌）→ 流出／空気／汚水・生活雑排水

散水ろ床方式（砕石充填）: 汚水・生活雑排水 → 散水 → ろ材 → 流出

生物膜法には回転板接触方式・接触曝気方式・散水ろ床方式などがある

- **生物膜法**は、担体の表面に好気性微生物を付着、繁殖させ形成された微生物の膜と汚水・生活雑排水を接触させることにより有機性物質を酸化分解して汚水・生活雑排水を浄化する方式です。
- 担体の表面に付着した微生物を**生物膜**といい、生物膜の表面では、好気性微生物による好気性分解が行われ、生物膜の内部では、酸素が供給されないので、嫌気性微生物による嫌気性分解が行われています。
- 浄化槽での生物膜法には回転板接触方式、接触曝気方式、散水ろ床方式などがあります。

＜回転板接触方式＞
- 回転板接触方式は、汚水・雑排水を流入した槽の中に円板の一部が漬かるように設置し円板を回転させると、円板は汚水・雑排水中に漬かったり空気中に出たりするので、円板の表面に好気性微生物が付着・繁殖し生物膜を形成します。
- 生物膜を回転運動で動かすことにより、汚水・雑排水と生物膜とが接触し、有機性物質を酸化分解して、汚濁物質を除去します。

＜接触曝気方式＞
- 接触曝気方式は、汚水・雑排水が流入する槽の中に表面積が広い接触材を設置し、空気(酸素)を送って曝気すると、接触材の表面に好気性微生物が付着・繁殖して、生物膜を形成します。
- 汚水・雑排水を撹拌して生物膜と接触させ、有機性物質を酸化分解し汚濁物質を除去します。

＜散水ろ床方式＞
- 散水ろ床方式は、槽中に砕石やプラスチックなどのろ材を積み上げてろ床とし、汚水・雑排水を上からろ床に散水します。
- 水と空気の温度差による空気の対流から酸素を得てろ材の表面に好気性微生物が繁殖し、有機性物質を酸化分解して汚濁物質を除去します。

59 活性汚泥法は微生物を浮遊させ分解する

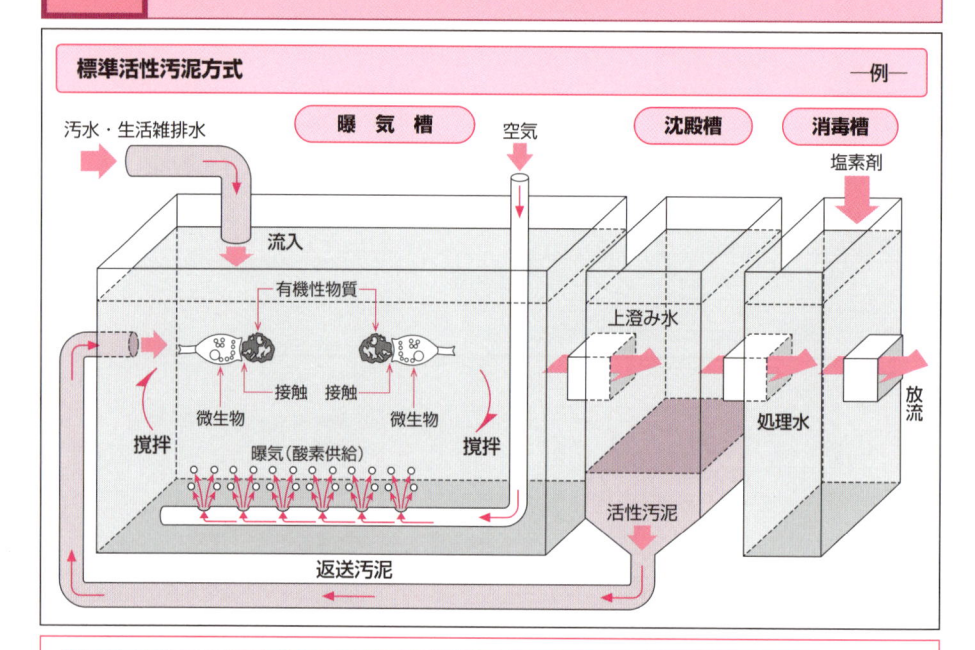

標準活性汚泥方式 —例—

（図：曝気槽・沈殿槽・消毒槽の構成）

汚水・生活雑排水 → 流入 → 曝気槽（有機性物質／微生物／接触／撹拌／曝気（酸素供給））→ 沈殿槽（上澄み水／活性汚泥）→ 消毒槽（塩素剤）→ 処理水 → 放流
返送汚泥

活性汚泥法には標準活性汚泥方式と長時間曝気方式などがある

- **活性汚泥法**は，曝気槽（生物反応槽）に汚水・生活雑排水を入れ，曝気により酸素を供給し，曝気槽内に好気性微生物を繁殖させてフロックを形成させます．
- フロックは，送られた空気（エアレーション）により，汚水・生活雑排水中の有機性物質を吸着，酸化し，固液分離（液状の固まりに分けて離す）させ，沈殿槽に送られます．
- 沈殿槽で，混合液として送られたフロックは，比重が水より重いので底に沈殿（汚泥）し，きれいな上澄み水が得られ，この上澄み水は，消毒槽で塩素剤により消毒され放流されます．
- 沈殿槽の底に沈殿した汚泥は，多数の好気性微生物を含むゼラチン状フロックで構成され，有機物質を吸着・酸化する能力を有していることから，**活性汚泥**といいます．
- 沈殿槽で得た活性汚泥は，再び曝気槽へ返送（返送汚泥）され，新たな処理に用いられます．
- 活性汚泥法には，標準活性汚泥方式と長時間曝気方式があります．

＜標準活性汚泥方式＞
- **標準活性汚泥方式**は，汚水・生活雑排水を曝気槽に流入し，空気（エアレーション）を送り込んで，活性汚泥と汚水・生活雑排水とを撹拌して混合，曝気（酸素を供給）し，有機性物質を吸着・酸化，固液分離して，沈殿槽に送ります．
- 送られた混合液は沈殿槽で活性汚泥と処理水に分かれ，活性汚泥は曝気槽に返送汚泥として戻され処理水は消毒槽で消毒され放流されます．

＜長時間曝気方式＞
- **長時間曝気方式**は，標準活性汚泥方式とほぼ同じ工程ですが，曝気時間を長くし槽内の好気性微生物を多くして自己酸化作用（共食い現象）を生じさせる方式です．

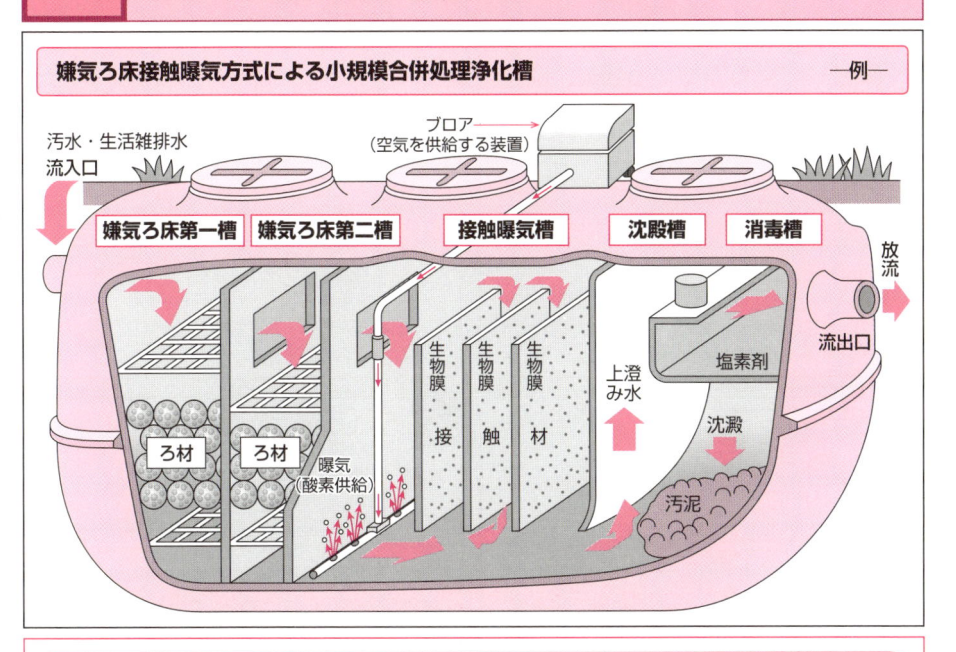

10. 浄化槽は汚水・生活雑排水を浄化する

60　嫌気ろ床接触曝気方式の浄化槽

嫌気ろ床接触曝気方式による小規模合併処理浄化槽　　　　　　　　　　―例―

（図：嫌気ろ床第一槽、嫌気ろ床第二槽、接触曝気槽、沈殿槽、消毒槽からなる浄化槽の断面図。汚水・生活雑排水流入口、ブロア（空気を供給する装置）、ろ材、生物膜、接触材、曝気（酸素供給）、上澄み水、塩素剤、沈殿、汚泥、流出口、放流の各部が示されている）

嫌気ろ床接触曝気方式の浄化槽は五つの槽からなる　　―小規模合併処理浄化槽―

❖嫌気ろ床接触曝気方式を例として，小規模合併処理浄化槽について説明します．
● 小規模合併処理浄化槽とは，処理対象人員が5～50人までの合併処理浄化槽をいいます．
● 一般に家庭用としては，処理対象人員が5～10人程度の合併処理浄化槽が用いられます．
❖嫌気ろ床接触曝気方式による浄化槽は，嫌気ろ床第一槽，嫌気ろ床第二槽，接触曝気槽，沈殿槽そして消毒槽と，五つの槽が一体構造として納められています．
● 汚水および生活雑排水は，浄化槽の流入口から，嫌気ろ床第一槽に入ります．
● 嫌気ろ床第一槽では，汚水・生活雑排水中の浮遊物質を分離除去します．
● また，嫌気ろ床第一槽では，ろ材の表面に付着繁殖している嫌気性微生物の生物学的処理により，汚水・生活雑排水中に含まれる有機性物質を分解して除去します．
● 嫌気ろ床第一槽で処理された水は，嫌気ろ床第二槽に入り，ここでも嫌気性微生物の生物学的処理による有機性物質の分解を繰り返します．
● 嫌気ろ床第二槽で処理された水は，接触曝気槽に入ります．
● 接触曝気槽では，ブロワ（空気を送る装置）で空気（酸素）を送って接触材の好気性微生物を繁殖させ，この好気性微生物の生物学的処理によりさらに水中の有機性物質を分解し除去します．
● 接触曝気槽で処理された水は，沈殿槽に入り，有機性物質を分解し続けた微生物が汚泥となって底に沈み，きれいな上澄み水になります．
● 沈殿槽を出た上澄み水は，消毒槽に入り，塩素剤で消毒されます．
● 消毒槽から出た衛生的に処理されたきれいな水は，浄化槽の流出口より放流されます．

イラストで学ぶ 給湯設備の給湯方式

1
S：こう寒いと，お湯が出るとありがたいですネ．
O：給湯設備といってネ，上水を加熱器で適温に加熱して，洗浄のほかに，飲料，厨房，入浴用などとしても給湯しているのだヨ．

2
S：給湯設備には，どんな種類があるのですか．
O：供給方式からすると，局所方式と中央方式があり，加熱方式では，直接加熱方式と間接加熱方式に分けられるのだヨ．

3 局所・直接加熱給湯方式
S：局所給湯方式は，よく家庭用に使われていますネ．
O：個別給湯方式ともいって，湯を必要とする箇所ごとに，小形のガス湯沸し器や電気湯沸し器を置いて，上水を直接加熱する方式だからネ．

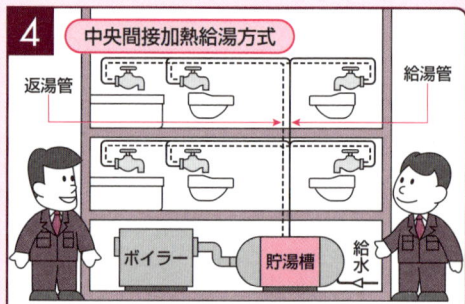

4 中央間接加熱給湯方式
S：中央給湯方式は，よくビルなどで用いていますネ．
O：ボイラーによる温水や蒸気を熱源とし，貯湯槽内の熱交換器で上水を間接加熱して温水をつくり，ビル全体の湯を必要とする箇所に供給するのだヨ．

5
S：中央給湯方式のお湯の温度はどのくらいですか．
O：55～60℃というところかナ．高過ぎるとやけどをするし，適温だと使いすぎるからだヨ．
S：温水混合栓で水を混ぜ適温にするのですネ．

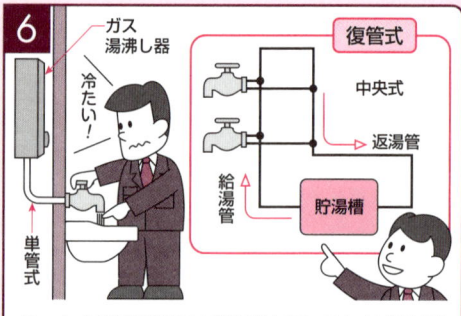

6
S：よく家庭用浴槽でも給湯栓を開いても水ばかり出てなかなかお湯が出てこないことがありますネ．
O：それは単管式だからだヨ．中央式では給湯管と返湯管を設けて湯を循環させているから大丈夫だヨ．

第4章
給排水衛生設備のメンテナンス

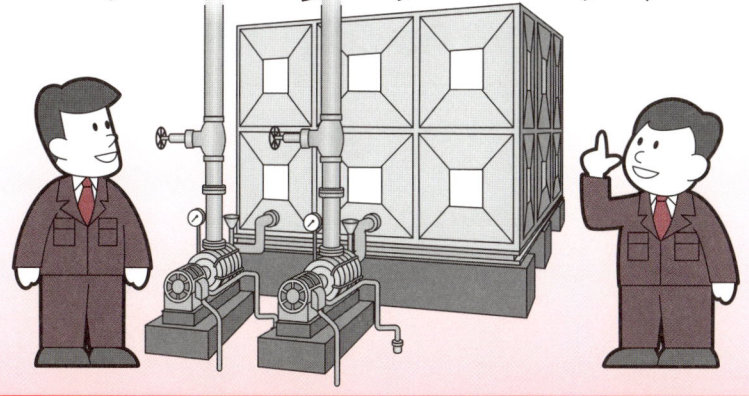

この章のねらい

この章では，給排水衛生設備のメンテナンスについての基礎知識を容易に理解していただくために，完全図解により示してあります．

(1) 給水設備により供給される水が衛生的で安全性を保持するために，貯水槽，配管を洗浄・清掃し，水質検査をすることの必要性を理解しましょう．
(2) 給湯設備では，給湯水のレジオネラ属菌などによる細菌汚染を防止するための給湯温度の管理と清掃，定期自主検査について説明してあります．
(3) 排水槽の点検箇所と点検項目，清掃作業の事前準備と清掃作業手順，そして排水槽に発生する障害現象と原因・対策について示してあります．
(4) 衛生器具を清潔に保つための清掃の手順，排水トラップの分解清掃手順，グリース阻集器の浮上油脂・蓄積残さい除去手順，排水管の機械的洗浄方法について知りましょう．
(5) 浄化槽は指定検査機関による設置後の水質検査，1年ごとの定期検査を受け，浄化槽の処理方式，処理対象人員により保守点検回数が規定されていることを理解しましょう．
(6) 環境省関係浄化槽法施行規則に規定されている浄化槽の"使用に関する準則""保守点検の技術上の基準""清掃の技術上の基準"を示してあります．

1 給水設備のメンテナンス

1 ビルなどでの飲料水の水質は所有者が維持する

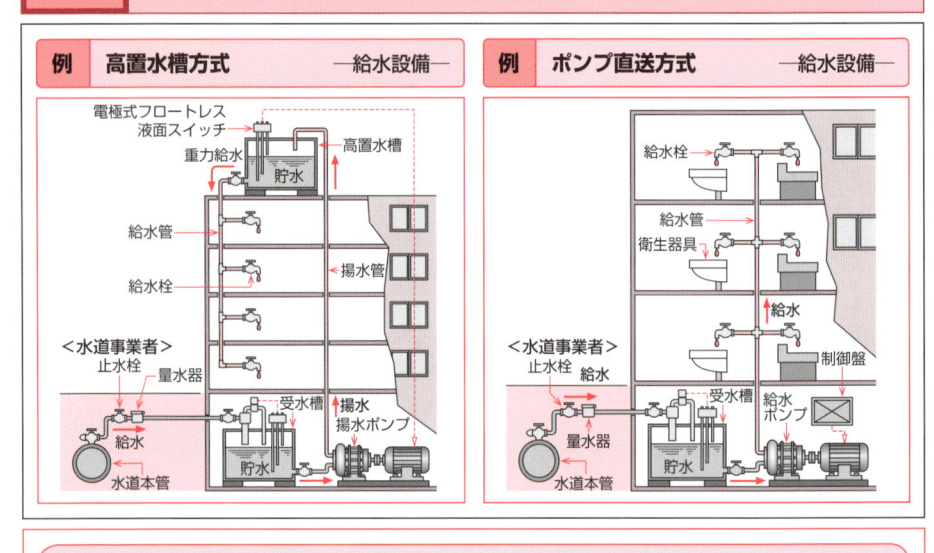

例　高置水槽方式　——給水設備——

例　ポンプ直送方式　——給水設備——

飲料水の水質維持のため給水設備の点検・清掃・水質検査を行う

- 飲料水は，生活には欠くことのできないもので，原則として水道事業者より供給される水道水（上水）を利用しています．
- 水道水は，衛生的に安全な水質，需要を満たすための水量および水圧が保持されることが，水道法により規定されています．
- 水道事業者から供給される水をいったん貯水槽（受水槽）に入れて，これをビルなどの建築物に供給する場合は，貯水槽に供給された後の水道水の水質，水量，水圧などは，すべてビルなどの建築物の所有者，占有者の責任で維持管理することになります．
- ビルなど給水設備を有する建築物では，水道事業者から受水した水道水は，貯水槽（受水槽）で貯留し，揚水ポンプで屋上の高置水槽に揚水などして各階へ給水されるので，貯水槽で受水してから相当時間が経過することになります．
- 水道水は，時間が経過すると，水道水中の消毒作用をしている残留塩素が減少し，細菌などが発生し増殖して，重大な健康障害を生ずることがあります．
- これを防止するには給水設備の点検，清掃，水質検査（残留塩素測定を含む）などが必要です．
- 給水設備は，受水槽，高置水槽などの貯水槽，給水ポンプ（揚水ポンプ），配管（給水管・揚水管），衛生器具などから構成されます．

2 給排水衛生設備の維持管理に関連する法令

建築物衛生法の給排水衛生設備の維持管理体系

建築物における衛生的環境の確保に関する法律
（略称：建築物衛生法）
—建築物環境衛生管理基準—

↓

同上施行令
—給水及び排水の管理—

↓

同上施行規則
—飲料水に関する衛生上必要な措置—

特定建築物における建築物環境衛生管理技術者

❖ **建築物環境衛生管理技術者の選任義務**
　—通称：ビル管理技術者—
- （公財）日本建築環境衛生管理教育センターの建築物環境衛生管理技術者登録講習会の課程修了者
- 建築物環境衛生管理技術者国家試験合格者
　—建築物環境衛生管理技術者免状所有者—

❖ **建築物の環境衛生の維持管理に関する監督**

特定建築物　　　　　　　　　　　　　　—特定用途—

給排水衛生設備

❖ **特定用途に使用される延べ面積 3 000 m² 以上の建築物**
　—学校（研修所を含む）は 8 000 m² 以上—

- 興行場　● 百貨店　● 集会場
- 図書館　● 博物館　● 美術館
- 遊技場　● 店　舗　● 事務所
- 旅　館　● 学校（研修所を含む）

給排水衛生設備は建築物環境衛生管理基準に従って維持管理する　　—特定建築物—

❖ 給排水衛生設備を維持管理する上で最も関連する法令は"建築物における衛生的環境の確保に関する法律"で，現在"建築物衛生法"と略称されています．
- 建築物衛生法は，規定された規模以上の建物を"特定建築物"と指定し，特定建築物の所有者，占有者は"建築物環境衛生管理基準"に従って特定建築物を維持管理し，その監督者として，"建築物環境衛生管理技術者"を選任する義務があります．
- 特定建築物以外の建築物であっても，多数の者が使用し，利用する建築物は，建築物環境衛生管理基準に従って，建築物を維持管理するように努めるよう規定されています．

❖ **特定建築物**とは，特定の用途に使用される部分の延べ面積が，3 000 m² 以上（学校は 8 000 m² 以上）の建築物をいいます．

- **特定の用途**とは，興行場，百貨店，集会場，図書館，博物館，美術館，遊技場，学校（研修所を含む），店舗，事務所，旅館などをいいます．

❖ 建築物環境衛生管理基準は，空気環境の調整，**給水及び排水の管理**，清掃，ねずみ・昆虫等の防除，その他環境衛生上良好な状態を維持するのに必要な措置について定められています．

❖ 建築物環境衛生管理技術者は，建築物の環境衛生の維持管理に関する監督等を行う国家資格で，通称**ビル管理技術者**と呼ばれています．

❖ 給排水衛生設備の維持管理の法体系は，建築物衛生法を受けて"建築物における衛生の環境の確保に関する法律施行令"の建築物環境衛生管理基準に給水及び排水の管理が規定されており，また本施行令を受けて"建築物における衛生的環境の確保に関する法律施行規則"に飲料水に関する衛生上必要な措置が決められています．

3 特定建築物における飲料水は水質管理する

特定建築物における水質検査項目

			地下水等の水を水源とする場合	
	水道事業の用に供する水道・専用水道の水を水源とする場合			
7日以内に1回	6か月以内に1回		1年以内に1回	3年以内に1回
	省略不可項目	金属項目等	消毒副生成物	有機化学物質
遊離残留塩素 結合残留塩素	● 一般細菌 ● 大腸菌 ● 硝酸態窒素及び亜硝酸態窒素 ● 亜硝酸態窒素 ● 塩化物イオン ● 有機物（全有機炭素（TOC）の量） ● pH ● 味 ● 臭気 ● 色度 ● 濁度	● 鉛及びその化合物 ● 亜鉛及びその化合物 ● 鉄及びその化合物 ● 銅及びその化合物 ● 蒸発残留物 注：上記項目は、水質検査の結果、水質基準に適合していた場合は、その次の回の水質検査時に省略してもよい.	● シアン化物イオン及び塩化シアン ● 塩素酸 ● クロロ酢酸 ● クロロホルム ● ジクロロ酢酸 ● ジブロモクロロメタン ● 臭素酸 ● 総トリハロメタン ● トリクロロ酢酸 ● ブロモジクロロメタン ● ブロモホルム ● ホルムアルデヒド	● 四塩化炭素 ● シス-1,2-ジクロロエチレン及びトランス-1,2-ジクロロエチレン ● ジクロロメタン ● テトラクロロエチレン ● トリクロロエチレン ● ベンゼン ● フェノール類

特定建築物における飲料水は水質検査をする ―水質基準―

✥ 水道法に規定する給水装置以外の給水に関する設備を設けて，人の飲用，炊事用，浴用その他人の生活用のための水を供給する場合は，水道法に規定する水質基準に適合する水を供給する必要があります．

● 水道法に規定する給水装置以外の給水に関する設備とは，水道事業者から供給された水を，いったん貯水槽に入れて，これを供給する場合の貯水槽からの設備，また地下水を汲み上げて建築物内にこれらの水を供給する設備をいいます．

✥ 特定建築物において，水道事業の用に供する水道または専用水道から供給される水のみを水源とする場合の水質検査は，建築物環境衛生管理基準に，次のように規定されています．

● 6か月以内ごとに1回，水道法に定める水質基準のうち，省略不可項目11項目，そして金属項目等5項目と合わせて16項目（上欄参照）の水質検査を定期的に実施する．

● 毎年6月1日から9月30日までの間に1回，水質基準のうち消毒副生成物として12項目（上欄参照）の水質検査を定期的に実施する．

● 給水栓における水の色，濁り，臭い，味その他の状態により，供給する水に異常を認めたときは，水質基準の項目のうち，必要な項目について，水質検査を実施する．

● 7日以内ごとに1回，残留塩素を測定する．
―給水栓における水に含まれる遊離残留塩素の含有率を100万分の0.1（0.2＊）以上，結合残留塩素の場合は含有率を100万分の0.4（1.5＊）以上を保持する―

※ 供水が病原生物に著しく汚染されるおそれがある場合等

✥ 地下水等を水源とする場合は，上記の水道水の検査項目の他に3年以内ごとに1回，有機化学物質7項目の水質検査を実施します．

4 貯水槽等飲料水に関する設備は点検する

貯水槽（例：受水槽）の構造

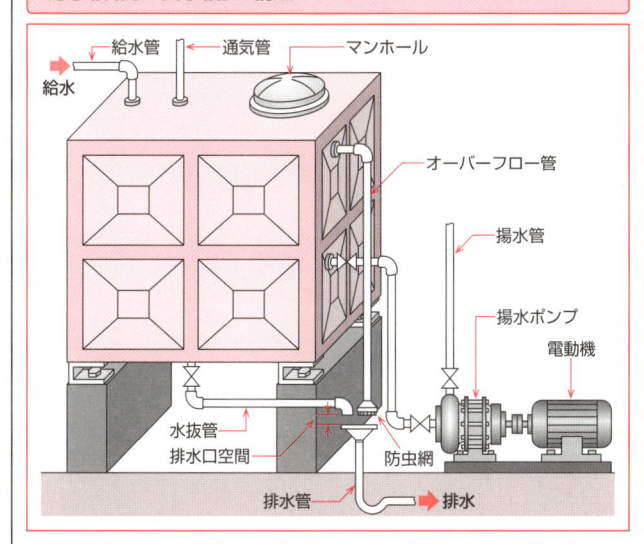

図中ラベル：給水管、通気管、マンホール、給水、オーバーフロー管、揚水管、揚水ポンプ、電動機、水抜管、排水口空間、防虫網、排水管、排水

貯水槽水張り後の基準

＜残留塩素の含有率＞
- 遊離残留塩素
 100万分の0.2以上[注]
- 結合残留塩素
 100万分の1.5以上[注]

＜色度＞
- 5度以下であること

＜濁度＞
- 2度以下であること

＜臭気＞
- 異常でないこと

＜味＞
- 異常でないこと

注：供水が病原生物に著しく汚染されるおそれがある場合

貯水槽等飲料水に関する設備の点検事項　　　　―受水槽・高置水槽・圧力水槽―

- 貯水槽等飲料水に関する設備の点検は，次のように実施するとよいです．
- 貯水槽の水漏れ，外壁および内面の損傷，錆，腐食の状況を定期に点検し，必要に応じ，被覆その他の補修を行う．
- 塗料または充てん剤により被覆等の補修を行う場合は，塗料または充てん剤を十分乾燥させた後，水洗いおよび消毒を行い，貯水槽の水張り終了後，"空気調和設備等の維持管理および清掃等に係る技術上の基準"に示した基準（上欄参照）に従い，貯水槽における水について，水質検査および残留塩素の測定を行う．
- 貯水槽のマンホールの蓋は確実に密閉され，施錠されていることを確認する．
 ―マンホールの防水パッキンの状態等を点検し，必要に応じ取替えを行う―
- マンホールの蓋を開き，槽内の水が透明であるか，水面に蚊などの死骸や水垢などが浮いていないか確認する．
- 貯水槽のオーバーフロー管および通気管に取り付けられた防虫網は，詰まり，損傷の有無を確認し，必要に応じ清掃および補修を行う．
- オーバーフロー管および水抜管の吐出し口における排水口空間が適正であることを確認する．
 ―排水口空間が管径の2倍以上（最小は150mm）あることを確認する―
- オーバーフロー管から，水がオーバーフローしていないかを確認する．
- 貯水槽内のボールタップおよびフロートスイッチが適確に機能しているかを確認する．
- 貯水槽内の電磁弁・電極棒併用方式の電極棒に水垢などの異物が付着していないかを確認する．
- 給水ポンプの揚水量および作動が適確であるかを確認する．

5　貯水槽は清掃する

貯水槽(受水槽・高置水槽・圧力水槽)の清掃手順

手順	内容
給水元栓の閉栓	・受水槽の給水管の元栓を閉栓する.
受水槽からの排水	・受水槽の水抜管から排水，またはポンプで外部へ排水する.
清掃器具の消毒	・容器に消毒液(次亜塩素酸ナトリウム溶液)を入れ，清掃器具を浸し消毒する.
受水槽内部の清掃	・受水槽の天井下面，壁面，床面の清掃は高圧洗浄機によるジェット噴射水で行うか，タワシやブラシなどの手作業で行う. ・清掃終了後は用いた水を完全に排除する.
受水槽内の消毒	・受水槽の天井下面，壁面，床面の消毒は，消毒薬を高圧洗浄機等を利用して噴霧により吹き付けるかブラシなどを利用して行う. ・消毒後は30分以上おく. ・上記消毒作業をもう一度行う.
受水槽の水張り	・消毒作業が終了したら，受水槽内に水を張る.
高置水槽等の清掃	・高置水槽・圧力水槽について受水槽と同様の手順で清掃する.
水質検査の実施	・末端給水栓で残留塩素の測定. ・透明容器に水をとり，色，濁り，臭気，味を確認する.

貯水槽(受水槽・高置水槽・圧力水槽)清掃に際しての留意事項

❖貯水槽の清掃に際しては次の点に留意します.
- 高置水槽または圧力水槽の清掃は，原則として受水槽の清掃と同じ日に行う.
  —受水槽の清掃を行った後に，高置水槽，圧力水槽の清掃を行う—
- 作業者は，常に健康状態に留意するとともに，おおむね6か月ごとに病原体がし尿に排泄される感染症の罹患の有無または病原体の有無に関して，健康診断を受ける.
  —健康状態の不良な者は作業に従事しない—
- 作業衣および使用器具は，貯水槽の清掃専用のものとする.
- 貯水槽内の照明，換気に注意し事故防止を図る.
- 壁面等に付着した物質の除去は，貯水槽の材質に応じ，適切な方法で行う.
- 貯水槽内の沈殿物質および浮遊物質ならびに壁面等に付着した物質を洗浄等により除去する.
- 清掃を行った場合は，用いた水を完全に排除するとともに，貯水槽周辺の清掃を行う.
- 貯水槽の清掃終了後，消毒薬を用いて，貯水槽の消毒を2回以上行う.
- 消毒は，貯水槽内の天井の下面，壁面および床面について，消毒薬(有効塩素50〜100mg/L濃度の次亜塩素酸ナトリウム溶液)を高圧洗浄機等を利用して噴霧により吹き付けるか，ブラシ等を利用して行い，消毒後30分以上おく.
- 消毒作業が終了した後，洗浄し，洗浄水を排水した後，貯水槽内への水張りを行う.
- 水張りを行う際は，水道引込管内等の停滞や管内のもらい錆等が，貯水槽内に流入しないようにする.
- 貯水槽の水張り終了後，給水栓および貯水槽における水について，水質検査および残留塩素の測定を行う(基準は165頁上欄参照).

1. 給水設備のメンテナンス

6 飲料水系統配管は維持管理する

飲料水系配管の管洗浄手順（例） ―専門業者に依頼する―

1 給水栓から赤水が出る
給水栓／赤水

2 管を洗浄する
給水管洗浄装置／専門業者

3 管を通水洗浄する
＜1回実施＞　＜2回実施＞

4 水質検査・残留塩素測定をする
色度／濁度／臭気／味／水

水質検査記録
検査項目	結果
色度	
濁度	
臭気	
味	
残留塩素	

飲料水系統配管の維持管理・管洗浄の留意事項

- 飲料水系統配管の機能は，常に適切な水質の水を必要な水圧と温度の状態を保持して，必要量を供給することなので，そのための維持管理は，次の点に留意して行うとよいでしょう．
- 管の損傷，錆および水漏れについては，目視のほか，残留塩素量および給水量の推移などを参考として点検し，必要に応じ管の補修を行う．
- 目視による巡視点検は，立て管系統配管はパイプシャフト（上下階貫通箇所）各階の点検口から，また横管系統配管は各階の天井点検口から行う．
  ―水漏れを生じやすい箇所は，管継手の結合部，バルブなどといえる―
- 他系統配管との連結がないこと，衛生器具の吐水口空間が適正に保たれていること，吐水口空間がとれない場合には，バキュームブレーカ（真空破壊弁）が取り付けられており適正に作動していることを点検し飲料水の汚染防止を図る．
- 給水栓において，残留塩素が検出されない場合もしくは残留塩素量の変動が著しい場合は，クロスコネクションなどの疑いがあるので，速やかに原因を解明し，適切な措置を講じる．
  ―措置を講じるまでは毎日残留塩素を測定―
- 管洗浄については次の点に留意するとよいです．
- 作業を行う前に赤水の状況，管の老朽度，建築物の用途などを考慮して作業計画を立てる．
- 作業に当たっては，著しい騒音および振動の発生により周囲の生活環境を損なわないようにする．
- 作業期間中に仮設配管による給水を行う場合は，飲料水の汚染が起こらないように注意する．
- 管洗浄に用いた水，薬品などについては，2回以上通水洗浄を行い完全に排除する．
- 管洗浄終了後，給水開始前に給水栓における水について，水質検査および残留塩素の測定を行う（基準は164頁上欄参照）．

2 給湯設備のメンテナンス

7 給湯設備は湯を必要箇所に供給する

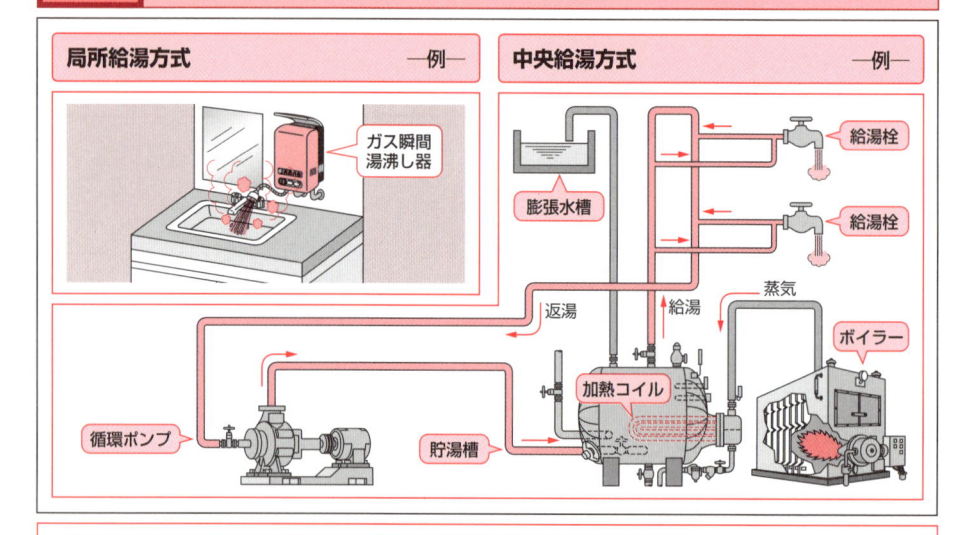

局所給湯方式 —例—

（ガス瞬間湯沸し器）

中央給湯方式 —例—

膨張水槽／給湯栓／返湯／給湯／蒸気／ボイラー／加熱コイル／貯湯槽／循環ポンプ

給湯設備には局所給湯方式と中央給湯方式がある

- ❖ **給湯設備**とは，水道水を加熱器により加熱して必要な湯量，使用目的に適した水圧，衛生的に安全な水質，これに加えて適温とした湯を，人の飲用，炊事用，洗浄用，入浴用として，建物内の給湯必要箇所に供給する設備をいいます．
- ❖ 給湯設備の給湯方式には，局所給湯方式と中央式給湯方式があります．
- **局所給湯方式**とは，給湯を必要とする箇所ごとに小型の加熱器を分散配置して給湯する方式をいい，主に小規模施設の業務用や家庭用として用いられています．
- 局所給湯方式は，湯を直接ガスや電気で加熱するので，"**直接加熱給湯方式**"ともいいます．
- 局所給湯方式には，使う分のみ必要時に沸かす"**瞬間式局所給湯方式**"と，常に一定の温度に保たれた湯を加熱器に付帯した槽に貯めておく"**貯湯式局所給湯方式**"があります．
- ❖ **中央給湯方式**とは，機械室などにボイラーや蒸気発生器，温水ヒータなどの加熱器と貯湯槽，循環ポンプなどを設置し，加熱器からの温水または蒸気を熱媒にして湯とし，給湯を必要とする箇所に配管で供給する方式をいいます．
- 中央給湯方式には，加熱器と貯湯槽が一体となっている**直接加熱方式**と，加熱器と貯湯槽が分離設置され貯湯槽内に加熱コイルを有し，間接的に熱交換させる**間接加熱方式**があります．

8 給湯設備は維持管理し汚染を防止する

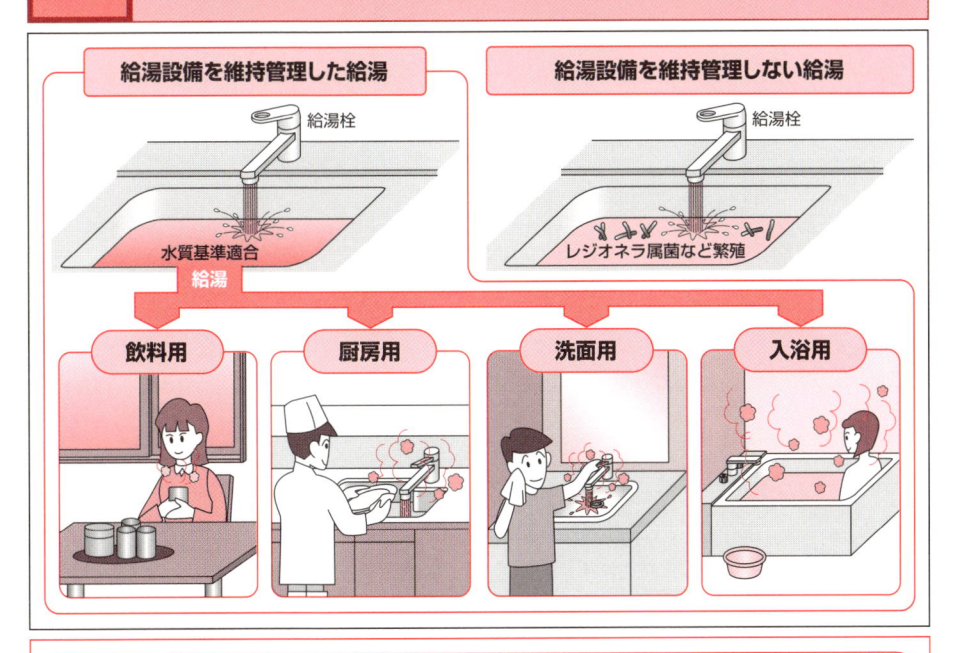

給湯設備を維持管理した給湯
給湯栓 / 水質基準適合 / 給湯

給湯設備を維持管理しない給湯
給湯栓 / レジオネラ属菌など繁殖

飲料用　厨房用　洗面用　入浴用

給湯水のレジオネラ属菌などによる汚染防止のための五つの方策　　―中央式給湯設備―

❖ 中央式給湯設備における給湯は，一般に水道水を原水としていますが，返湯管を設けて湯を循環させ加熱していることから，発ガン性のあるトリハロメタンなどの消毒副生成物，機器や配管材料から溶出する金属イオンなどが生じ，水質が悪化する場合があります。

❖ 給湯温度が低いと一般細菌や従属栄養細菌，レジオネラ属菌などが繁殖してレジオネラ感染症などの原因となることがあります。

● レジオネラ感染症は，全身性倦怠感，頭痛，食欲不振，筋肉痛などの症状に始まり高熱，悪寒，胸痛がみられるようになり，昏睡，幻覚，四肢のふるえなどの中枢神経系症状が現れます。

❖ 中央式給湯設備では，水の加熱により水中の残留塩素が消失しやすく消毒効果が薄れ，また給湯栓などに分岐する枝配管内に，湯が循環しない部位があると，湯温が低下して生物膜（バイオフィルム）が定着しやすく，レジオネラ属菌などが繁殖する危険性が高くなります。

● 局所式給湯設備では，比較的配管長が短く，湯が長期に滞留することがないので，レジオネラ属菌などの繁殖の危険性は少ないといえます。

❖ 飲料，厨房，洗浄，入浴などのための給湯水はレジオネラ属菌などによる湯水の汚染に伴う健康影響を防止する必要があります。

● 特に，中央式給湯設備は，給湯水の汚染が懸念されるので，それを防止する観点から維持管理には，次の5項目の実施が基本といえます。
  （1） 給湯温度は 55～60℃ 以上に維持する
  （2） 給湯機器・配管内の湯の滞留を防止する
  （3） 給湯機器・配管系統を定期的に清掃する
  （4） 土埃などの異物の侵入を防止する
  （5） 給湯末端の遊離残留塩素濃度を 0.1mg/L 以上に維持する

9 給湯温度を管理するとともに滞留水を防止する

給湯設備の給湯温度 ―最低温度―

（図）
- 給湯栓末端湯温 55℃以上
- 給湯栓
- 給湯
- 膨張水槽
- 給湯
- ボイラー
- 返湯
- 湯温 60℃以上
- 循環ポンプ
- 貯湯槽

給湯設備の給湯温度と使用温度（例）

❖給湯設備の給湯温度は、使用温度より高い温度で供給し水と混合して使用温度にする．

単位：〔℃〕

用途	給湯温度	使用温度
飲料	90〜98	50〜55
厨房	80 〔60℃で供給し昇温〕	45 皿洗い 60 すすぎ 80
洗面 手洗い	60	42〜45
入浴 シャワー	60	42〜45

給湯温度は55℃以上とし滞留水を除去して細菌汚染を防止する

❖次のように給湯温度を管理して、給湯設備におけるレジオネラ属菌を含む細菌汚染を防止するとよいです．

- 中央式給湯設備での湯温は、貯湯槽内で60℃以上とし、給湯栓末端で55℃以上に保つようにする．
  - 加熱装置の加熱能力は、貯湯槽内での貯湯温度を60℃以上とし、いずれの部位の給湯栓において、初流水を捨て、湯温が一定になった時点で55℃以上を保持するようにする―
  - 省エネルギー、省資源対策としては、必要以上に給湯温度を上げないことだが、その場合でも給湯温度が55℃以下にならないように管理する―
  - 給湯温度が高いほどレジオネラ属菌などによる汚染防止効果は上がるが、熱傷の危険性も増すので、これを防ぐ対策（例：サーモスタット付き温水混合栓の設置）が必要である―
- 給湯温度を維持するため、可能な限り湯を給湯系統全域に循環させる必要があるので、返湯管の系統ごとに定流量弁を設置して、どの系統にも一定量の湯が流れるように調整する．
- 給湯配管類の保温材の損傷、劣化により給湯温度が低下するので適宜補修する．

❖給湯設備内の滞留水は、レジオネラ属菌を含む細菌汚染の原因となるので、次のように滞留水を防止するとよいです．

- 給湯設備全体の保有水量は、給湯使用量に対して適正な容量とする．
- 配管内を含めて給湯設備内の死水域の有無を定期的に確認する．
- 給湯設備内の滞留水を定期的に放流する．

10 給湯設備は清掃し水質検査をする

給湯設備の清掃

清掃箇所	清掃内容
貯湯槽	● 貯水槽に準じて，1年に1回以上清掃する
膨張水槽	● 貯水槽に準じて，1年に1回以上清掃する
給湯配管類	● 給水系統配管に準じて1年に1回以上管洗浄をする
循環ポンプ弁類	● 動作確認を兼ねて1年に1回以上洗浄をする
シャワーヘッド 給湯栓のコマ	● 6か月に1回以上定期点検を行う ● 1年に1回以上分解・清掃を行う

給湯水の水質検査結果の対策

❖ 給湯水を水質検査し，その結果基準値を超える一般細菌，レジオネラ属菌が検出された場合は，次の対策を組み合わせて行うとよいです．

＜給湯設備の細菌汚染対策＞
- 給湯設備全体を清掃する
- 給湯水の循環状況を確認し，滞留水をなくす
- 換水する
- 高濃度塩素により一時的に消毒する
- 加熱処理を行う
- フラッシングを行う
  ―フラッシングとは，配管内部，貯湯槽内部などの浮錆付属物，残留異物などを除去し，洗浄度を向上することをいう―

給湯設備を清掃し細菌汚染を防止する　　　　―水質検査により確認―

❖ 給湯設備は，貯湯槽，膨張水槽，給湯配管を含む給湯設備全体を清掃することにより，レジオネラ属菌を含む細菌汚染を防止できます．
＜貯湯槽・膨張水槽の清掃＞
- 貯湯槽・膨張水槽の清掃は，貯水槽(166頁参照)に準じて基本的に年1回以上行う．
- 開放式貯湯槽，開放式膨張水槽であって，冷却塔が近くにある場合など，外部からの汚染の可能性のある場合は，清掃回数を多くするとよい．
＜給湯配管の清掃＞
- 給湯配管は，内面にスライムが形成される可能性があるので1年に1回以上，枝管を含めて配管全体を給水配管に準じて管洗浄を行うとよい．
＜循環ポンプ・弁類の清掃＞
- 循環ポンプ・弁類は，動作確認を兼ねて1年に1回以上，分解・清掃を実施するとよい．
＜シャワーヘッド類の清掃＞

- シャワーヘッドや給湯栓のコマなど管末器具類は，常時空気に触れており細菌類に汚染される機会が多いので，6か月に1回以上定期的に点検し1年に1回以上分解・清掃を行うとよい．
❖ 給湯設備で，土埃などの外部からの侵入を防止するには，貯湯槽は密閉式とし，給湯循環ポンプは密閉式ポンプを使用するとよいです．
❖ 中央式給湯設備において，給湯水の水質を衛生的に良好な状態に維持するには，定期的に水質検査を行う必要があります．
- 給湯水の水質検査は，飲料水と同様の検査項目(164頁参照)を実施します．
  ―採水は最も給湯温度の低い給湯栓から行う―
- 定期的な水質検査以外に1週間に1回程度の簡易的な日常検査を行うのが望ましいです．
- レジオネラ属菌の検査を自主的に実施することが望ましいです．

第4章 給排水衛生設備のメンテナンス

11 貯湯槽は法令により性能検査を受ける

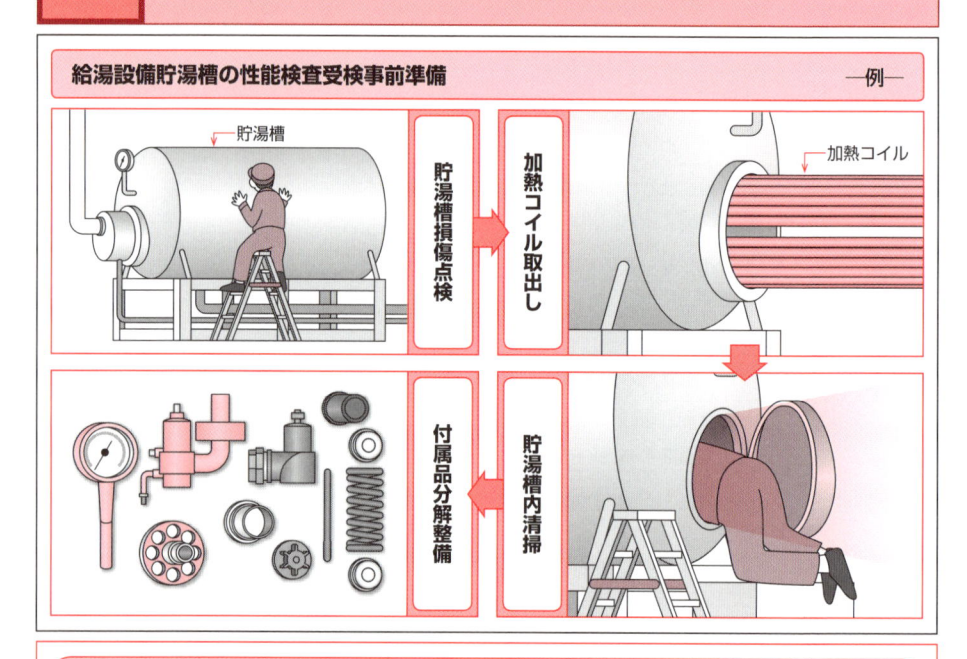

給湯設備貯湯槽の性能検査受検事前準備 ——例——

貯湯槽損傷点検 → 加熱コイル取出し → 貯湯槽内清掃 → 付属品分解整備

貯湯槽は性能検査を受けるため事前準備をし定期自主検査をする

- 給湯設備の貯湯槽は，法令で第一種圧力容器と規定されているので，厚生労働大臣の登録を受けた登録性能検査機関が行う性能検査を受けるよう求められています．
- 性能検査は，貯湯槽の損傷の有無など全般について，各部を点検・検査し，引続き一定期間使用できるかを判定します．
- 貯湯槽は性能検査に合格すると登録性能検査機関から検査証が交付され，検査証の有効期間である1年間継続して使用することができます．
- 性能検査で不合格になった貯湯槽は，検査証の有効期間が更新されずそれ以上使用できません．
- 登録性能検査機関の性能検査を受けるには，その前に次のように事前準備の必要があります．
- 貯湯槽本体の損傷，水漏れなどを点検する．
- 貯湯槽の使用を中止して自然冷却し，槽内の水を完全に排出する．
- 貯湯槽のマンホールを開いて，加熱コイルを槽外に取り出して，表面のスケールなどの析出，付着状態を調べ，必要に応じそれを除去する．
- 貯湯槽内面におけるスケール・スラッジなどの生成物付着状況，腐食・錆発生状態を点検し，必要に応じそれを除去する．
- 貯湯槽の付属品を分解し，整備する．
- 検査証，定期自主検査記録などを用意する．
- これらの整備作業は，ボイラ整備士の資格を有する者が行います．
- 貯湯槽は，毎月1回次の項目について定期自主検査を行い，その結果を記録するとよいです．
- 貯湯槽本体の損傷の有無
- 貯湯槽のふたの締付けボルトの摩耗の有無
- 給湯配管，弁の損傷の有無
- 定期自主検査を行った結果，異常を認めたときは，補修，その他必要な処置をとります．

2. 給湯設備のメンテナンス

12 浴場施設は衛生的環境を確保する

浴場施設の構成 ―例―

（図：ボイラー、湯張り水補給水、浴槽、オーバーフロー水、集毛器、ろ過ポンプ、ろ過器、熱交換器、消毒剤注入装置）

浴場施設の浴槽は消毒・換水・清掃する ―不特定多数の入浴者―

- ❖ **浴場施設**とは，不特定多数の入浴者を対象とする入浴施設をいいます．
- 浴場施設の浴槽では，浴槽の湯（浴槽水）の消毒が行われていても，生物膜（バイオフィルム）が定着しやすく，レジオネラ属菌が検出されることがあるので，適正な消毒と換水，清掃による維持管理が必要です．
- 浴槽水の消毒は，規定で定める場合を除いて，塩素系薬剤を使用し，0.2～0.4mg/L 程度の遊離残留塩素濃度を維持する必要があります．
- 残留塩素濃度が高すぎると，浴室内が高温になっているので，有害物質が発生して入浴者の中には気分が悪くなる人が出る可能性があり，最大でも 1.0mg/L を超えないようにします．
- 浴槽水の遊離残留塩素濃度は，2～3時間ごとに測定し，記録するとよいです．
- ❖ 浴槽循環配管は，1年に1回以上過酸化水素洗浄などの生物膜除去に有効な化学洗浄を行って消毒するとよいです．
- 化学洗浄を行った後の洗浄水は，完全に中和したことを確認した後に排水します．
- ❖ 浴槽水は，長時間滞留するとレジオネラ属菌が繁殖するおそれがあるので，毎日浴槽水を完全に排水することを原則とします．
- 循環式浴槽では，最低でも1週間に1回以上浴槽水を完全に排水します．
- 浴槽換水時には，浴槽内を清掃・消毒し，ろ過器の逆洗を行って，ろ材を清掃し消毒します．
- 浴槽の清掃は，高圧水による洗浄のみでは不十分なので，高圧洗浄後にブラシ洗浄を行い，高濃度塩素消毒を行うとよいです．
- 浴槽水は，レジオネラ属菌検査を少なくとも年に1回以上実施し維持管理の適正を確認するとよいです．

3 排水槽のメンテナンス

13 排水槽は地階で生ずる排水を貯留する

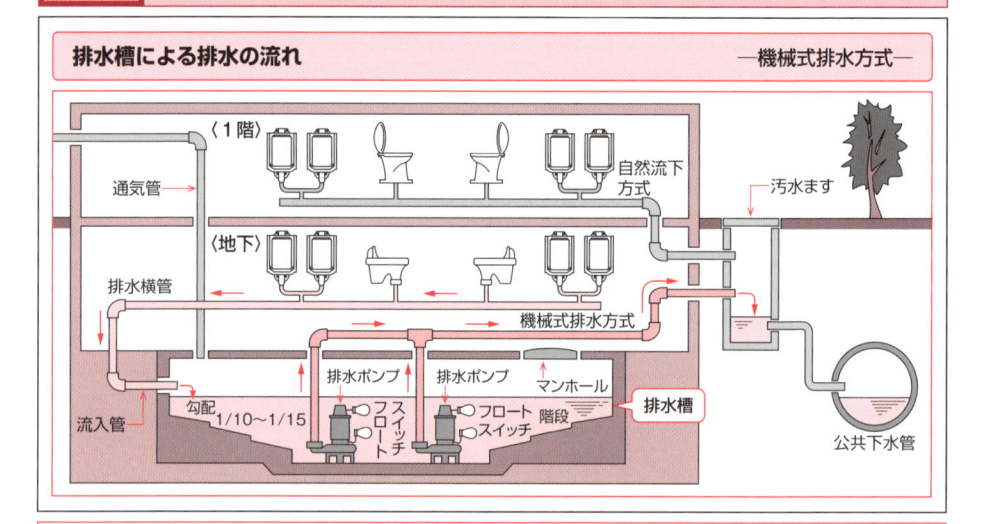

排水槽による排水の流れ ―機械式排水方式―

〈1階〉 通気管／自然流下方式／汚水ます
〈地下〉 排水横管／機械式排水方式／流入管／勾配1/10～1/15／排水ポンプ／フロートスイッチ／マンホール／階段／排水槽／公共下水管

地階での排水を排水槽で貯留し排水ポンプで公共下水道に放流する

- 地下階を有する比較的大きな建築物では，施設内で生じた排水を自然流下方式で公共下水道へ放流するのが困難な場合，生じた排水をいったん排水槽に貯留した後，排水ポンプで汲み上げて公共下水道に放流する方式をとっています。
- **排水槽**とは，建築物から排除される汚水または雑排水を集め，これを排水ポンプによって汲み上げ排除するために貯留する槽をいいます。
- 排水槽は，流入する排水の種類により，汚水槽，雑排水槽，混合槽（合併槽），湧水槽，雨水槽に区分されます。
- 排水槽は，槽内の点検・清掃が必要であり，清掃時に発生する沈殿汚泥の搬出，ポンプの搬入をする必要があるので，これら維持管理を容易に行うことができる場所に設置します。
- 排水槽は縦長とし，排水槽の底部には，吸込みピットを設け，ピットは残汚水を少なくするために，できるだけ小さくします。
- 槽底部は，清掃がしやすく，また沈殿物が底部に残ることなく，ピット内に流れ込むように，1/10～1/15の勾配を付けます。
- 排水槽には，人が槽内に入れる大きさの保守点検用のマンホールを設けます。
- 排水槽に設置する排水ポンプは，故障に備えて複数台とし，通常は交互に運転し，排水量の急増時には同時運転が可能とするとよいでしょう。

3. 排水槽のメンテナンス

14 排水槽の悪臭・衛生害虫の発生を防止する

排水槽関連の機能を点検する ───維持管理───

点検箇所	点 検 項 目
排水槽	● マンホールは密閉されているか ● マンホールを開ける前に悪臭はないか ● マンホールを開けたら衛生害虫が出てこないか ● 排水槽内のスカム・沈殿物の量は多くないか ● 排水槽内壁面に損傷・亀裂はないか ● 排水槽内壁面に錆の発生は多くないか ● 排水槽から漏水していないか
満減水 警報装置	● 満減水警報装置は正常に作動するか ● 電極棒の汚れ・錆は多くないか ● 電極棒の取付けに異常はないか
フロート スイッチ	● フロートスイッチは正常に作動しているか ● フロートスイッチの汚れ・錆は多くないか ● フロートスイッチの取付けに異常はないか
電極棒	● 電極棒は正常に作動しているか ● 電極棒の汚れ・錆は多くないか ● 電極棒の取付けに異常はないか

＜悪臭発生＞
いやな臭い!!
マンホール

＜衛生害虫発生＞
ア！チョウバエがいるよ
排水槽

排水槽における悪臭・衛生害虫の発生などを定期的に点検する

❖ 生活雑排水や汚水は，不衛生であるため，これを貯留したり処理したりする排水槽の管理が不十分だと，排水槽内に生じたスカムや底に溜まった汚泥が腐敗し，硫化水素などの悪臭（ビルピット臭気）や衛生害虫の発生につながります．

● **スカム**とは，排水槽の水面に浮上した固形物や油脂分の集まったものをいいます．

● 厨房排水は，油脂類によるグリース濃度が高く，洗剤と高い温度の給湯排水によって排水中に溶解し，排水管内を流下するときに冷却されて，排水管の壁に粘性状態のスライムとして固着し，排水管を詰まらせる要因となります．

● 悪臭の原因は，排水が腐敗して発生する，卵が腐ったような臭いのする硫化水素などの物質によるものです．

● 悪臭は建築物の排水が下水管に汲み上げられる際に付近の雨水ますや汚水ますから発生します．

● **衛生害虫**とは，衛生環境を悪化させる害虫のことで，人の血を吸うもの，咬んだり刺したりするものなどで，蚊（チカイエカ），ハエ，チョウバエ，ゴキブリ，ヒルなどが代表的です．

❖ 悪臭の発生，衛生害虫の発生を防止するためには，排水槽を少なくとも1か月に1回定期的に点検し，必要に応じて補修するとよいでしょう．

● 排水槽のマンホールの周囲は点検に支障がないように整理整頓されているか．
● マンホールを開ける前に悪臭はないか．
● マンホールを開けたら衛生害虫が出てこないか．
● マンホールは密閉されているか．
● 排水槽内のスカム・沈殿物の量は多くないか．
● 排水槽内壁面に損傷・亀裂はないか．
● 排水槽内壁面の錆の発生は多くないか．
● 排水槽から漏水していないか．
などについて点検するとよいです．

175

15 排水槽清掃のために事前準備をする

排水槽清掃の事前準備例

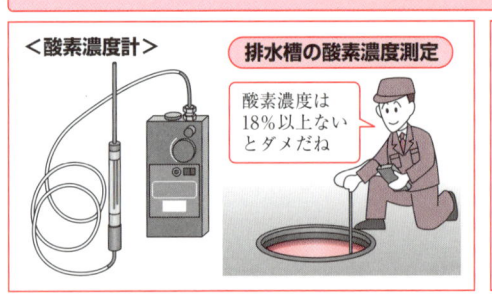

〈酸素濃度計〉　排水槽の酸素濃度測定　〈バキューム車〉

酸素濃度は18％以上ないとダメだね

〈移動換気扇〉　〈防爆型照明器具〉　〈はしご〉　〈デッキブラシ〉　〈バケツ〉

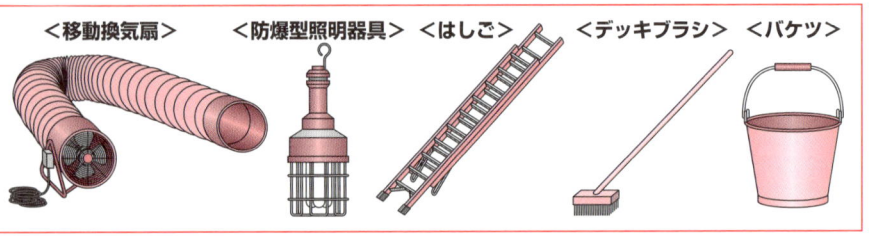

排水槽清掃作業実施前に用具を準備し酸素濃度を測定する

- 排水槽内の清掃を怠ると，排水ポンプの損傷や詰まりによる故障が発生するだけでなく，浮遊物などが固着して排水ポンプが動かなくなったり，衛生害虫が発生し，また悪臭発生の原因となり，有毒な硫化水素の発生をきたします。
- 建築物における衛生的環境の確保に関する法律では，6か月以内ごとに1回，定期的に排水槽などの設備の清掃を行い，排水槽内の汚泥などの残留物質を除去するよう規定されています。
- 排水の状況は，建築物の用途などによって異なるので，排水の水質，排水量および排水槽の容量などに応じて，清掃の回数を増すとよいです。一例：し尿や油脂分を多く含む排水が長時間滞留するような場合は，清掃回数を増やす—
- 排水槽の清掃作業中は，水の使用を停止するのが望ましいので，事務所ビルなどでは休日に実施するとよいでしょう。
- 汚水槽清掃でバキューム車を使用する場合は，バキューム車が地下階のどこまで入車できるか，ホースの揚程距離などを調べておくとよいです。
- 排水槽内の清掃と同時に，排水ポンプの点検整備を行う場合は，移動用水中ポンプが必要です。
- 排水槽内の酸欠空気による事故防止のために，移動換気扇を用意し，十分に換気します。
- 排水槽内で使用する照明器具は，防爆型で清掃作業を行うのに十分な照度の器具とします。
- 清掃作業者は空気呼吸器，安全帯等を使用し，非常時の避難用具なども備えておくとよいです。
- 測定器で排水槽内の空気中の酸素濃度18％以上，硫化水素濃度10ppm以下であることを測定し確認してから，清掃作業を行います。
- 排水槽の清掃は，酸素欠乏危険作業主任者の資格を有し選任された者が，作業を指揮し，安全の確保に対処します。

3. 排水槽のメンテナンス

16 排水槽内を清掃する

雑排水槽内の清掃作業の例

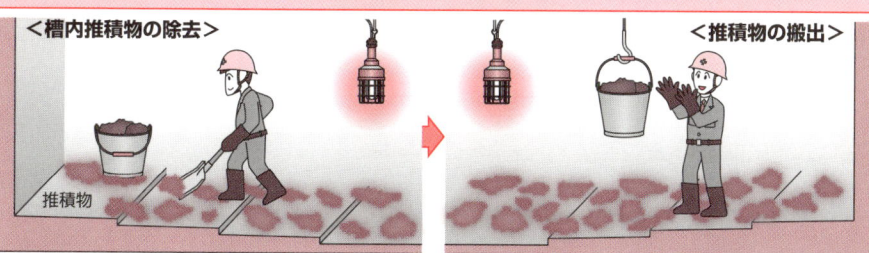

＜槽内推積物の除去＞　　＜推積物の搬出＞

推積物

＜高圧水洗浄＞　　＜デッキブラシでこする＞

注：上図では作業者の空気呼吸器等の着用の記載は省略しています。

雑排水槽と汚水槽の清掃作業の手順例

❖ 雑排水槽のように，油脂分によるグリース化した付着・堆積物が多い場合の清掃の例を，次に示します．
- 付着・堆積物をスコップ，すきなどで除去し，バケツで搬出する．
- ホースで水をかけながらデッキブラシでこすって掃除する．
- 槽底部に溜まった水を排水ポンプが空運転になる直前まで排水する．
- 槽底部に残留した異物をバケツで搬出する．
- 槽内の各部を高圧水洗浄する．
  —排水ポンプ，フロートスイッチは損傷を与えないように付着した汚泥を除去する—
- 槽内に溜まった清掃水を排水ポンプにより排水する．

❖ 汚水槽のように，付着・堆積物に油脂分が少ない場合の清掃の例を，次に示します．

- 高圧水洗浄により槽内各部の付着・堆積物を破砕し，汚水濃度を薄める．
- 薄められた汚水を排水ポンプで排水する．
- これを繰り返し，汚水濃度がある程度薄まったら槽内に入り各部を再度高圧水洗浄する．
  —排水ポンプ，フロートスイッチは損傷を与えないように付着した汚泥を除去する—
- 排水ポンプで清掃水を排水する．

❖ 各槽清掃終了後，水張りを行い水位の低下の有無を調べ，漏水がないか確認します．

❖ 排水槽の清掃時に発生する汚泥，スカムなどの廃棄物の処理は，次のようにします．
- 雑排水槽，混合槽の清掃時に発生する廃棄物でし尿を含まないものは，産業廃棄物として処理します．
- 汚水槽，混合槽の清掃時に発生する廃棄物でし尿を含むものは，一般廃棄物として処理します．

17 排水ポンプは適切に運転し貯留水腐敗を防止する

排水ポンプ —水中ポンプ—

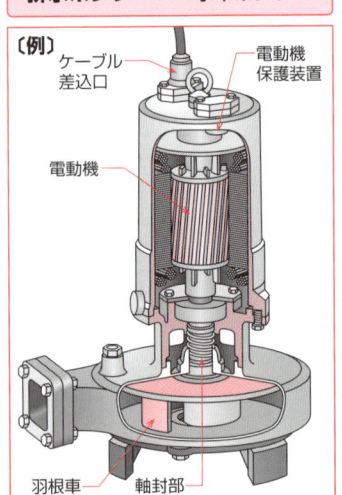

〔例〕
- ケーブル差込口
- 電動機保護装置
- 電動機
- 羽根車
- 軸封部

排水槽における排水ポンプの設置 —例—

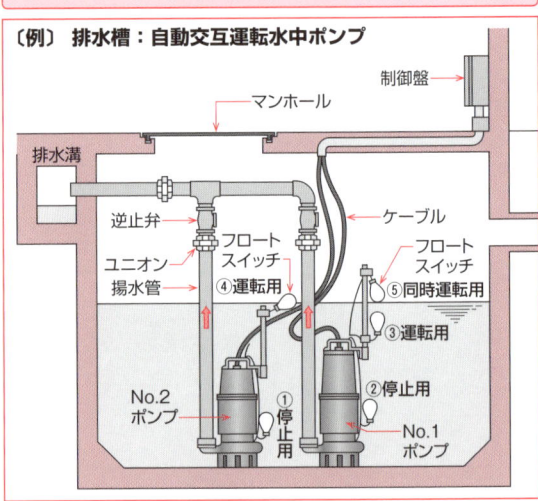

〔例〕 排水槽：自動交互運転水中ポンプ
- 制御盤
- マンホール
- 排水溝
- 逆止弁
- ユニオン
- 揚水管
- ケーブル
- フロートスイッチ
- ④運転用
- ⑤同時運転用
- ③運転用
- ①停止用
- ②停止用
- No.2 ポンプ
- No.1 ポンプ

出典：新明和工業(株)『ポンプ・ブロワ・エアレータ・ミキサ・水処理機器　ハンドブック19版』

排水槽における排水ポンプ関連の機能を確認し点検する

- ❖ 比較的大きな建築物では，地下階で発生する汚水，雑排水，湧水は，いったん汚水槽や雑排水槽，混合槽（合併槽），湧水槽などの排水槽にそれぞれ貯留し，排水ポンプで地上の会所ますに汲み上げて，公共下水道に放流しています．
- ❖ 排水槽における水位制御は，排水槽内の水位が設定高水位に達したら排水ポンプを始動して排水を行い，設定低水位に低下したら排水ポンプを停止し排水をやめる自動制御を行っています．
  - 排水ポンプは，臭気の発生原因となる貯留水の腐敗などを防止するため，適正に運転する必要があります．
  - 汚水槽，雑排水槽，混合槽（合併槽）など悪臭の発生が予想される排水槽の稼働間隔は，1～2時間以内となるよう水位制御と時間制御を行うとともに，悪臭発生防止装置を備えたビルピット型ポンプを設置するとよいでしょう．
- ❖ 排水槽の水位検出のセンサとして，湧水槽，雨水槽は電極棒を使用してもよいですが，汚水槽や厨房排水槽では，電極棒ではなくフロートスイッチを用いるとよいでしょう．
  - 水位検出センサに電極棒を使用すると，排水中の固形物が付着して，正しい水位検出能力が低下し，自動運転が阻害される場合があります．
- ❖ 排水ポンプの日常点検としては，吐出し圧力，揚水量，電流値，騒音，振動の有無を確認するとよいでしょう．
  - —電流値の振れが大きい場合は，排水ポンプに固形物等を巻き込んでいることがある—
  - 排水ポンプは，6か月ごとに点検・整備を行うとよいです．
  - 満減水警報装置・電極式制御装置は，その作動状況，電極の錆，電極棒の汚れ，および取付け状態を確認するとよいでしょう．

3. 排水槽のメンテナンス

18 排水槽の発生障害は原因を追究し対策をとる

排水槽に発生する障害の現象と原因と対策

現　象	原　因	対　策
悪臭が発生する.	1．排水槽上部室の換気が不良である．	一般機械室より換気回数を増やす． 送風機等の不良箇所を修理または交換する．
	2．マンホールふた，配管等の貫通部の密閉が不十分である．	マンホールふたはパッキン付き密閉型とする． 配管貫通部まわりは入念に穴埋めし，コーキングする．
	3．槽内汚物等の腐敗が進行している．	排水の貯留時間を短くし，かつ低水位時に汚泥が残らないように水位を下げ，勾配をとる． 汚水と厨房排水は分けて槽を設ける． ばっ気撹拌装置を設ける．
	4．換気設備が不備である．	清掃回数の頻度を増やす． 適切な通気管径を選定し，外部に単独に開放する． ばっ気装置がある場合は，通気管径を太くするか，強制排気をする．
雑排水槽の表面に浮遊物の層ができ，ポンプ等の故障が多くなる.	1．厨房排水の油脂類やスカムの浮遊物が固まって起こる．	清掃回数の頻度を増やす． グリース阻集器の清掃を確実に行う． ばっ気撹拌装置を設ける．
	2．電極棒制御では，付着物がついて誤作動する．	フロートスイッチ等に切り替える．
湧水槽（地下二重スラブ内）に常時水が溜まって，蚊が発生する.	1．ポンプの起動水位が二重スラブ底面より上にある．	二重スラブ底面より起動水位を下げる．
	2．連通管の下部が二重スラブより高い．	連通管下部をスラブ底面になるようにコンクリートで連通管下部までかさ上げする．
	3．水たまりができて蚊が発生する．	上記によって水たまりをなくす． 湧水槽内に定期的に殺虫剤をまく．

なお，排水ポンプに発生する障害は，給水ポンプに比較して次のような点が主に異なる．
①フロートスイッチや電極棒への異物の付着，作動障害物の接近により，正常な作動が妨げられる．対策としては，定期的に点検して異物を除去する．
②ポンプの吸込口，内部への異物の付着，詰まり等により，起動不能，揚水不良，騒音の発生等を起こすので，異物を除去する．

出典：厚生労働省「建築物における維持管理マニュアル」

4 衛生器具・排水関連設備のメンテナンス

19 衛生器具は清掃し清潔を保つ

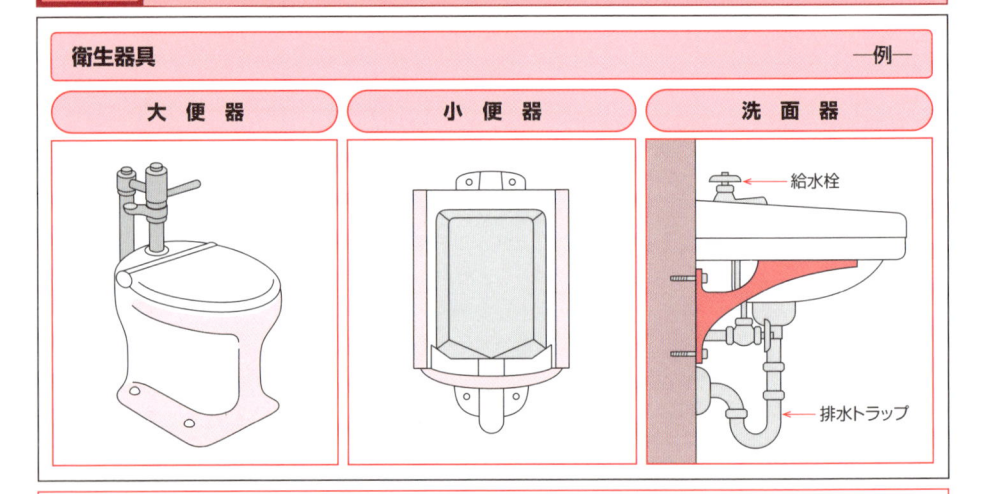

衛生器具　　　　　　　　　　　　　　　　　　　　　　　　　　　　　　　　—例—

| 大　便　器 | 小　便　器 | 洗　面　器 |

（洗面器図中ラベル：給水栓／排水トラップ）

衛生器具は給水器具・水受け容器・排水器具・付属品からなる

- **衛生器具**とは，水を供給するため，液体もしくは洗浄されるべき汚物を受け入れるために，またはそれを排出するために設けられた給水器具，水受け容器，排水器具および付属品をいいます。
- **給水器具**とは，水受け容器に給水・給湯するための器具をいい，給水栓，給湯栓，止水栓，ボールタップなどがあります。
- **水受け容器**とは，洗面所の洗面器・手洗い器，トイレの大便器・小便器，浴室の浴槽などのように使用する水や使用した水，もしくは洗浄されるべき汚物を一時貯留または排水系統に導くために用いられる器具および容器をいいます。
- **排水器具**とは，水受け容器の排水口と排水管を接続する器具の総称です。
- 水受け容器の排水口にできるだけ近接してトラップを取り付け，そこに排水管を接続します。
- **付属品**とは，洗面所の鏡，石けん入れ，トイレの紙巻き，便座などをいいます。
- 陶器製の衛生器具を**衛生陶器**といい，次のような特徴があります。
- 表面が滑らかで硬質であるため，こすり傷，引っ掻き傷が付きにくい。
- 汚れがすぐわかり，掃除が容易である。
- 吸水性が少なく変色せず臭いが付きにくい。
- 衝撃に弱く割れやすい欠点がある。
- 衛生陶器は，使用することにより汚れるので，清潔を保つためには，清掃を十分に行う必要があります。

4. 衛生器具・排水関連設備のメンテナンス

20 大便器を清掃する

洋式大便器の清掃 —例—

1 便器内面に洗剤液を注ぐ — 洗剤液

2 便器内面をブラッシング — トイレブラシ

3 リム部をブラッシングする — トイレブラシ

4 トラップ部をブラッシング — トイレブラシ

5 便器の外周を拭く — トイレ用クロス

6 床面接合部を清掃する — 歯ブラシ

便器は清掃により清潔を保つとともに除菌し悪臭を除去する

- 衛生陶器は，常に清掃・手入れをして，清潔に保つことが保全上の基本です．
- 衛生陶器を清掃する際には，磨き砂やクレンザーのような粒子の粗いもので洗うなどして陶器表面の上薬面を傷つけないようにします．
- 便器の清掃は，単にきれいにするだけでなく，除菌や悪臭の除去を兼ねて洗浄することです．
- 便器の汚れには，尿石による汚れ，水垢，カルキ成分による汚れなどがあります．
- **尿石**とは，尿路結石ともいい，尿に含まれる成分が固まったもので，色が尿に含まれる色素の色である黄色(茶色)をしています．
- 尿石が便器に付着すると，付着した尿石の上にさらに尿石が重なり付着部分が広がります．
- **カルキ**とは，水道水の殺菌，消毒に使われる塩化石灰で，塩化石灰は水に溶けると，次亜塩酸イオンになり殺菌，消毒効果があります．

- 便器の清掃では次の用具を用意するとよいです．
  - ゴム手袋
  - トイレブラシ
  - トイレスポンジ
  - トイレ用クロス

〈洋式大便器の清掃(例)〉

- 大便器内面に洗剤液(酸性タイプ)をまんべんなく注ぎ，数分経過したら，トイレスポンジでこするかトイレブラシでブラッシングします．
- 大便器のリム部，蓋の接合部，大便器の周り，床との接合部などもブラッシングするとよいです．
- 便座は布で水拭きし，裏面など汚れがひどいときは，適量に薄めた中性洗剤を含めた布で拭き取ります．
- 消毒は逆性石けんを適量に薄めて行います．
  —逆性石けんはアミンの塩からなる界面活性剤で，殺菌作用がある—
- 清掃が終わったら，手鏡などを使って，汚れが落ちているか確認します．

21 小便器・洗面器を清掃する

小便器の清掃　　　　　　　　　　　　　　　　　　　　　　　―例―

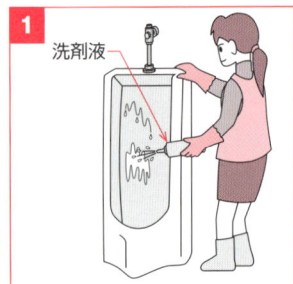

1 洗剤液
- 洗剤液を小便器の上からまんべんなく注ぎ数分おく.

2 トイレ用スポンジ
- 小便器内部をトイレ用スポンジで洗浄する.

3 トイレ用ブラシ
- 小便器リム部をトイレ用ブラシで洗浄する.

4 目皿洗浄／目皿／ブラシ
- 尿石ができやすい目皿内部をトイレブラシで洗浄する.

5 トイレ用クロス
- 小便器全体を水洗浄し，トイレ用クロスで全体を拭く.

6 水拭き
- 垂れこぼした尿で汚れた床面を水拭きする.

洗面器の清掃　　　　　　　　　　　　　　　　　　　　　　　―例―

1 スポンジ
- 洗剤液をスポンジに付けて内面をこすり洗いし水垢がひどい場合はミラニンスポンジでこする.

2 髪の毛
- 上部縁の汚れをブラシでこすり，排水口ストレーナに付いた髪の毛，ゴミを取り除く.

3 水洗い → から拭き
- 給水栓からの水で洗剤を洗い流し，表面および内面をクロスでから拭きする.

4. 衛生器具・排水関連設備のメンテナンス

22 排水トラップを清掃する

洗面器の管トラップを清掃する

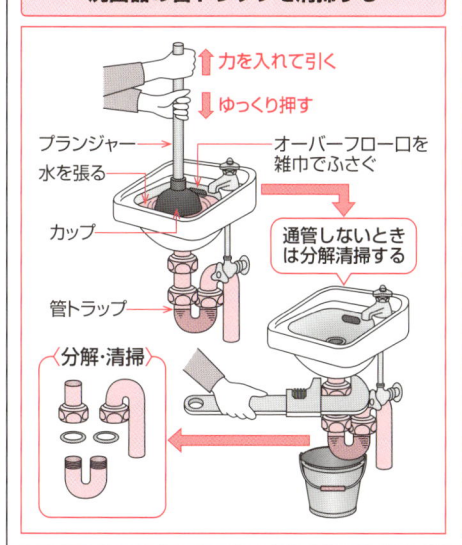

- 力を入れて引く
- ゆっくり押す
- プランジャー
- 水を張る
- カップ
- オーバーフロー口を雑巾でふさぐ
- 通管しないときは分解清掃する
- 管トラップ
- 分解・清掃

流し台の椀型トラップを清掃する

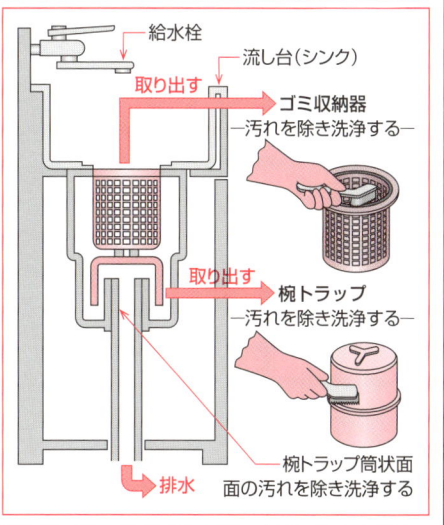

- 給水栓
- 流し台（シンク）
- 取り出す
- ゴミ収納器 —汚れを除き洗浄する—
- 取り出す
- 椀トラップ —汚れを除き洗浄する—
- 排水
- 椀トラップ筒状面面の汚れを除き洗浄する

洗面器・流し台の排水トラップの清掃の方法 —例—

- ❖ 排水トラップとは，洗面器，流し台，便器などの衛生器具の排水管から，悪臭・有害ガス・衛生害虫などが逆流（侵入）するのを防ぐために設けられた器具をいいます．
- ❖ 排水トラップには管トラップと隔壁トラップがあります．
- たとえば，洗面器には，管トラップが用いられていますが，その用途上髪の毛・ゴミなどが排水とともに流出して管トラップを詰まらせたり，引っかかった髪の毛などによる毛細管現象で破封することがあります．
- そこで，洗面器などの管トラップは簡単に分解でき，清掃が容易にできる構造になっています．
- ❖ 洗面器の管トラップが詰まった場合は，プランジャーを用い，数回操作しても通管しないときは分解して清掃するとよいです．
- プランジャーは，ラバーカップ，俗にスッポンともいい，棒の先に吸盤（カップ）が付いた詰まりを取り除く器具をいいます．
- プランジャーのカップを詰まった口にあて，棒を上下させることによりカップから詰まった箇所までの水圧を変化させ，管トラップ内の異物を動かしたり，衝撃で粉砕したりします．
- プランジャーは引く際の負圧で異物を吸い出すので，ゆっくり押して力を入れて引きます．
- ❖ 台所の流し台（シンク）は隔壁トラップの一種である椀トラップが用いられているので，次のように清掃するとよいです．
- ゴミ収納器を取り出しゴミを捨て，網目に詰まった汚れをブラシでこすり取り水洗いします．
- 椀トラップを取り出し，洗剤を付けたブラシで汚れをこすり洗い流します．
- 椀トラップの筒状内面の汚れを洗剤を付けたパイプ掃除用ブラシでこすり洗い流します．

23 グリース阻集器を清掃する

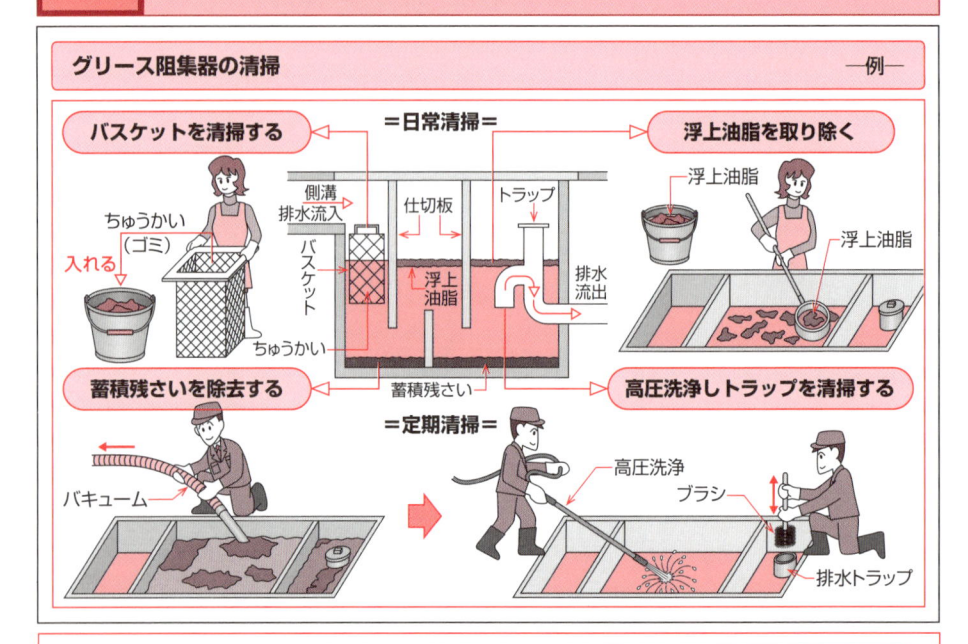

グリース阻集器の清掃 —例—

=日常清掃=
- バスケットを清掃する
- 浮上油脂を取り除く

=定期清掃=
- 蓄積残さいを除去する
- 高圧洗浄しトラップを清掃する

グリース阻集器は浮上油脂・蓄積残さいを除去し清掃する

- グリース阻集器は，食事を提供する飲食店，学校給食，病院厨房，社員食堂，食品加工場などへの設置が義務づけられています．
- グリース阻集器は，厨房からの排水中に含まれるちゅうかいや油脂を阻止，分離，収集し，残りの排水のみを自然流下させる装置です．
  - ちゅうかいとは厨房から出る野菜のくずや食べ物の残りなどのゴミをいう—
- グリース阻集器は，隔壁トラップの一種で，1槽目がゴミかご，2槽目が油水分離，3槽目がトラップ・排水出口になっています．
- グリース阻集器は，自浄能力をもたないので，そのまま放置すると，溜まったちゅうかいや油脂が槽内で腐敗し，悪臭の発生，衛生害虫の発生，排水管の詰まりの原因となります．
- そのためグリース阻集器に溜まったちゅうかいは流さないで取り除き，水表面に浮上した油脂と底部に蓄積した残さいは定期的に除去し，清掃する必要があります．
- 厨房からの排水に含まれるちゅうかいは，1槽目のバスケット（ゴミかご）に溜まるようになっているので，日常清掃として少なくとも1日1回，厨房業務終了後に除去します．
- これによりバスケットの初期機能を維持し，排水管への異物の混入防止が可能となります．
- 2槽目の水表面上に浮上する油脂の除去は，週に1回程度の頻度で，ヒシャクなどですくい上げるとよいでしょう．
- 定期的にグリース阻集器槽内の汚泥をバキュームで引っ張って抜き，壁面に付着した油脂，底部に蓄積した残さいをケレン，柄付きタワシなどで取り去り，高圧洗浄により清掃します．
- トラップ内部の汚れもブラッシングし，洗い流します．

4. 衛生器具・排水関連設備のメンテナンス

24 排水管を清掃する

排水管の機械的洗浄方法 —例—

スネークワイヤー法
- 回す
- コイル状に巻いたピアノ線
- 排水管
- ヘッド
- 付着物

高圧洗浄法
- ホース
- 高圧の水噴射
- ノズル
- 付着物

ロッド法
- ロッド（特殊鋼製）
- 継ぎ合わせ
- ヘッド
- 詰まり物
- 前後に動かす
- 排水管

圧力式洗浄法
- 圧縮空気
- ウォーターラム
- 注水
- 衝撃波
- 排水管
- 閉塞物
- 水

排水管の化学的洗浄方法 —薬品（厨房用・トイレ用・浴室用）で溶解する—

排水管の清掃方法には機械的洗浄方法と化学的洗浄方法がある

- ❖ 排水管の清掃方法には，管内の付着・堆積・閉塞物を物理的に剥離・粉砕する機械的洗浄方法と化学的に溶解する化学的洗浄方法があります．
- ❖ 機械的洗浄方法の例を次に示します．
  - **スネークワイヤー法**は，ピアノ線をコイル状に巻いたものの先端にヘッドを取り付け，排水管内に手回しまたは電動機で回転させながら挿入し，押し引きを繰り返しながら，管内停滞物・付着物を除去する方法です．
    —ワイヤーは，配管の曲がりに対応できるようにフレキシブルな螺旋構造になっている—
  - **高圧洗浄法**は，高圧洗浄機または高圧洗浄車からホースで導水し，ホースの先端に取り付けたノズルから高圧の水を噴射し，その噴射力を利用して管内付着・堆積物を除去する方法です．
    —噴射孔の角度により前方噴射，後方噴射，横噴射があり，後方噴射は自走機能がある—
  - **ロッド法**は，柔軟で弾力性のある特殊鋼製のロッド（長い棒）の先端にヘッドを取り付け，手動で排水管の中に差し込み，前後にしごいて詰まり物を下流に突き出すか，ヘッドにからめて取り出す方法です．
    —ロッドを継ぎ合わせることにより約30mまでの管洗浄が行える—
  - **圧力式洗浄法**は，**ウォーターラム法**ともいい，排水管に水を送り込み，詰まりに最も近い排水口にウォーターラムを当てて，ラムの引金を引き，圧縮した空気を管内に一気に放出し，その瞬間的な衝撃波の運動エネルギーにより，管内の閉塞物を破壊・離脱させて除去する方法です．
- ❖ **化学的洗浄法**は，**薬品洗浄法**ともいい，排水管の中に薬品を入れて水を注入し，付着物・閉塞物を化学作用により溶解する方法です．
  - 薬品には厨房用，トイレ用，浴室用があります．

第4章 給排水衛生設備のメンテナンス

5 浄化槽のメンテナンス

25 浄化槽管理者は浄化槽を管理する責任がある

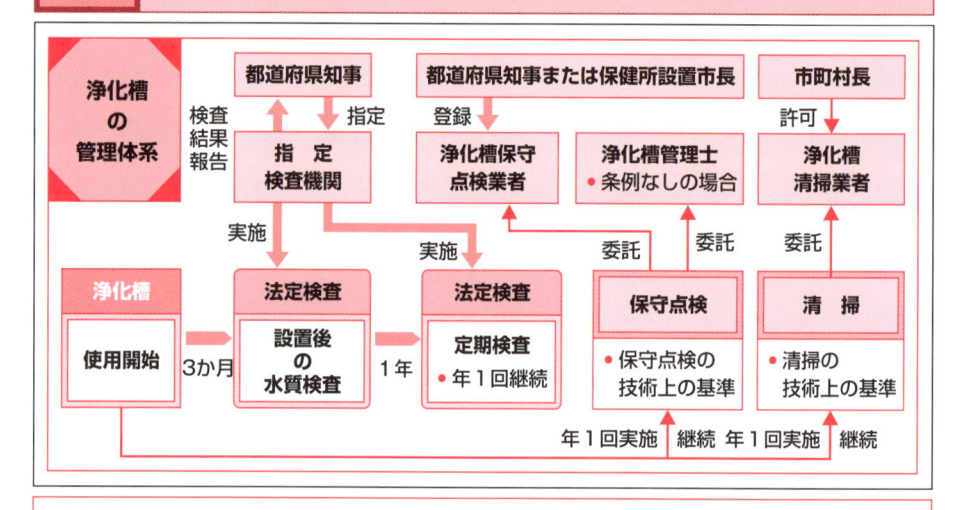

浄化槽の管理体系

- 都道府県知事 ← 検査結果報告／指定 → 指定検査機関
- 都道府県知事または保健所設置市長 ← 登録 → 浄化槽保守点検業者／浄化槽管理士（条例なしの場合）
- 市町村長 ← 許可 → 浄化槽清掃業者

浄化槽 使用開始 → 3か月 → 設置後の水質検査（法定検査，実施）→ 1年 → 定期検査 年1回継続（法定検査，実施）

保守点検（委託）：保守点検の技術上の基準　年1回実施　継続
清掃（委託）：清掃の技術上の基準　年1回実施　継続

浄化槽管理者は浄化槽の保守点検・清掃・法定検査受験に関し実施義務がある

- **浄化槽**とは，トイレと連結して，し尿およびこれと併せて雑排水（工場廃水，雨水その他の特殊な排水を除く）を処理し，終末処理場を有する公共下水道以外に放流するための設備または施設をいいます．
- 浄化槽には，トイレからのし尿のみを処理する**単独処理浄化槽**とトイレのし尿と生活雑排水を一緒に処理する**合併処理浄化槽**があります．
  —現在単独処理浄化槽の新設は認められない—
- 浄化槽は，管理が不十分だと排水が直接河川に流入してしまい，水質汚濁につながります．
- 浄化槽を設置するということは，浄化槽の管理者になることです．
- **浄化槽管理者**とは，"浄化槽の所有者，占有者，その他の者で，当該浄化槽の管理について権原を有する者"をいいます．
- 浄化槽管理者は浄化槽に関し"保守点検""清掃""法定検査受験"の三つの実施義務があります．
- **保守点検**とは，浄化槽の点検，調整またはこれらに伴う修理をする作業をいいます．
- **清掃**とは，浄化槽内に生じた汚泥，スカムなどの引出し，その引出し後の槽内汚泥などの調整ならびに，これに伴う単位装置および附属機器類の洗浄，掃除などを行う作業をいいます．
- **法定検査**とは，指定検査機関が浄化槽の施工，浄化槽の保守点検，清掃が適正に行われ，本来の浄化機能が十分に発揮されているか否かを検査することをいいます．

26 浄化槽管理者は浄化槽の保守点検を行う

単独処理浄化槽の保守点検回数

処理方式	浄化槽の種類 ―処理対象人員―	期間
全曝気方式	● 20人以下浄化槽	3か月
	● 21人以上，300人以下の浄化槽	2か月
	● 301人以上浄化槽	1か月
分離接触曝気方式 分離曝気方式 単純曝気方式	● 20人以下浄化槽	4か月
	● 21人以上，300人以下の浄化槽	3か月
	● 301人以上浄化槽	2か月
散水ろ床方式 平面酸化床方式 地下砂ろ過方式	―	6か月

合併処理浄化槽の保守点検回数

処理方式	浄化槽の種類 ―処理対象人員―	期間
分離接触曝気方式 嫌気ろ床接触曝気方式 脱窒ろ床接触曝気方式	● 20人以下浄化槽	4か月
	● 20人以上，50人以下の浄化槽	3か月
活性汚泥方式	―	1週間
回転板接触方式 接触曝気方式 散水ろ床方式	1．砂ろ過装置 活性炭吸着装置 凝集槽を有する浄化槽	1週間
	2．スクリーン，流量調整タンク，流量調整槽を有する浄化槽（1を除く）	2週間
	3．1および2以外の浄化槽	3か月

浄化槽の保守点検は専門業者に委託してもよい ―浄化槽保守点検業者・浄化槽管理士―

- 浄化槽は，微生物の働きによって汚水を処理する施設であり，浄化槽の中の微生物に酸素を供給する曝気装置などは連続運転されているので，きめ細かい保守点検が必要です。
- 浄化槽の保守点検は，浄化槽の"各装置や機器類が正常に働いているか""運転状況はどうか""汚泥の溜まり具合はどうか""配管などが目詰まりしていないか"などを調べて，浄化槽の正常な機能を維持し，異常を早期に検出します。
- 保守点検作業では，設置機器の調整や軽微な部品交換，制御装置の調整，消毒剤・水処理薬剤の補充，害虫の駆除，汚泥の移送および返送などを行うとともに清掃時期の判定も行います。
- 浄化槽管理者は，浄化槽の使用開始の直前に最初の保守点検を行う必要があります。
- 浄化槽の保守点検は，保守項目や内容などで一定の基準を満たさなければならず，また検査機器の準備，専門的な知識・技術も必要ですので多くの場合，専門業者に委託します。
- **専門業者**とは，浄化槽保守点検業者の登録制度が条例で定められている場合には，登録を受けた浄化槽保守点検業者，登録制度が設けられていない場合は浄化槽管理士をいいます。
- 浄化槽の保守点検は，単独処理・合併処理の別，処理対象人員および処理方式の相違によって，保守点検の周期，回数が異なります。
- 単独処理浄化槽および合併処理浄化槽の保守点検の回数は，通常の使用状態において，上欄の表に掲げる期間ごとに1回以上とします。
- 浄化槽管理者は，浄化槽の保守点検の記録を作成します。
- 浄化槽の保守点検を委託した場合は，委託を受けた者が保守点検の記録を作成し，浄化槽管理者に交付します。

27 浄化槽の使用に関する準則

＜浄化槽の使用に関する準則＞
―環境省関係浄化槽法施行規則―

❖ 浄化槽を使用する者は，浄化槽の機能を正常に維持するため，環境省関係浄化槽法施行規則で定める，次に示す**"浄化槽の使用に関する準則"**を遵守しなければならないと，浄化槽法に規定されています．

1. し尿を洗い流す水は，適正量とすること．
2. 殺虫剤，洗剤，防臭剤，油脂類，紙おむつ，衛生用品等であって，浄化槽の正常な機能を妨げるものは，流入させないこと．
3. 単独処理浄化槽にあっては，雑排水を流入させないこと．
4. 合併処理浄化槽にあっては，工場廃水，雨水その他の特殊な排水を流入させないこと．
5. 電気設備を有する浄化槽にあっては，電源を切らないこと．
6. 浄化槽の上部又は周辺には，保守点検又は清掃に支障を及ぼすおそれのある構造物を設けないこと．
7. 浄化槽の上部には，その機能に支障を及ぼすおそれのある荷重をかけないこと．
8. 通気装置の開口部をふさがないこと．
9. 浄化槽に故障又は異常を認めたときは，直ちに浄化槽管理者にその旨を通報すること．

＜浄化槽の保守点検の技術上の基準＞
―環境省関係浄化槽法施行規則―

❖ 浄化槽の保守点検は，環境省関係浄化槽施行規則に定める，次に示す**"浄化槽の保守点検の技術上の基準"**に従って行うよう浄化槽法に規定されています．

1. 浄化槽の正常な機能を維持するため，次に掲げる事項を点検すること．
   - イ．浄化槽の使用に関する準則の遵守の状況
   - ロ．流入管きょと槽の接続及び放流管きょと槽の接続の状況
   - ハ．槽の水平の保持の状況
   - ニ．流入管きょにおけるし尿，雑排水等の流れ方の状況
   - ホ．単位装置及び附属機器類の設置の位置の状況
   - ヘ．スカムの生成，汚泥等の堆積，スクリーンの目づまり，生物膜の生成その他単位装置及び附属機器類の機能の状況
2. 流入管きょ，インバート升，移流管，移流口，越流ぜき，流出口及び放流管きょに異物等が付着しないようにし，並びにスクリーンが閉塞しないようにすること．

―次ページに続く―

28 浄化槽の保守点検の技術上の基準

―前ページからの続き―

＜浄化槽の保守点検の技術上の基準＞
―環境省関係浄化槽法施行規則―

3. 流量調整タンク又は流量調整槽及び中間流量調整槽にあっては，ポンプ作動水位及び計量装置の調整を行い，汚水を安定して移送できるようにすること．
4. 曝気装置及びかくはん装置にあっては，散気装置が目づまりしないようにし，又機械かくはん装置に異物等が付着しないようにすること．
5. 駆動装置及びポンプ設備にあっては，常時又は一定の時間ごとに，作動するようにすること．
6. 嫌気ろ床槽及び脱窒ろ床槽にあっては，死水域が生じないようにし，及び異常な水位の上昇が生じないようにすること．
7. 接触曝気室又は接触曝気槽，硝化用接触槽，脱窒接触槽及び再曝気槽にあっては，溶存酸素量が適正に保持されるようにし，及び死水域が生じないようにすること．
8. 曝気タンク，曝気室又は曝気槽，流路，硝化槽及び脱窒槽にあっては，溶存酸素量及び混合液浮遊物質濃度が適正に保持されるようにすること．
9. 散水ろ床型二次処理装置又は散水ろ床にあっては，ろ床に均等な散水が行われ，及びろ床に嫌気性変化が生じないようにすること．
10. 平面酸化型二次処理装置にあっては，流水部に均等に流水するようにし，及び流水部に異物等が付着しないようにすること．
11. 汚泥返送装置又は汚泥移送装置及び循環装置にあっては，適正に作動するようにすること．
12. 砂ろ過装置及び活性炭吸着装置にあっては，通水量が適正に保持され，及びろ材又は活性炭の洗浄若しくは交換が適切な頻度で行われるようにすること．
13. 汚泥濃縮装置及び汚泥脱水装置にあっては適正に作動するようにすること．
14. 吸着剤，凝集剤，水素イオン濃度調整剤，水素供与体その他の薬剤を使用する場合には，その供給量を適度に調整すること．
15. 悪臭並びに騒音及び振動により周囲の生活環境を損なわないようにし，及び蚊，はえ等の発生の防止に必要な措置を講じること．
16. 放流水（地下浸透方式の浄化槽からの流出水を除く）は，環境衛生上の支障が生じないように消毒されるようにすること．
17. 水量又は水質を測定し，若しくは記録する機器にあっては，適正に作動するようにすること．
18. 前各号のほか，浄化槽の正常な機能を維持するため，必要な措置を講じること．

29 浄化槽の清掃の技術上の基準

＜浄化槽の清掃の技術上の基準＞

❖ 浄化槽の清掃は，環境省関係浄化槽法施行規則に定める，次に示す"清掃の技術上の基準"に従って行うよう浄化槽法に規定されています．

1. 多室型，二階タンク型又は変型二階タンク一次処理装置，沈殿分離タンク又は沈殿分離室，多室型又は変型多室型腐敗室，単純曝気型二次処理装置，別置型沈殿室，汚泥貯留タンクを有しない浄化槽の沈殿池及び汚泥貯留タンク又は汚泥貯留槽の汚泥，スカム，中間水等の引き出しは，全量とすること．
2. 汚泥濃縮貯留タンク又は汚泥濃縮貯留槽の汚泥，スカム等の引き出しは，脱離液を流量調整槽，脱窒槽又は曝気タンク若しくは曝気槽に移送した後の全量とすること．
3. 嫌気ろ床槽及び脱窒ろ床槽の汚泥，スカム等の引き出しは，第一室にあっては全量とし，第一室以外の室にあっては適正量とすること．
4. 二階タンク，沈殿分離槽，流量調整タンク又は流量調整槽，中間流量調整槽，汚泥移送装置を有しない浄化槽の接触曝気室又は接触曝気槽，回転板接触槽，凝集槽，汚泥貯留タンクを有する浄化槽の沈殿池，重力返送式沈殿室又は重力移送式沈殿室若しくは重力移送式沈殿槽及び消毒タンク，消毒室又は消毒槽の汚泥，スカム等の引き出しは，適正量とすること．
5. 汚泥貯留タンクを有しない浄化槽の曝気タンク，流路及び曝気室の汚泥の引き出しは，張り水後の曝気タンク，流路及び曝気室の混合液浮遊物質濃度が適正に保持されるように行うこと．
6. 前各号に規定する引き出しの後，必要に応じて単位装置及び附属機器類の洗浄，掃除等を行うこと．
7. 散水ろ床型二次処理装置又は散水ろ床及び平面酸化型二次処理装置にあっては，ろ床の生物膜の機能を阻害しないように，付着物を引き出し，洗浄すること．
8. 地下砂ろ過型二次処理装置にあっては，ろ過層を洗浄すること．
9. 流入管きょ，インバート升，スクリーン，排砂槽，移流管，移流口，越流ぜき，散気装置，機械かくはん装置，流出口及び放流管きょにあっては，付着物，沈殿物等を引き出し，洗浄，掃除等を行うこと．
10. 槽内の洗浄に使用した水は，引き出すこと．ただし，嫌気ろ床槽，脱窒ろ床槽，消毒タンク，消毒室又は消毒槽以外の部分の洗浄に使用した水は，一次処理装置，二階タンク，腐敗室又は沈殿分離タンク，沈殿分離室若しくは沈殿分離槽の張り水として使用することができる．（11 は省略）
12. 引き出し後の汚泥，スカム等が適正に処理されるよう必要な措置を講じること．
13. 前各号のほか，浄化槽の正常な機能を維持するため，必要な措置を講じること．

5. 浄化槽のメンテナンス

30　浄化槽管理者は浄化槽の法定検査を受ける

浄化槽設置後の水質検査　―法定検査―

検査の種類	検査項目
外観検査	● 設備の設置状況 ● 設備の稼動状況 ● 水の流れ方の状況 ● 設備の使用の状況 ● 悪臭の発生状況 ● 消毒の実施状況 ● 蚊，はえなどの発生状況
水質検査	● 水素イオン濃度指数（pH） ● 汚泥沈殿率 ● 溶存酸素量 ● 透視度 ● 塩化物イオン濃度 ● 生物化学的酸素要求量（BOD）
書類検査	● 使用開始前に行った保守点検記録などを参考とし適正に設置されているか否かを検査する。

浄化槽の定期検査　―法定検査―

検査の種類	検査項目
外観検査	● 設備の設置状況 ● 設備の稼動状況 ● 水の流れ方の状況 ● 設備の使用の状況 ● 悪臭の発生状況 ● 消毒の実施状況 ● 蚊，はえなどの発生状況
水質検査	● 水素イオン濃度指数（pH） ● 溶存酸素量 ● 透視度 ● 残留塩素濃度 ● 生物化学的酸素要求量（BOD）
書類検査	● 保存されている保守点検と清掃の記録，前回検査の記録を参考とし保守点検，清掃が適正に実施されているか否かを検査する。

法定検査には設置後の水質検査と定期検査がある　―指定検査機関実施―

❖ 浄化槽管理者は，浄化槽に関し定期的な保守点検と清掃とは別に法定検査を受けることが，浄化槽法で義務づけられています。

● 浄化槽の**法定検査**は，放流水質が悪くなって身近な生活環境の悪化につながることがないように，浄化槽が正しく設置され，日常の維持管理が適正に行われ，浄化槽の機能が正常に働いているかなどを判定するために行われます。

● 法定検査は，都道府県知事が指定する検査機関（指定検査機関）の検査員が浄化槽の設置現場に赴いて実施されます。

● 法定検査には，浄化槽設置後の水質検査と毎年行われる定期検査の2種類の検査があります。

● 法定検査では，外観検査，水質検査，書類検査が実施され，その結果は管轄行政機関に報告されることになっています。

❖ 新たに設置したり，構造・規模の変更を行った浄化槽は，使用開始後3か月を経過したら指定検査機関で水質に関する検査（設置後の水質検査：外観検査・書類検査を含む）を受けます。

● この検査の目的は，浄化槽が使用開始し3か月経過した時点で外観，水質などを検査し，初期の機能を果たしているか，設置工事が正しく行われているかを判断する検査です。

● 設置後の水質検査は，浄化槽を設置して初めに1回だけ行い，これ以降は定期検査になります。

❖ 定期検査として浄化槽は毎年1回，指定検査機関の水質検査（外観検査・書類検査を含む）を受け，その結果は管轄行政機関に報告されます。

● この検査の目的は，浄化槽の保守点検と清掃が適正に行われているか，浄化槽の機能が正常に維持されているかを判断する検査です。

● 浄化槽管理者は定期検査に係る手続きを，浄化槽の保守点検・清掃を行う者に委託できます。

イラストで学ぶ 排水方式

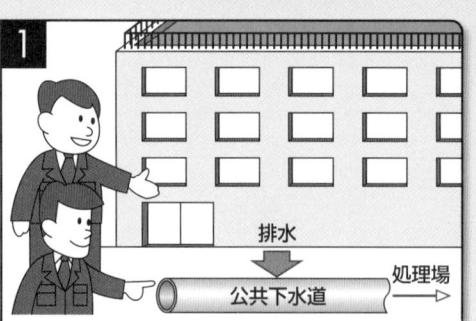

1
S：排水には雨水，汚水，雑排水，湧水，特殊排水があることがわかりましたが，これらは建物，敷地内から，公共下水道にどのように流れるのですか．
O：排水方式には，分流式と合流式があるのだヨ．

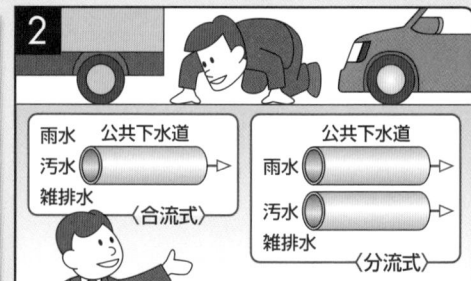

2
S：分流式，合流式といいますと．
O：一般建物では汚水と雑排水を一緒にするかどうかで分流式と合流式を区分し，公共下水道では汚水・雑排水の中に雨水を入れるかで分けるのだヨ．

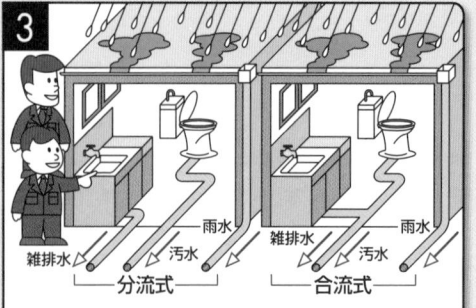

3
O：一般の建物内の分流式とは，雨水，雑排水，汚水と3系統を別々に配管することをいうのだヨ．
S：それでは，合流式は雑排水と汚水が一緒の系統と雨水との2系統に建物内で配管するのですネ．

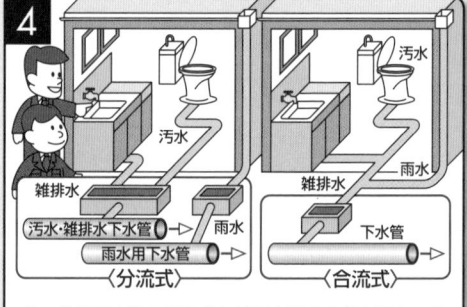

4
O：公共下水道の分流式とは雨水用下水管と汚水・雑排水下水管の2本を施設するということだヨ．
S：それでは合流式とは雨水，汚水，雑排水をまとめた下水管1本を施設するということですネ．

5
S：市街地では公共下水道がありますが，農山村など施設していないところはどうするのですか．
O：処理浄化槽といって，微生物や細菌の働きで汚水中の有機成分を分解消化して浄化するのだヨ．

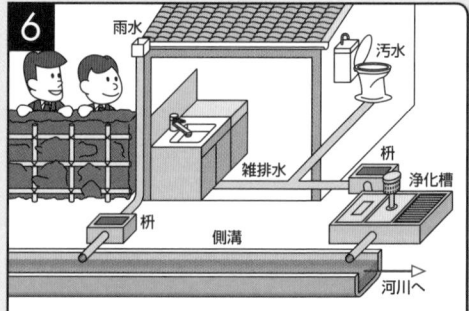

6
S：この場合も建物内では雨水，雑排水，汚水を分流式，合流式の排水方式があるのは同じですネ．
O：そうだよ，処理浄化槽から，きれいな水として側溝に流し，河川に放流するのだヨ．

完全図解 空調・給排水衛生設備の基礎知識早わかり 索引

[あ行]

- アイテム……66
- アスマン通風乾湿計……5
- 圧壊……83
- 圧縮式冷凍機……41, 44, 84
- 圧縮冷凍……40
- ――サイクル……41, 85
- 圧送式排水方式……132
- 圧力給水方式……109
- 圧力式洗浄法……185
- 圧力水槽方式……99, 109
- 圧力損失……74
- 圧力タンク方式……109
- 洗い落し式大便器……126
- 洗い出し式大便器……126
- アルカリ性……150
- 安全低水面……48
- アンダーカウンタ式洗面器……128

●

- 一次故障……71
- 一酸化炭素……4, 7
- 飲料水……162
- 飲料水系統配管……167
- ――の維持管理……167

●

- ウォーターラム法……185
- 雨水……130
- 渦巻ポンプ……59
- 埋め込み式浴槽……129
- 運用アベイラビリティ……70

●

- エアハンドリングユニット……24, 34
- エアフィルタ……38, 74
- 衛生害虫……175
- 衛生器具……124, 180
- 衛生器具設備……98, 100, 124

- 衛生陶器……124, 180
- 液体燃料……49
- 円形ダクト……61
- 遠心式送風機……60
- 遠心式ポンプ……59
- 遠心冷凍機……44
- ――の保守点検……87
- 塩素消毒……105

●

- オイル阻集器……141
- 往復動冷凍機……44, 86
- ――の保守点検……86
- オーガスト乾湿計……5
- オーバーホール……67
- 汚水……130
- 汚水槽……177
- 温水器……122
- 温水コイル……37
- 温水混合栓……160
- 温水暖房……15
- 温水配管……90
- 温水ヒータ……122
- 温水ボイラー……46
- 温水ポンプ……90
- 温度……4
- 温熱環境……4
- 温熱源……36, 46
- ――設備……72

[か行]

- 外気負荷……12
- 外気冷房……14
- 外周部ゾーン……18
- 回転板接触方式……157
- 回転冷凍機……44
- 回復……68
- カウンタ式洗面器……128
- （水冷凝縮器の）化学洗浄法……86

- 化学的酸素要求量……151
- 化学的洗浄法……185
- 各階ダクト方式……21
- 各階ユニット方式……24
- 角形ダクト……61
- 隔壁トラップ……139
- 隔膜式圧力水槽……109
- 加湿器……38, 75
- ガス瞬間湯沸し器……122
- ガス設備……98
- ガス湯沸し器利用局所式直接加熱給湯方式……119
- 各個通気管……145
- 各個通気方式……144
- 活性汚泥……158
- 活性汚泥法……158
- 合併処理浄化槽……154, 159
- 加熱……35
- ――コイル……37, 73
- 壁掛け式洗面器……128
- 壁掛け小便器……127
- 可変風量装置……23
- かまどろ……50
- からがま……51
- 乾き空気……5
- 簡易水道……102
- 換気……9
- ――負荷……12
- 乾球温度……5
- 間欠故障……71
- 換算蒸発量……48
- 監視……68
- 間接加熱給湯方式……118, 120
- 間接加熱式貯湯槽……121
- 間接加熱方式……160, 168
- 間接排水……136
- ――系統……146
- 間接膨張方式……14

193

■索引

感知自動洗浄方式……………127
管トラップ……………138, 183
貫流ボイラー………………47

● き

機械換気………………………9
機械式排水方式
　………………132, 135, 147
　──の排水制御回路………135
気化加湿器……………………75
気化熱…………………………8
機器発熱負荷…………………12
器具トラップ………………139
器具排水管…………………133
希釈サイクル運転……………88
気体燃料………………………49
機能喪失故障…………………71
逆流防止ダンパ………………62
キャビテーション……………91
キャリーオーバ………………51
吸収器………………………43
吸収式冷凍機……43, 44, 84, 88
　──の保守点検………………88
吸収冷凍………………………40
　──サイクル…………………43
給水圧力……………………104
給水及び排水の管理………163
給水器具………………124, 180
給水制御……………………112
給水設備……98, 99, 100, 103, 106
給水栓………………………129
給水のゾーニング…………110
給水方式……………………106
給水量………………………104
給湯温度……………………170
給湯設備
　………98, 100, 118, 160, 168, 171
　──の安全装置……………121
　──の加熱機器……………122
　──の清掃…………………171
給湯配管……………………123
給排水衛生設備……98, 100, 101
凝固熱…………………………8
凝縮…………………………40
凝縮器………………41, 42, 43

凝縮熱…………………………8
強制循環方式………………120
局所給湯方式……118, 160, 168
局所式直接加熱給湯方式……119
気流…………………………4, 7
緊急保全………………………68
菌類…………………………152

● く

空気・水方式………………27, 64
空気加熱器…………………37, 73
空気環境………………………4
空気調和………………………4
空気調和機…………………10, 72
空気調和設備………………34, 35
空気調和負荷………10, 12, 13
空気調和方式………………16, 21
空気冷却器…………………37, 73
空気ろ過器…………………38, 74
空調機…………………………34
空調系統………………………17
空調ダクト……………………92
　──系の清掃………………92
空調方式………………………16
空調用ボイラー………………47
空洞現象………………………91
偶発故障………………………69
クーリングタワー……………45
グリース阻集器………141, 184
　──の清掃…………………184
クロラミン…………………153

● け

経時変化故障…………………71
経時保全………………………67
下水…………………………130
下水道………………………130
結合残留塩素………………153
結合通気管…………………145
欠点…………………………67
結露………………………6, 37
減圧弁給水方式……………111
嫌気性細菌…………………152
嫌気性処理…………………156
嫌気性分解…………………156
嫌気ろ床接触曝気方式……159

原生動物……………………152
建築物衛生法………………163
建築物環境衛生管理技術者…163
　──基準……………………163
顕熱……………………………8

● こ

高圧洗浄法…………………185
高位発熱量…………………49
好気性細菌…………………152
好気性処理…………………156
好気性分解…………………156
格子型吸込口…………………62
更新……………………………66
硬水…………………………50, 75
高速ダクト……………………61
高置水槽……………………108
　──方式……99, 108, 112, 162
向流形冷却塔…………………45
合流式下水道………………131
故障……………………………66
　──間隔……………………70
　──率………………………69
個別給湯方式………………160
個別制御方式…………………17
固有アベイラビリティ………70

［さ行］

サーモスタット式混合水栓…129
細菌…………………………152
再生器…………………………43
サイホンゼット式大便器…126
サイホンボルテックス式大便器
　…………………………126
サイホン式トラップ……137, 138
サイホン式大便器…………126
先止め式ガス瞬間湯沸し器…122
雑排水………………………130
雑排水槽……………………177
雑用水………………………103
産業用空調……………………4
散水ろ床方式………………157
酸性…………………………150
残留塩素……………105, 165
　──測定……………………153

索引

次亜塩素酸……………………153
時間計画保全…………………67
軸流型吹出口…………………62
軸流式送風機…………………60
(トラップの)自己サイホン作用
　………………………………140
事後保全………………………68
止水栓…………………………109
施設形空気調和機……………34
自然換気………………………9
湿球温度………………………5
実際蒸発量……………………48
室内発熱負荷…………………12
自動サイホン方式……………127
自動水栓………………………129
湿り通気管……………………145
しゃがみ式大便器……………125
蛇口……………………………129
終局長さ………………………133
終局流速………………………133
修復……………………………68
修復時間………………………70
修復率…………………………70
修理……………………………66
重力給水方式…………………108
重力式排水方式………132, 133
受水槽…………………………108
手動洗浄弁方式………………127
瞬間アベイラビリティ………70
瞬間式局所給湯方式…………168
消火設備………………………100
浄化槽……………………154, 186
　――管理士…………………187
　――管理者…………………186
　――の清掃…………………190
　――の法定検査……………191
　――の保守点検…187, 188, 189
　――保守点検業者…………187
蒸気加湿器……………………75
蒸気暖房………………………15
蒸気配管………………………90
蒸気噴射加湿器………………38
蒸気ボイラー…………………46

上水……………………………103
上水道……………………102, 130
使用水量………………………104
省スペース小便器……………127
状態監視保全…………………68
消毒槽…………………………155
蒸発……………………………40
蒸発器………………41, 42, 43
(トラップの)蒸発作用………140
蒸発熱…………………………40
使用別ゾーニング……………17
使用別ゾーン制御方式………18
小便器…………………………127
　――の清掃…………………182
初期故障………………………69
　――期間……………………69
シンク…………………………183
真空式温水器…………………122
シングルレバー式混合水栓…129
伸縮曲管………………………123
人体発熱負荷…………………12
伸頂通気管………143, 144, 145, 146
侵入熱負荷……………………11
真発熱量………………………49

水位制御………………………112
吸込口…………………………62
水質汚濁防止法………………149
水質管理………………………105
水質基準…………………105, 164
水質検査……105, 164, 165, 171
水素イオン指数………………150
水素イオン濃度………………150
水頭圧…………………………48
水道水…………………………162
水道直結増圧方式……………107
水道直結直圧方式……………106
水道直結方式……………99, 106
水冷凝縮器……………………86
据え置き式浴槽………………129
スカム…………………………175
隙間風の熱負荷………………11
スクリュー冷凍機……………44
スケール………………………73

ステップアップ給水方式……111
スネークワイヤー法…………185
スラッジ…………………50, 73
スリーブ形伸縮管継手………123

生活雑排水……………………154
清缶剤…………………………50
清浄度…………………………7
生物化学的酸素要求量………150
生物膜……………………157, 173
　――法………………………157
接触曝気方式…………………157
絶対湿度………………………5
セルフリミング式洗面器……128
全空気方式…………………22, 64
洗浄タンク方式………………125
洗浄弁方式……………………125
全水方式……………………25, 64
全体制御方式…………………17
潜熱…………………………8, 40
　――負荷……………………10
洗面器…………………………128
　――の清掃…………………182

相対湿度……………………4, 5
総発熱量………………………49
送風運転………………………30
送風機………………28, 39, 60, 76
　――の定期点検……………77
　――の日常点検……………76
ゾーン…………………………110
　――制御方式……………2, 17
阻集器…………………………141

[た行]

タービンポンプ………………39
ターボ型ポンプ…………58, 59
ターボ型遠心式ポンプ………59
ターボ送風機…………………60
ターボ冷凍機…………………44
ターミナルリヒート方式……23
第1種換気法…………………9
第2種換気法…………………9
第3種換気法…………………9

195

■索引

第一種冷凍機械責任者…………84	調圧ポンプ給水方式…………110	トラップ……………………137
第三種冷凍機械責任者…………84	長時間曝気方式……………158	トラップの破封防止…………142
大腸菌群……………………153	長方形ダクト…………………61	──ます………………139
第二種冷凍機械責任者…………84	直接加熱給湯方式………118, 168	ドラムトラップ………………139
大便器………………………125	直接加熱方式……………160, 168	ドレン…………………………46
大便器の形式………………125	直接排水……………………136	
──の洗浄方式……………126	──系統……………………146	[な行]
ダイヤモンドブレーキ…………61	直接膨張方式…………………14	内周部ゾーン………………2, 18
太陽熱利用局所式直接加熱給湯	貯水槽………………………165	軟水……………………………50
方式……………………119	──の清掃…………………166	●
太陽熱暖房……………………15	貯水量………………………104	二管方式…………………21, 25
対流……………………………8	直交流形冷却塔………………45	二酸化炭素…………………4, 7
──熱伝導……………………8	貯湯式局所給湯方式…………168	二次故障………………………71
ダクト…………………36, 39, 61	貯湯槽………………………121	二重ダクト方式………………24
──設備………………………72	──の清掃…………………171	日射取得率……………………11
多段タービンポンプ……………59	──の性能検査……………172	日射熱負荷……………………11
多翼送風機……………………60	沈殿槽………………………155	●
多翼ダンパ……………………62	●	ねじ接合………………………63
単ダクト可変風量方式…………23	通気管……………142, 143, 144	熱………………………………8
単ダクト定風量方式………17, 23	通気設備…………………98, 100	熱源装置………………………35
単ダクト方式…………………22	通気立て管…………………145	熱出力…………………………48
単管式配管方式………………119	通気方式………………144, 145	熱通過…………………………8
タンクレスブースタ方式……107	通気横枝管…………………145	──率………………………11
担体…………………………156	通常事後保全…………………68	熱媒……………………………19
単独処理浄化槽…………154, 186	通性嫌気性細菌……………152	熱搬送…………………………39
単熱源方式……………………19	ツーバルブ式混合水栓………129	──設備… 35, 36, 39, 58, 72, 90
ダンパ…………………………62	造付けトラップ………………139	熱搬送媒体……………………39
暖房……………………………10	筒形小便器…………………127	燃焼…………………………49
──・加湿運転…………32, 33	手洗器………………………128	──の3要素………………49
──サイクル…………………20	低位発熱量……………………49	燃料…………………………49
──の熱媒……………………19	定期修理………………………67	●
──負荷…………………10, 13	定期点検………………………67	ノルマルヘキサン抽出物質… 151
──用ボイラー………………47	定期保全………………………67	
●	低速ダクト……………………61	[は行]
致命故障………………………71	ディフューザポンプ…………59	バイオフィルム……………173
中央給湯方式……… 118, 120, 160	電気温水器…………………122	配管………………………39, 93
中央式間接加熱給湯方式	電気化学的腐食……………123	──接合……………………63
………………………120, 121	電気ヒータ……………………28	──の勾配…………………134
中央式空気調和機……………36	伝導……………………………8	──用炭素鋼鋼管…………63
中間水槽給水方式……………111	●	排水…………………………130
中継水槽給水方式……………111	特殊型ポンプ…………………58	──の通気設備……………142
中性…………………………150	特殊排水……………………130	排水管の機械的洗浄方法……185
鋳鉄製ボイラー………………47	特定建築物…………………163	排水器具…………………124, 180
チューブ型軸流送風機…………60	突発故障………………………71	排水基準……………………149

索引

排水系統…………………131	
排水口空間………………136	
排水処理…………………148	
——設備………………100	
排水設備……98, 100, 131, 136	
排水槽………147, 174, 178, 179	
——における水位制御……178	
——の酸素濃度測定………176	
——清掃………………176	
排水立て主管……………133	
——のオフセット…………134	
排水トラップ……………183	
——の清掃………………183	
排水配管…………………134	
排水方式……………132, 192	
排水ポンプ………………178	
排水横枝管………………133	
排水横管の勾配…………134	
排水横主管………………133	
バス・タブ曲線……………69	
バタフライダンパ…………62	
曝気………………………155	
——槽…………………155	
バックハンガー式洗面器……128	
バックファイア……………51	
パッケージ形空調機………20, 96	
パッケージユニット方式………20	
パッケージ形空気調和機………28	
パッケージ形水管ボイラー……47	
(トラップの)跳出し作用……140	
(トラップの)破封………140	
ハライド灯式ガス漏れ検知器…89	
バルブ……………………94	
——の外部漏れ……………94	
——の内部漏れ……………94	
半埋め込み式浴槽…………129	
ヒートポンプ方式……………20	
非サイホン式トラップ	
…………………137, 138, 139	
非修理系……………………66	
非致命故障…………………71	
標準活性汚泥方式…………158	
ビル管理技術者……………163	
ビルピット臭気……………175	
ファンコイルユニット………25	
——・ダクト併用方式………27	
——の配管方式……………25	
フィルタ……………………74	
風道………………………61	
風量調整ダンパ……………62	
フォーミング………………51	
不快指数……………………6	
吹出し……………………79	
吹出口…………………28, 62	
不凝縮ガス…………………86	
複管式給湯配管方式………120	
ふく射………………………8	
複熱源方式…………………19	
ふく流型吹出口……………62	
部分的故障…………………71	
浮遊物質…………………151	
浮遊粉塵……………………7	
——量………………………4	
プライミング………………51	
ブラケット式洗面器………128	
(水冷凝縮器の)ブラシ洗浄法…86	
プラスタ阻集器……………141	
フラッシュバルブ方式……125	
プランジャー………………183	
フランジ接合……………63, 93	
プリパージ…………………48	
プレートフィンコイル……37, 73	
フレームアイ………………48	
フレーム式洗面器…………128	
ブローアウト式大便器……126	
ブローダウン………………95	
フロック………………156, 158	
プロペラ送風機……………60	
分離槽……………………155	
分流式下水道……………131	
平均故障間動作時間………70	
平均修復時間………………70	
壁体通過熱量………………11	
ベーン型軸流送風機………60	
ベローズ形伸縮管継手……123	
便器………………………181	
偏性嫌気性細菌……………152	
ボイラー…………36, 46, 78	
——清浄剤………………50	
——取扱作業主任者の職務…79	
——の運転保守管理………79	
——の外処理………………50	
——のガス爆発…………51, 83	
——の過熱………………83	
——の過負荷出力…………48	
——の始動動作順序……52, 54	
——の蒸気サイクル………46	
——の常用出力……………48	
——の制御回路……………52	
——の性能検査……………78	
——の定格出力……………48	
——の定期自主検査項目	
………………80, 81, 82	
——の停止動作順序………56	
——の低水位事故………51, 83	
——の点火………………79	
——の内処理………………50	
——の吹出し………………79	
——の容量………………48	
方位別ゾーニング……2, 17, 18	
防火ダンパ…………………62	
放射………………………8	
膨張水槽………………36, 121	
——の清掃………………171	
膨張弁……………………41, 42	
防露………………………63	
飽和空気……………………6	
飽和状態……………………6	
保温………………………63	
保健用空調…………………4	
ポストパージ………………48	
保全………………………66	
——性……………………70	
炎検知器……………………48	
ボリュートポンプ……………59	
ホルムアルデヒド量…………4	
保冷………………………63	
ポンプ……………………39, 91	

197

■索引

──加圧方式……………107
──直送方式………99, 107, 162
──の日常点検項目………91

[ま行]

摩耗故障………………………69
──期間………………………69
マルチゾーンユニット方式……24

●

水受け容器……………124, 180
水噴霧式加湿器…………38, 75
みなし浄化槽………………154

●

無圧力式温水器……………122
無故障動作時間………………70

●

(トラップの)毛細管作用……140
毛髪阻集器…………………141
元止め式ガス瞬間湯沸し器…122

[や行]

薬品洗浄法…………………185

●

誘引ユニット方式………………27
融解熱…………………………8
湧水…………………………130
(トラップの)誘導サイホン作用
……………………………140
遊離残留塩素……………105, 153
床排水トラップ……………139
ユニオン接合…………………93
ユニット形空気ろ過器………38

●

洋式大便器の清掃…………181
揚水ポンプ……………114, 116
──の運転動作順序………114
──の停止動作順序………116
容積型ポンプ…………………58
溶接接合………………………63
溶存酸素……………………152
洋風形浴槽…………………129
洋風大便器…………………125
浴場施設……………………173
浴槽…………………………129

浴槽水の消毒………………173
予防保全………………………67
四管方式…………………21, 25

[ら行]

ランニングトラップ…………138

●

量水器………………………109
理論空気量……………………49

●

ループ通気管………………145
ループ通気方式……………144

●

冷・温水コイル………………37
冷却……………………………35
──コイル…………………37, 73
──水ポンプ…………………90
冷却塔……………36, 42, 45, 95
──の保守点検………………95
冷水配管………………………90
冷水ポンプ……………………90
冷暖房配管設備………………72
冷凍……………………………40
冷凍機…………36, 44, 84, 85, 89
──の運転操作………………85
──の災害事象………………89
──の点検事項………………85
──の冷媒ガス漏洩点検……89
冷凍機械責任者………………84
冷凍保安責任者………………84
冷熱源…………………………36, 40
冷熱源設備……………………72
冷媒………………………19, 40
──方式……………14, 20, 64
冷房……………………10, 42
──運転………………30, 31
──サイクル…………………20
──の冷媒……………………19
──負荷…………………10, 13
レジオネラ感染症……………169
レシプロ冷凍機………………44
劣化……………………………67
──故障………………………71

ロータリー冷凍機……………44
ロータンク方式………………125
ロッド法……………………185
露点温度………………………6
炉筒煙管ボイラー……………47

[わ行]

湧水…………………………130
和風形浴槽…………………129
和風大便器…………………125
和洋折衷形浴槽……………129
わんトラップ………………139

[数字]

1管式通気方式……………144
2管式通気方式……………144

[英文字]

AH ……………………………5
BOD …………………………150
CAV 方式……………………23
CO ……………………………7
CO_2 ………………………7
COD …………………………151
DB ……………………………5
MTBF …………………………70
pH ……………………………150
Pトラップ……………………138
RH ……………………………6
SS ……………………………151
Sトラップ……………………138
Uトラップ……………………138
VAV 方式……………………23
WB ……………………………5

<著者略歴>

大浜　庄司（おおはま　しょうじ）
　　昭和32年　東京電機大学工学部
　　　　　　　電気工学科卒業
　　現　　在　・オーエス総合技術研究所・所長
　　　　　　　・審査登録機関・JIA-QAセンター主任審査員
　　資　　格　・IRCA登録主任審査員（英国）
　　　　　　　・JRCA登録主任審査員（日本）

<主な著書>

完全図解 自家用電気設備の実務と保守早わかり　　絵とき シーケンス制御読本入門編（改訂3版）
図解 電気の基礎知識　　　　　　　　　　　　　　絵とき シーケンス制御読本実用編（改訂3版）
電気管理技術者の絵とき実務入門（改訂4版）　　　絵とき シーケンス制御活用自由自在（改訂新版）
絵とき 自家用電気技術者実務読本（第4版）　　　　絵とき シーケンス制御回路の基礎と実務
絵とき 電気設備の管理入門　　　　　　　　　　　図解 シーケンス図を学ぶ人のために
絵とき 自家用電気技術者実務百科早わかり　　　　図解 シーケンス制御入門
絵とき 自家用電気設備メンテナンス読本　　　　　絵で学ぶ ビルメンテナンス入門
絵とき 自家用電気技術者実務知識早わかり（改訂2版）　マンガで学ぶ 自家電気設備
絵とき 電気設備の保守と制御早わかり　　　　　　など（以上，オーム社）

- 本書の内容に関する質問は，オーム社雑誌部「（書名を明記）」係宛，
  書状またはFAX（03-3293-6889），E-mail（zasshi@ohmsha.co.jp）にてお願いします．
  お受けできる質問は本書で紹介した内容に限らせていただきます．なお，電話での質
  問にはお答えできませんので，あらかじめご了承ください．
- 万一，落丁・乱丁の場合は，送料当社負担でお取替えいたします．当社販売課宛お送
  りください．
- 本書の一部の複写複製を希望される場合は，本書扉裏を参照してください．
  JCOPY ＜（社）出版者著作権管理機構 委託出版物＞

完全図解　空調・給排水衛生設備の基礎知識早わかり

平成26年10月25日　　第1版第1刷発行

著　　者　大浜庄司
発 行 者　村上和夫
発 行 所　株式会社　オーム社
　　　　　郵便番号　101-8460
　　　　　東京都千代田区神田錦町3-1
　　　　　電話　03(3233)0641(代表)
　　　　　URL　http://www.ohmsha.co.jp/

© 大浜庄司 2014

組版　アトリエ渋谷　　印刷・製本　日経印刷
ISBN 978-4-274-50518-8　Printed in Japan

絵とき 自家用電気技術者 実務知識早わかり ［改訂2版］

大浜 庄司 著

本書は，自家用電気技術者として，自家用高圧受電設備および電動機設備の保安に関して，初めて学習しようと志す人のための現場実務入門の書です。

自家用高圧受電設備や電動機設備に関して体系的に習得できるように工夫され，また完全図解により，よりわかりやすく解説されています。

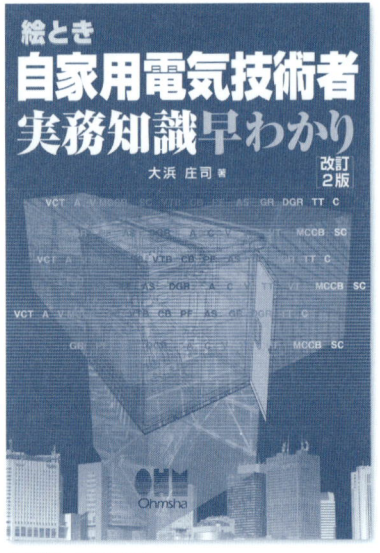

A5判・286頁
ISBN 978-4-274-50438-9

[CONTENTS]

第1章 自家用電気設備のメカニズム
自家用電気設備とはどういうものか／高圧引込線と責任分界点／自家用高圧受電に用いられる機器

第2章 自家用高圧受電設備の主回路と機器配置
開放式高圧受電設備の主回路結線／自家用高圧受電設備の主回路機能／受電室の機器配置と施設／キュービクル式高圧受電設備／自家用高圧受電設備の接地工事

第3章 電動機設備のメカニズム
電動機のしくみ／電動機の特性／電動機の低圧幹線と分岐回路／電動機の据付け工事／電動機の配線工事／電動機の始動制御／電動機のスターデルタ始動制御／電動機の保守・点検

第4章 自家用高圧受電設備の試験と検査
自家用高圧受電設備の外観構造検査／接地抵抗測定／絶縁抵抗測定／過電流継電器による過電流保護／過電流継電器と遮断器の連動試験／地絡遮断装置による地絡保護／地絡継電器と遮断器の連動試験

第5章 自家用高圧受電設備の保守・点検
自家用高圧受電設備の保全のしくみ／自家用高圧受電設備の日常点検／キュービクル式高圧受電設備の保守・点検／自家用高圧受電設備の定期点検事前準備／自家用高圧受電設備の定期点検／自家用高圧受電設備構成機器の保守・点検／自家用高圧受電設備の電気事故／キュービクル式高圧受電設備の電気事故

■ **付録1** 電気設備の電気用図記号
■ **付録2** 保安規程の事例

Ohmsha